贵州省铜仁市民族中学校本教材

铜仁民族文化

主　编　王　财　杨秀琴

编　委　主　任：冉俊华

副主任：张延舟　刘平辉

冉启强　龙春芬

委　员：王　财　田永报

杨再胜　杨秀琴

杨青龙　刘晓勇

罗绍英

东南大学出版社

·南京·

图书在版编目(CIP)数据

铜仁民族文化 / 王财,杨秀琴主编. —南京 ：东南大学出版社，2018.1

ISBN 978-7-5641-6580-2

Ⅰ. ①铜… Ⅱ. ①王… ②杨… Ⅲ. ①文化史—铜仁市—中学—乡土教材 Ⅳ. ①G634.591

中国版本图书馆 CIP 数据核字(2016)第 139575 号

铜仁民族文化

出版发行：东南大学出版社
社　　址：南京市四牌楼 2 号　邮编：210096
出 版 人：江建中
网　　址：http://www.seupress.com
经　　销：全国各地新华书店
印　　刷：南京玉河印刷厂
开　　本：787mm×1092mm　1/16
印　　张：10.75
字　　数：252 千字
版　　次：2018 年 1 月第 1 版
印　　次：2018 年 1 月第 1 次印刷
印　　数：1—6000 册
书　　号：ISBN 978-7-5641-6580-2
定　　价：23.00 元

关于作者

王财，男、土家族、贵州省德江县人，现为铜仁市民族中学语文高级教师，市级骨干教师。教学之余进行教学、教材与课题研究。有多篇论文在国家级、省级、市级的教学科研论文及教学设计评选中获奖或在国内核心期刊发表。2009－2011 年参加了国家教师科研专项基金“十一五”规划重点课题“教师服务意识与行为的研究”，担任执行组组长。课题获国家级二等奖，个人被评为“全国教育科研杰出校长”。2015－2016 年参加省基础教育科研课题“铜仁民族民间文化在高中语文教学中的有效应用”的研究。

杨秀琴，女，土家族，贵州思南人，铜仁学院教育学院副教授，市级骨干教师，主要研究方向为课程与教学论。主要从事汉语言文学教学、科研工作。近年先后主持完成贵州省教育科学规划课题“民族民间文化在高中语文教学中的有效应用研究 — 以铜仁市为例”、铜仁市基础教育课题“铜仁本土文化在高中语文教学中的应用研究”、中共铜仁市委重大决策问题研究课题“铜仁市奋力创建绿色发展先行示范区理论基础与实践要求”等，主编出版《贵州农村“空心化”问题研究报告》、“十三五”普通高等教育规划教材《应用文写作》，发表论文 10 余篇。参与完成多项省厅级课题，多次被评为优秀教师、优秀共产党员、优秀班主任。个人论文、辅导学生多次获国家级、省部级、市厅级奖励。

序：铜仁传统文化体系的建构与弘扬

冉俊华

文化是民族的血脉，是人民的精神家园。《易·贲卦·彖传》载“刚柔交错，天文也，文明以止，人文也，观乎人文以化成天下”。中国古代讲究为政治国之理，仰观天象之变化，把握自然规律和时令变迁，俯观人间百态，因势利导，随宜教化，以求理想治局。习总书记谈建设社会主义文化强国时，论述到“一个国家、一个民族的强盛，总是以文化兴盛为支撑的，中华民族伟大复兴需要以中华文化发展繁荣为条件”。可见，没有文明的继承和发展，没有文化的弘扬和繁荣，就没有中华民族复兴，就不可能实现伟大的中国梦。

一座起源于殷商时代的城池，孕育了一方独特厚重的地域文化。以中国文化地理视维宏观而论，铜仁市“两区八县”纵横跨巴蜀文化副区、荆湘文化副区和西南少数民族文化亚区三大板块，叠加中原儒、释、道文化流如血脉般延伸融合，沉淀结晶了铜仁文化的“大胸怀、大气概、大包容”气质，成为“武陵文化沉降带”一隅；在崇山环绕中，微格地貌景观被汹涌的乌江与浩荡的沅江分割，封建统治者长期实施民族“羁縻”政策，明清改土归流后均为“代理开发”“委托开发”“间接开发”，俨然形成了一座座“文化孤岛”，二十九个民族被赋予如桃源深处“十里不同风，百里不同俗”的多彩民族文化景观。在中华文化五千多年的沧桑风雨中，成就了武陵之都——铜仁一方文化净土。

推动本土文化进校园、进教材、进课堂，拓展开辟将地方特色与时代要求融为一体的文化教育之路。中学传承和弘扬地域文化立足于“三进”工作的展开，其中核心节点是“进教材”，教材确立，犹如“有水之源，有木之本”，自然承接了其他两项工作。地域文化教材的撰写，必须体现四大原则：一是体现地域特色、地域文化，缔结为因地制宜原则；二是体现地域传统、体现民族原真，表现为传承性和主体性原则；三是体现人文情怀、人本主义思想，深化为学生主体性和兴趣性原则；四是地域文化的全面透析、解构与整合，归纳为开放性和系统性原则。

我们认识到：地域文化内涵的丰富性决定了外延范围的广泛性，遵循文化历史发展规律，从文化内在逻辑结构和层次上，界分为地域物质文化、精神文化、行为文化和制度文化，四个层面环环相扣，互为因承。在撰写本书时，诸君打破深奥文化哲学“四环”结构，将深厚的铜仁地域文化深入浅出、匠心独运、条分缕析为：厚重如山的历史文化、绚丽多彩的民族文化、奇妙多姿的生态文化、渊源深厚的佛教文化、影响深远的红色文化、深入骨髓的仁义文化、繁荣丰富的非物质文化遗产七大核心篇章。其章法布局缜密，体现了“形散而神聚”“多而不杂”“错落有致”的写作风格；在内容层面上，充分挖掘和发挥铜仁地域文化的记忆与认知功能、传播功能、教化功能与凝聚功能，诉求传承铜仁地域文化知识，弘扬优秀的铜仁地域文化。学生通过欣赏不同的地域文化，理解文化多样性，提高了人文素养，促进了个性发展，实现了基于地域文化学校课程目标的价值取向。其次，严格按照教材编写的术语、数据、编图、事实、概念、原理、步骤几大关键要素展开每一章节内在层次结体的编撰，体现学生学习地域文化的心理逻辑和铜仁地域文化内在逻辑的契合。再次，按照行文的文化主题内容进行分类、分析、筛选、组合，并实地田野作业调研求证，完成了从“理论到实践，实践到升华理论”的再循环提升工程。进而以细腻的笔法，糅合故事性阐述，为学生体验文化、欣赏文化创造学习情境。充分尊重学生的文化需求，满足个性需求，推动了铜仁传统文化体系的建构与弘扬工作。

“为什么我的眼里常含泪水？因为我对这土地爱得深沉”。是呀！对于生于斯，长于斯，常乐于斯的这片土地，我们爱得深沉和炽烈，所以我们有感，我们有泪，我们只能把自己内心的坦荡表白献给这片挚爱的热土。下一步，我们将深化铜仁地域文化的课程目标体系、课程内容体系、教材编写体系、课程实施体系、课程评价体系，继续深播爱的种子，让它在每个民族中学学生心中生根发芽。

（作者为铜仁市民族中学校长）

目 录

第一章 铜仁民族文化概况

第一节 铜仁概况

铜仁市位于贵州省东北部，东邻湖南省怀化市，北与重庆市接壤，跨黔北山地和黔东低山丘陵地，一般海拔800米以下。地处黔、湘、渝三省市结合部的铜仁市，是西南地区连接中部和东部的桥头堡，素有“黔东门户”之称。全市辖碧江区、万山区、松桃苗族自治县、玉屏侗族自治县、江口县、石阡县、印江土家族苗族自治县、思南县、德江县、沿河土家族自治县、大龙开发区、贵州铜仁高新技术产业开发区，下设169个乡镇（含办事处），175个居委会、2699个村委会。全市国土总面积1.8万平方公里，总人口427.2万人，聚居着土家、汉、苗、侗、仡佬等29个民族，少数民族占总人口的70.45%。市城区面积40平方公里，常住人口35万人，分为碧江区、万山区和贵州铜仁高新技术产业开发区，锦江穿城而过，直下洞庭。

铜仁市人文历史绵长厚重。湘楚文化、巴蜀文化在这里相互浸润融合，29个民族长期和睦相处，造就了绵长厚重的人文历史。曾涌现出了明朝太子太保兵部尚书田仰、贵州开科取士第一人田秋、清朝太子太傅果勇侯杨芳等古代名士。清光绪二十一年（1895年），现铜仁境内原铜仁府、思南府、石阡府的举人在京参加会试多达40余人，其中有11人参加了康有为、梁启超发动的“公车上书”，投入维新变法运动。辛亥革命时期，涌现了陈天星、徐龙骧、席正铭等军政要人。在革命战争年代，孕育了周逸群、旷继勋等革命先烈；养育了特等功臣、上甘岭战斗英雄龙世昌等。铜仁是书法之乡，明清之际涌现了周冕、周以湘、王道行、潘登云、严寅亮、鄢师竹六位书法大家，严寅亮题书的“颐和园”三字享誉中外。

铜仁自然环境润物宜人。铜仁地处云贵高原向湘西丘陵过渡的斜坡地带，介于东经107°45′—109°30′、北纬27°07′—29°05′之间。以梵净山为主峰的武陵山脉成为本市东西部的分水岭，全市最高海拔2572米，最低海拔205米，喀斯特地貌发育典型，是喀斯特地质学的天然百科全书。全市属中亚热带季风湿润气候区，年日照时数1044.7—1266.2小时，年平均气温13.5－17.6℃，年平均降水量1110－1410毫米，无霜期275—317天，热量丰富、光照适宜、降水丰沛。大部分地区温和湿润，山间、河谷气候垂直变化明显，有“一山有四季，十里不同天”的气候特征。全市冬无严寒，夏无酷暑，雨热同季，润物宜人。

铜仁自然资源丰腴富饶。境内有沅江、乌江两大水系，长10公里以上的河流171条，集雨面积50平方公里以上的河流121条，年径流总量127.42亿立方米，地下水总储量29亿立方米。水能资源理论蕴藏量326.15万千瓦。已发现40多种矿种，主要有锰、汞、煤、钾、磷、铅、金、大理石、重晶石、紫袍玉带石、国画石等。锰矿储量2.5亿吨，远景储量可望达到3.5亿吨，是全国三大锰矿富集区之一；含钾页岩预测储量50亿吨；页岩气预测储量1.2万亿立方米。丰富的矿产资源为新材料、冶金化工等产业发展奠定了基础，目前全市已形成以锰矿、煤矿开发和金属锰、铁合金、工业硅生产为主的原材料工业体系。辖区内有野生动物400余种，列为国家一级保护动物的有黔金丝猴等6种，二级保护动物有大鲵、黑熊、黑叶猴等29种；有以植物"活化石"珙桐、珍稀的贵州紫薇以及梵净山冷杉等为代表的木本野生植物资源600余种；有以天麻、杜仲、银杏、金银花等为代表的药用植物2000多种。油茶、梵净山绿茶、石阡苔茶、德江天麻和思南黄牛、沿河山羊等土特产在国内外享有很好的声誉。

铜仁旅游资源独特多姿。独特的地理地貌、优美纯净的自然风光、淳朴的民族风情，铸就了"梵天净土·桃源铜仁"的品牌形象。其生态文化、佛教文化、民族文化、红色文化内涵丰富，独具特色，与武陵山脉主峰梵净山和穿境而过的乌江、锦江合称"一山两江四文化"。全市有梵净山、佛顶山这两个国家级自然保护区；九龙洞、沿河乌江山峡、石阡温泉群这三个国家级风景名胜区；万山国家矿山公园、思南乌江喀斯特国家地质公园等。梵净山有联合国"人与生物圈"保护区网成员、国家级自然保护区、中国佛教名山·弥勒道场、中国傩文化发源地、中国十大避暑名山、国家4A级景区六大桂冠，森林覆盖率在95%以上，负氧离子每立方厘米高达6万～12万个，大鲵、珙桐等众多珍稀濒危动植物在这里繁衍生息，有"动植物基因库"之称。乌江穿越石阡、思南、德江、沿河四县，形成"百里乌江画廊"；发源于梵净山的百里锦江，由西向东横贯铜仁城区，并将城区一分为三，与丰富的自然景观、独特的人文景观、珍贵的文物古迹、雕梁的亭台楼阁等，构成了一条"清水出芙蓉，天然去雕饰"的画廊。被誉为戏剧"活化石"的傩戏，古朴神韵的苗家四面鼓、土家摆手舞、侗族大歌、惊险绝伦的苗族绝技绝活，是民族文化瑰宝。铜仁是著名的革命老区。1934年，贺龙、关向应等老一辈无产阶级革命家在铜仁创立了黔东革命根据地，是红军长征前全国8大红色根据地之一，有周逸群故居等国家级文物保护单位，黔东特区革命委员会旧址、枫香溪会议会址等省级文物保护单位。

如今的铜仁，投资环境日益优化、经济发展势头强劲。在党中央、国务院和省委、省政府的坚强领导和关怀下，全市秉持创新、协调、开放、绿色、共享发展理念，坚持以综合生态观引领发展，抢抓贯彻国发2号文件和实施武陵山片区区域发展与扶贫攻坚规划的历史性机遇，紧扣全省"加速发展、加快转型、推动跨越"主基调和"工业强省、城镇化带动"主战略，立足"一山两江四文化"的资源禀赋和交通环境的改善，大力实施新型工业化、信息化、城镇化、农业现代化"四化同步"发展和文化旅游产业"一业振兴"战略，着力打造黔东工业聚集区、环梵净山"金三角"文化旅游创新区和"乌江经济走廊"；围绕"厚德铸铜·仁义致远"的城市品牌，致力打造"武陵之都·仁义之城"，在跨越发展、同步小康的大道上昂首阔步。

第二节　铜仁民族文化概况

铜仁民族文化主要指扎根铜仁本土、世代传承、有铜仁民族特色的文化，是铜仁各族人民在长期的生产、生活和发展过程中创造、丰富和传递的知识体系，是铜仁历史和文化的结晶。巍巍武陵，神奇梵净，乌江、锦江犹如两条生命之脉环绕着黔东大地，孕育着汉、土家、苗、侗、仡佬、羌等427.2万各族儿女，千百年来，他们勤劳勇敢、相互融合，共同创造了多姿多彩、丰富灿烂的文化成果，形成了以民族文化、佛教文化、生态文化、红色文化为代表的多种文化。如今的铜仁，历史文物古迹浓郁厚重，其中石阡万寿宫古建筑群、铜仁东山古建筑群、万山汞矿遗址、松桃寨英古建筑群、黔东特区革命委员会旧址、思南思塘镇古建筑群被列为全国重点文物保护单位；民族民间文化绚丽多彩，松桃苗族花鼓舞和滚龙艺术、万山侗族鼟锣舞、玉屏侗族箫笛舞、碧江区赛龙舟艺术、思南土家族花灯舞、德江土家族傩文化艺术、沿河土家族肉莲花舞、印江长号唢呐器乐表演艺术和书法艺术等，蜚声海内外；民俗文化村寨独具特色，松桃“苗王城”村寨和瓦窑苗族花鼓舞村寨、江口云舍土家族村寨、思南郝家湾土家族石头村寨、石阡楼上古寨和尧上仡佬族村寨等，令人心驰神往；民族节庆活动浓郁丰富，有苗族的“四月八”节、侗族的“赶坳”节、土家族的“摆手舞”节、羌族的“羌年”节、仡佬族的“敬雀”节、毛龙节和各族群众的“龙舟”节等20余个民族民俗节日；生态文化奇妙多姿，先后获得了“北纬30度，地球同纬度唯一生态绿洲”“联合国人与生物圈区网保护成员”“中国十佳绿色城市”“中国最令人向往的十大亲水美景”“中国十大避暑名山”“中国五大佛教名山”“中国长寿之乡”“中国温泉之乡”“中国西部名城”“中国傩文化之乡”等殊荣，“梵天净土、桃源铜仁”成为铜仁最靓丽的名片；佛教文化渊源深厚，起于唐代的梵净山佛教，经宋、元两代的发展，在明初已成为一方名胜，为“梵天佛地”，梵净山与山西五台山、浙江普陀山、四川峨眉山、安徽九华山并列为我国的五大佛教名山；红色文化影响深远，中国工农红军第三军在贺龙、关向应、夏曦率领下，辗转湘鄂川到达沿河，创立了云贵高原上第一个红色革命政权——黔东特区革命委员会，黔东儿女用鲜血染红了中国革命史册，留下了沿河黔东特区革命委员会旧址、德江枫香溪会议会址、印江木黄会师纪念馆及纪念碑、石阡红二、六军团总指挥部旧址、铜仁周逸群烈士故居、思南旷继勋烈士故居等丰富的红色文化遗产；仁义文化深入骨髓，铜仁以“仁”为名，以“仁”立城，以“仁”为本，仁义文化基因长盛不衰，深深植根于铜仁历史文化血脉之中，“厚德铸铜·仁义致远”的城市精神铭刻于心，“武陵之都·仁义之城”

的城市品牌声名远播；非物质文化遗产繁荣丰富，全市共有国家级非物质文化遗产保护名录7项、省级非物质文化遗产保护名录38项41处、市级非物质文化遗产保护名录70项，其中德江傩戏傩技、思南土家花灯、玉屏箫笛生产艺术、石阡毛龙和木偶被列入第一批国家级非物质文化遗产名录。

在强力推动文化大发展大繁荣的时代背景下，铜仁民族文化迎来了发展的春天。在铜仁这片文化沃土，积极发掘培育兼具铜仁民族特色和时代特征的文化资源，遵循文化自身发展规律，在传承中创新，在创新中传承，铜仁民族文化必将更加枝繁叶茂、灿烂辉煌。

第二章　厚重如山的历史文化

第一节　从历史深处走来的铜仁

一、铜仁悠久的历史

铜仁原名铜人，相传元朝时有渔人在铜岩处潜入江底，得铜人三尊，铜仁由此得名。铜仁的历史可以追溯到新石器时代。20 世纪 80 年代，铜仁境内多处发现新石器时代文化遗址。1980 年 6 月，文物普查时，在松桃县木树乡电站东虎渡口，采集到磨光石斧、夹砂红陶片及夹砂灰陶片，经贵州省博物馆鉴定，为新石器时代文化遗址。1981 年 6 月，在铜仁市漾头区杜家园调查文物时，采集到若干夹砂红陶、灰砂灰陶残片。同时，在马岩乡的岩董，也采集到磨光石器残片及少量夹砂红陶片，经贵州省博物馆鉴定，此两处为新石器时代文化遗址。一系列的新石器文化遗址的重大发现证明，在四、五千年前，铜仁这块土地上就有人类劳动生息了。铜仁境内历史，在春秋战国以前未见确切文字记载，此后有些零星记载散见于有关史籍。秦代为黔中郡腹部地区，汉时改隶武陵郡，蜀汉时始有县治；唐代分属思州、锦州、黔州；宋末元初设思州、思南两宣慰司，元代设置“铜人大小江蛮夷军民长官司”，隶属思南宣慰司。明永乐十一年撤思州、思南宣慰司，于今境地设铜仁、思南、石阡、乌罗 4 府，均隶属于由此而设置的贵州布政使司。明正统三年(1438 年)废乌罗府，其大部并入铜仁府。清代铜仁建置无变化。民国元年(1912 年)撤铜仁县(治所今江口县)并入铜仁府(治所今铜仁市)；民国二年(1913 年)改铜仁府为铜仁县(治所今铜仁市)；同时，改思南府为思南县，改石阡府为石阡县，改松桃直隶厅为松桃县。另外，恢复原铜仁县(治所今江口县)改名江口县，安化县改名德江县，以原思南府沿河佑溪吏目驻地设沿河县，以原铜仁府省溪吏目设省溪县(今万山特区)。玉屏县、印江县建置不变。民国三年(1914 年)以原铜仁县正大营县丞驻地设正大营分县，隶属松桃县兼管；以原四十八溪主簿驻地设四十八溪(今甘龙口)分县，隶属松桃县兼管。民国二十四年(1935 年)6 月，经国民政府军事委员会委员长行营核准，在贵州省建立 11 个行政督察区。其中第六行政督察区专员公署驻思南，辖思南、德江、印江、沿河、石阡等县，第五行政督察区专员公署驻铜仁辖铜仁、江口、松桃、玉屏、省溪等县。民国二十五年(1936 年)1 月，正大营分县并入铜仁县，甘龙口分县并入松桃县。同年 3 月，全省缩编为 8 个督察区，第六督察区专员公署驻铜仁，辖铜仁、江口、松桃、玉屏、石阡、省溪、思南、德江、印江、沿河、后坪（治所今沿河县后坪乡）11县。民国二十六年（1937年）11月，督察区重新设置，德江、后坪2县划属第五督察区（治所今遵义市），其余9县隶属第一督察区（治所今镇远县）。民国三十年（1941年）撤省溪县，辖地分别并入铜仁、玉屏2县；撤后坪县，辖地分别并入沿河、务川2县。民国三十二年（1943年）2月，全省改设6个行政督察区。第六督察区专员公署驻铜仁，辖铜仁、江口、玉屏、松桃、印江、石阡、思南、德江、沿河9县。至此，铜仁地区建置基本固定。

中华人民共和国成立后，铜仁地区于1950年1月12日全境解放，当年设铜仁专区，专员公署驻铜仁县，辖铜仁、玉屏、松桃、江口、印江、石阡、思南、德江、沿河9县。1956年9月撤销松桃县，设立松桃苗族自治县。1958年12月撤销玉屏、江口二县，并入铜仁县。1961年8月恢复玉屏、江口两县。1966年12月设立万山特区，1968年9月撤销，1970年8月恢复万山特区。1979年1月撤销铜仁地区革命委员会，正式设立铜仁地区行政公署（简称行署），作为贵州省人民政府行政派出机构的现行建制。至此开始，行署驻铜仁县，下辖铜仁县、江口县、印江县、石阡县、思南县、德江县、沿河县、玉屏县、松桃苗族自治县、万山特区，共8县1自治县1特区，此后县级建制变动情况有：1983年9月7日国务院批准撤销玉屏县建立玉屏侗族自治县，原行政区域不变；1986年10月7日国务院批准撤销沿河县，设立沿河土家族自治县，原行政区域不变；1986年12月13日，国务院批准撤销印江县，设立印江土家族苗族自治县，原行政区域不变。1987年8月21日国务院批准撤销铜仁县，设立铜仁市，原行政区域不变。乡级建制变动情况有：1984年1月将人民公社改为乡，通过建乡建镇调整，全区乡级行政区划分60个区，10个区级镇。区（镇）下辖369个乡、21个乡级镇、4个民族乡。1987年新建民族乡79个，乡级建制为60个区，10个区级镇，区（镇）下辖315个乡、22个乡级镇、83个民族乡。1991年全区通过“建并撤”并报经省人民政府批复，自此开始建置为39个乡、56个民族乡、69个镇、4个街道办事处。

2011年10月22日，国务院下发国函〔2011〕131号文件，批复同意撤销铜仁地区设立地级铜仁市，辖碧江区、万山区、江口县、石阡县、思南县、德江县、玉屏侗族自治县、印江土家族苗族自治县、沿河土家族自治县、松桃苗族自治县，开启了铜仁发展新篇章。

二、铜仁区县历史

1. 碧江区

碧江区，原贵州省县级铜仁市，2011年撤市设区，更名为碧江区。位于贵州省东北部，地处武陵山脉中部，与湘、渝、鄂三省相邻，古有“黔东各郡邑，独美于铜仁”的赞誉，今有“黔东明珠”、“黔东门户”的称号，是铜仁市政治、经济、文化、信息中心和省列“经济强县”，同时也是武陵山扶贫规划中6个重点建设的中心城市之一。全区国土总面积1012平方公里，辖13个乡（镇、办事处），总人口40万。其中，城区建成面积30平方公里，城区人口30万。区内聚居着汉、苗、土家、侗、仡佬等26个民族，少数民族人口占总人口的73％。

碧江区历史悠久，文化灿烂。铜仁城南大小江合流处，有铜崖挺然耸立，相传渔人于河中得铜佛三尊，故名“铜人”。设置县已有1300多年。元置铜仁大小江等处军民长官司，隶思州安抚使。明永乐十一年(1413年)置铜仁府。明万历二十六年(1598年)置铜仁县。民国二年(1913年)设为铜仁县。1949年11月解放，成立县人民政府，属铜仁行政督察专员公署。1987年8月21日撤县改市。2011年10月，根据《国务院关于同意贵州省撤销铜仁地区设立地级铜仁市的批复》(国函〔2011〕131号)，撤销县级铜仁市，设立铜仁市碧江区。以原县级铜仁市(不含茶店镇、鱼塘乡、大坪乡)的行政区域为碧江区的行政区域。

2. 万山区

万山区东南临湖南省芷江侗族自治县、西南接新晃侗族自治县和铜仁市玉屏侗族自治县，西与黔东南州岑巩县接壤，北与铜仁市碧江区、江口县毗邻。辖1个街道办事处、2个镇、6个乡，全区国土总面积842平方公里，总人口16万人，其中侗族主体少数民族8.3万人，占总人口51.9%。因汞储量名列亚洲第一、世界第三，盛产朱砂、水银而成为中国最大的汞工业生产基地，被誉为“中国汞都”、“朱砂王国”。

万山，古称大万山，以山得名。自古以来行政区划多变，隶属关系复杂。夏商为荆州之域，周朝时属楚，秦朝时属黔中郡，汉朝时属武陵郡，魏晋南北朝初属武陵郡，后属东牂牁郡，隋朝时属辰州，唐朝时属锦州，宋朝时属沅州。元至元十四年(1277年)，置大万山苏葛办等处军民长官司，黄道溪野鸡坪蛮夷长官司，均属于思州安抚司。明朝洪武初，万山、黄道、施溪等三个土司隶属关系沿元未变。洪武五年六月十三日(1372年7月13日)，大万山司随思州宣慰司改属湖广行省；施溪漾头司迁治平地寨，改称施溪长官司，隶属湖广沅州卫，洪武六年(1373年)，又改属于思州慰司。洪武二十五年(1392年)，以务程龙鳌、坪岳溪、都坪等蛮夷长官司并入黄道溪长官司，迁治武陵坪(今黄道侗族乡街上平溪寨)，仍隶属思州宣尉司。后思州宣尉使田琛与思南宣尉使田宗鼎争砂坑有怨，举兵相攻，琛称天主，朝廷敕镇远侯顾成以兵弹压。事平，革除思州、思南二宣尉司，设贵州布政使司。以思州宣尉司地置思州、黎平、新化、石阡四府，以思南宣尉司地置思南、铜仁、乌罗、镇远四府，上述八府均隶属贵州布政使司。永乐十二年三月二日(1414年3月22日)，大万山长官司划属铜仁府管辖，黄道溪长官司，施溪长官司划属思州府管辖。清朝实行“土改归流”的政策，自雍正以后，土司大部分被裁撤，大万山长官司由铜仁府派流官直接管理黄道溪长官司和施溪长官司由思州府派流官直接管理。光绪六年八月二十六日(1880年)贵州巡抚岑毓英奏准，将铜仁县移治江口，而将省溪司(今江口县)流官吏目改驻大万山，于是大万山又名省溪，治万山城内(今解放街)，仍隶属铜仁府。中华民国二年(1913年)八月，设置省溪县。省溪县成立初隶属贵州省黔东道(又名镇远道)。民国十二年(1923年)，废黔东道，省溪县直隶于贵州省政府。民国二十四年元月(1935年)，省溪县隶属第九行政督察区，专员公署驻铜仁。民国二十六年十一月(1936年)，铜仁改称第六、七两个行政督察区合并成立新的第一行政督察区，专员公署驻镇远，省溪县隶属第一行政督察区。民国三十年(1941年)，撤销省溪县，其辖地并入玉屏县和铜仁县。1949年解放，属玉屏县第六区。1958年12月划属铜仁县，建万山公社。1961年8月，又划属玉屏县恢复万山区。1966年2月，为更好地为贵州汞矿生产生活服务，经国务院批准，设立万山特区，隶属铜仁地区。汞资源枯竭后，2009年3月，被国务院列为第二批全国资源枯竭型城市。2011年10月，国务院撤销万山特区，设立万山区。

根据万山资源枯竭型城市转型规划，围绕“产业原地转型、城市异地转型”两个重点，万山的城市中心从万山镇转移到谢桥街道办事处，实施“城市异地转型”；同时，以万山镇为中心，建设万山转型工业园区，实施“产业原地转型”。

3. 思南县

思南县位于贵州省乌江中下游，东邻印江县，南接石阡县，西界凤冈县，北倚德江县，全县国土总面积为2230.5平方公里。全县地域面积2230.5平方公里，辖17个镇、3个街道办事处、8个民族乡，有汉、土家、苗、蒙古等18个民族，总人口约70万。因得乌江航运之便，自古商贾云集、经贸繁荣，属贵州开发最早的县份之一，是乌江中下游区域性经济文化中心。素有“黔中首郡·乌江明珠”之美誉。

思南历史源远流长。思南之名源于历史上的建置。《禹贡》荆州之属，春秋战国先属巴国南境，后属楚巫黔中地。秦隶黔中郡，汉属巴郡涪陵县。汉末分涪陵县地置永宁县，治今思南。蜀汉改万宁县，为南中属地。晋，万宁县仍属涪陵郡，郡治汉复县。北周武帝宣政八年(578年)，以万宁县地置费州，亦名涪川郡。隋初，废费州，开皇五年(585年)于费州地置涪川县(今思南)。唐初，属思州。贞观四年(630年)，分思州的涪川、扶阳2县置费州。八年割思州的多由、城乐2县来属。天宝元年(742年)改费州为涪川郡。乾元元年(758年)复名费州，州治涪川县(今思南)。领涪川、扶阳(今德江煎茶溪)、多田(今思南县境许家坝)、城乐(今凤冈东部)4县。费州属黔中道，治彭水县。宋为思州地。宋大观元年(1107年)，田祐恭归顺，又置思州，宣和三年(1121年)废，绍兴二年(1131年)，复置思州和务川、邛水、安夷3县，为羁縻州，州治务川，属黔州。务川县辖今思南县地。元至元十五年(1278年)，置思州新军万户府，旋改为思州新军民安抚司，治务川，后徙都坪清江城(今岑巩)。于是称清江城为思州，而称故思州为思南。至元二十九年(1292年)，改思州安抚司为军民宣抚司，隶湖广行省。至正二十二年(1362年)，改思南宣慰司，思州分为二，思南行政区划之名，以此为始。明洪武四年(1371年)，思南宣慰司改隶于四川行省。洪武六年(1373年)，升思南宣慰司为思南道宣慰使司，隶湖广布政司。洪武二十二年(1389年)，移治水德江(今思南)，至此思南道宣慰使司治所乃故都于此。永乐十一年(1413年)，废思州、思南宣慰司，置思南等4府，属贵州布政司。清朝，思南府治所思南城，顺治十六年(1659年)，领安化[原为思南府城郭，光绪八年(1882年)迁大堡]、务川、印江3县及沿河佑溪、朗溪、蛮夷3长官司和随府办事长官司。康熙二十年(1681年)，思南府属贵东道。乾隆七年(1742年)，改属古州兵备道。嘉庆八年(1803年)，废随府办事司。道光十七年(1837年)，增设红丝塘巡检1员。道光二十一年(1841年)，废蛮夷长官司。

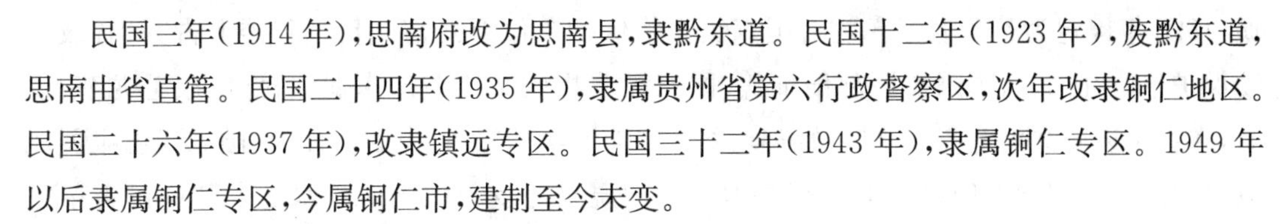

民国三年(1914年),思南府改为思南县,隶黔东道。民国十二年(1923年),废黔东道,思南由省直管。民国二十四年(1935年),隶属贵州省第六行政督察区,次年改隶铜仁地区。民国二十六年(1937年),改隶镇远专区。民国三十二年(1943年),隶属铜仁专区。1949年以后隶属铜仁专区,今属铜仁市,建制至今未变。

思南文化底蕴深厚。先后走出了"贵州科举之父"田秋、明朝理学家李渭、红军高级将领旷继勋等著名人物。思南土家花灯传承一千多年,被列入第一批国家级非物质文化遗产名录,思南被国家文化部命名为"中国民间艺术之乡"。府文庙、万寿宫、周家盐号等古建筑群被列为国家重点文物保护单位。

4. 石阡县

石阡县位于贵州省东北部,铜仁市西南部,全县国土面积2173平方公里,辖7镇11乡,302个行政村,总人口46万人,森林覆盖率68.1%,仡佬、侗、苗、土家等12个少数民族占总人口的74%。

石阡历史悠久,文化底蕴深厚。秦始皇二十八年(前219年),置夜郎县于今县境西部,属象郡。汉代,属夜郎国、牂牁郡地。梁武帝天监年间(502—519年),置建昌县,侯景叛乱后,侨置夜郎郡,隶武州。隋开皇元年(581年),废南阳郡置寿州于石阡。开皇十八年(598年),改寿州为充州。唐武德三年(620年),复置充州。武德四年(621年),重置夜郎县。唐贞观四年(630年),置夷州。宋大观三年(1109年),复置都上县。元世祖至元年间(1264—1294年),置石阡军民长官司于今治所。明永乐十一年(1413年),置石阡府,分辖龙泉县及石阡、苗民、葛彰葛商3个长官司。清顺治十六年(1659年),仍领上述1县3长官司。康熙二年(1662年),废葛彰葛商长官司。乾隆七年(1742年)三月,石阡府分设7里。民国元年(1912年),辛亥革命爆发,中华民国建立,初沿袭清制。民国二年(1913年),贵州设立都督府和行政公署,实行军民分治。民国五年(1916年),公署知事将全县划分为6个区,石阡县分为10个区。民国十六年(1927年),直属贵州省,国民政府下令改县公署为县政府,石阡县为二等县。民国二十四年(1935年),国民党改组贵州省政府,实行行政督察区,石阡划归铜仁行政督察区。民国二十七年(1938年),重新调整行政区域,民国三十二年(1943年),石阡实行新县制,设置乡镇保甲。1949年10月1日,中华人民共和国成立,1949年11月15日,石阡解放,石阡县人民获得了新生。1950年2月8日,石阡县人民政府成立,随即将民国时期18乡镇划为3个区分辖,设立区公所。7月,改置3区为6区1镇。1951年2月,改置汤山镇为城关区,同年将区公所改称为区人民政府。1953年,缩小乡、村行政管理范围,将石阡县划为80乡1镇,区治不变。1956年1月,中共石阡县第五次党代会作出决定,进行并乡工作。1961年,撤区并社,将7个区改为区级人民公社,45乡镇为管理区。1962年,恢复区的设置,设6个区调整为27个公社。1963年,恢复7个区治,将27个公社增至43个。1949年以后隶属铜仁专区,今属铜仁市,建制至今未变。

1934年、1936年中国工农红军曾两次进入石阡,1992年石阡被列为贵州历史文化名城，1998 年被定为革命老区。它有国家级文物保护单位万寿宫、府文庙、楼上古寨，省级文物保护单位红二、六军团指挥部旧址等；国家级非物质文化遗产木偶戏、仡佬族毛龙节、说春，省级非物质文化遗产仡佬族敬雀节、茶灯、“悄悄年”等。它先后被评为“国家级温泉群风景名胜区”“中国营养健康产业示范基地”“中国温泉之乡”“中国矿泉水之乡”“中国苔茶之乡”“中国长寿之乡”“中国最佳休闲旅游目的地”“中国最具投资价值重点县”“国家生态文明示范工程试点县”等。

5. 德江县

德江县位于黔东北中心区域，铜仁市西部，地处遵义、铜仁、黔江构成的三角几何中心位置，是黔中经济圈、成渝经济圈、武陵山经济协作区的“交汇点”，素有“傩戏之乡”“天麻之乡”“奇石之乡”之称。全县国土总面积 2072 平方公里，辖 11 个镇、8 个乡、2 个街道、1 个省级经济开发区、344 个行政村（社区），总人口 55 万人，其中土家、苗、仡佬等少数民族人口占 63.5％。

德江历史悠久，文献可考的历史有两千一百二十年。禹贡时属荆梁二州南徼外地鬼方地域，荒裔。春秋属楚为西南巴国南境地。战国时，属黔中枳县地。秦立郡县制，属黔中郡。汉先属武陵郡酉阳县地，后属武陵郡永宁县地。三国先属涪陵郡万宁县地，后属武陵郡黔阳县地。西晋仍属涪陵郡万宁县地，隶梁州。东晋时属武陵郡地。南朝刘宋时，属武陵郡地。北周时，先属奉州地、费州地，后属黔州地。隋先属黔州涪川县地，后属巴东郡扶阳县地。唐初属巴东之扶阳县地、改属务州、思州地，后属费州之扶阳县地。五代属费州地。宋初属黔州领内羁縻州地，后属思州务川县地。元属思州水特姜长官司地。明属思南府水德江长官司地。清属贵州布政司思南府安化县地。清光绪六年(1880 年)8 月 26 日，贵州巡抚岑毓英奏移铜仁县于江口、安化县于大堡（今德江县城），光绪八年(1887 年)正式迁移安化县于今德江县城。民国时期，德江县疆域基本确定。民国三年(1914 年)改安化县为德江县(因查湖南省有安化县，乃以乌江在县境一段俗称德江而改德江县)，属黔东道。民国三十三年(1944 年)德江县改隶铜仁督察区。1934 年，中国工农红军第三军在贺龙、关向应、夏曦的率领下，转战千里，于 6 月 19 日到达德江枫香溪，召开了我党我军历史上具有重大意义的中共中央湘鄂西分局“枫香溪会议”，开创了云贵高原第一块革命根据地，为策应中央主力红军长征，牵制敌人，立下了不朽功勋，为红三军从挫折走向胜利，特别是为中国革命的胜利作出了巨大贡献。

千百年来，生活在这片古老而神奇的土地上的人民，生生不息、世代繁衍，形成了以土家风俗为代表的民族风情，国家级非物质文化遗产——德江傩戏享誉中外，被誉为东方狂欢节的土家“炸龙”声名远扬。

6. 印江土家族苗族自治县

印江土家族苗族自治县位于贵州省东北部、铜仁市西部，东与松桃苗族自治县、南与石阡县、思南县，西与德江县，北与沿河土家族自治县以及重庆市的秀山土家族苗族自治县毗邻。全县国土总面积1969.1平方公里，辖17个乡镇，包括8个乡、9个镇，有347个行政村、9个居委会、2个社区、3103个村民组，常住总人口43.76万人，以土家族苗族为主体的少数民族人口占总人口的73.58%。1986年12月13日国务院以国函〔1986〕189号文件撤销印江县，以原有建置设立印江土家族苗族自治县。

印江早在春秋战国以前便有人类活动。自清代起便陆续出土有青铜器时代的编钟、战国铜釜、汉代铜币、战国船棺、洞棺、悬棺、魂瓶、陶瓷等先人遗物。汉代正式列入版图，隶属武陵郡，晋代隶属涪陵郡永梁州，南北朝至隋未时期为蛮酋领地。隋代中期，流动人口增多，隋币在印江流通，商贸文化逐渐兴起，定居人口分布全县。

印江的正式建置，始于唐初。唐武德三年(620年)在其境内建立思王县，据明嘉靖《思南府志》及《东华录》记载："思王县地在思南府属之朗溪司。"至今朗溪仍保留有唐代地名"思王山"，思王县城城隍庙遗址等遗迹，唐显庆时期在印江境内流通有"皇泰通宝"、"景元巨宝"等货币。唐开元四年(716年)以唐代名山思邛山(即梵净山)和思邛水(即印江河)一线为界设立思邛县；唐肃宗至德二年(757年)思邛县、思王县、多田县三县划归宁夷郡思州所辖，思邛、思王转地约为6600平方公里，唐宪宗元和二年(807年)，全国赋税加重，民不堪负，加之瘟疫，人口密集区的荆楚地区，以躲徭役和瘟疫，寻找"世外桃源"的人们顺长江、延水(即乌江)逆流而上进入思邛地。这一时期，朝廷对这一地区因交通不便、人口较少，加之难于派进流官，政治上处于鞭长莫及，任其当地土蛮自理其政，思邛、思王二县只是有其版图建置。宋建隆二年(961年)思王县改为朗洞，设洞官自理其政，思邛县改为邛水司，属思州羁縻(节制)，宋大观元年(1107年)思州的番(土酋)部长田祐恭自愿将思州地归附朝廷，朝廷决定在这片地区设土司政权，任命田祐恭为思黔巡检，建寨堡、设立长官司(相当于县级)、当时印江地域内就设有思邛江长官司、朗溪蛮夷长官司、厥册蛮夷长官司，三司辖地为2960平方公里。元至元二十八年(1291年)印江增设隘门巡检司、杨溪公俄巡检司、此时印江境内便有思邛江、朗溪、厥册三个行政长官司和隘门、杨溪公俄两个地方武装机构。

明洪武二年(1369年)朗溪蛮夷长官司分设十五洞、划分为上五洞和下十洞，罗大车为下十洞大苗头，罗大保为上五洞二苗头。明洪武四年(1371年)思邛江、朗溪、厥册三长官司改隶思南宣慰司。明洪武十一年(1378年)冉万花自称十五洞权主，主掌土司政权。明洪武十五年(1382年)沱江宣抚使田儒铭率兵攻打各自为阵的黔东北部分土蛮政权，正式建立长官司，由朝廷颁发印信，为朝廷认可的土司政权。将厥册蛮夷长官司合并朗溪蛮夷长官司，田儒铭以第五子田茂能为朗溪蛮夷长官司首任长官，任嗣宗为首任副长官、张坤载为思邛江长官司首任正长官。朗溪蛮夷长官司田氏世袭十九代正长官，任氏世袭二十六代副长官；思邛江长官司张氏连续世袭九代，传至张鹤龄因失土司印信而中止世袭五代。清顺治元年(1644年)张鹤龄第五世孙张应壁，因督运军粮有功，任印江土县丞(正八品，从七品)，随后承袭八代土县丞职。明永乐十一年(1413年)撤思南、思州两宣慰司，分设八个府，思邛江、朗溪二长官司隶属思南府。明弘治七年(1494年)六月撤思邛江长官司，建印江县，改土官制为流官制，山东举人周文任印江首任知县，保留朗溪蛮夷长官司，仍直隶思南府所辖，形成土流合治的政局。清道光十年（1830年）三月，朗溪长官司合并印江县，合并后县域面积为3180平方公里，朗溪仍保留土司衙署和长官司级别，但不再行使土司政权，责令将衙署搬迁远离司城的梵净山北麓木桷寨（现为盘龙村），副长官衙署搬迁至木社寨（现为木良村）沿袭依旧，直至清末宣统二年（1910年）田儒瑞任最后一任长官为止，此时，土司政权实际已名存实亡。

从“改土归流”的明弘治七年（1494年）至清宣统三年（1911年）县最高行政长官称知县、中华民国元年（1912年）至民国十五年（1926年）县最高行政长官称“知事”、民国十六年（1927年）以后称县长。

在行政建置上明弘治七年（1494年）建县后设立三个图（相当于区），即在廓图、网坨图、茅坝图。图设图长，每图设十个大甲，重要场镇设铺舍。清代增设朗洞图，民国元年至十五年（1912—1926年）全县设7个行政区，15个乡（镇），37个联保，241个保，2456个甲；1935年以后撤销行政区，保留15个乡镇，184个保，1969个甲，取消联保。1935年至1948年三次调整48处插花地，保留县域面积2004平方公里，建国后从1952年起设8个行政区，74个乡；1953年初又增设19个乡，全县共93个小乡，大土乡改为梵净山乡，1958年缩编为6个区级人民公社，1961年重新调整为7个区，41个行政管理区，1962年底撤管理区设36个人民公社，1963年调整为46个人民公社，1986年12月撤销印江县，以原有建置设立印江土家族苗族自治县，仍为7个区（镇），46个乡镇。1993年撤区并乡，设17个乡（镇），其中8个乡、9个镇。

7. 沿河土家族自治县

沿河土家族自治县地处大娄山脉东南麓和武陵山脉西北麓之间，位于贵州省东北角，乌江从南至北纵贯沿河132公里，将沿河分割为西北和东南两部分。北部和东部与重庆市彭水自治县和酉阳自治县接壤，西北部与遵义地区务川毗邻；全县辖22个乡镇，总面积2468.8平方公里，2014年总人口66.84万人，其中以土家族为主体的少数民族占全县总人口的66.2%，是全国四个单一的土家族自治县之一。

沿河受乌江之惠，开发较早，自战国秦将司马错伐楚，溯舟涪陵水（乌江）奇楚黔中地（今沿河至榕江以东北地区），已有两千多年的历史。春秋时属巴国南疆一部分。战国属楚，一度入秦。秦代属黔中郡。西汉先属酉阳县，后属涪陵县，东汉分属涪陵县和永宁县。蜀汉在县地置汉复县，沿河县分属汉复县和万宁县。晋太康元年（280年）涪陵郡治所移往汉复（今沿河洪渡），咸和三年（328年），涪陵郡“地殁蛮僚”。北周保定四年（564年），涪陵蛮帅田思鹤以地附周。宣政元年（578年），沿河地置费州。沿河在北周分属黔州和费州。隋开皇十九年（599年），招慰蛰僚奉诏置务川县，治地在今沿河县城东岸。唐《元和郡县志》载：“内江水，一名涪陵水（乌江），在县西四十步，因川为名，曰务川县。”唐武德元年（618年），黔州招慰使冉安昌以务川县当牂牁要道，请置郡抚之，武德四年（621年），于县地置务川郡，旋改为务州，领务川、扶阳、涪川三县，以冉安昌为刺史。贞观四年（630年）改务州为思州。天宝元年(742年)改思州为宁夷郡，领务川、思王、思邛三县。乾元元年(758年)复名思州。宋初沿唐制，把不能派流官统治的经制州列为化外州，设置羁縻州委任土官管理。太平兴国元年(976年)派都虞侯赵延浦任思州刺史，土著田氏族人不宾附，朝廷将思州等列为化外思，改经制州为羁縻州，委派土著首领管理。大观元年(1107年)，田祐恭请求内附，愿为王民。政和八年(1118年)朝廷以其地置思州，领务川、邛水、安夷三县。将思州、务川县治徙于北部荷叶坪，后又移到原都濡县治所，州、县同城。务川县治沿河历519年，思州治沿河历497年。南宋、元、明、清时期沿河县城均为土司驻地。元置沿河祐溪长官司，治今沿河县城西岸，沿河司直到民国三年(1914年)才改为沿河县。

唐武德二年(619年)于沿河北部置洪杜县，隶属于黔州，以境内洪杜山得名，宋嘉祐八年(1063年)废洪杜县，洪杜县从置至废历444年。民国三年(1914年)于县北置后坪县，民国三十年(1941年)，撤销后坪县，以金竹山以东并入沿河县，以西并入务川县。民国三十一年(1942年)贵州省政府调整县域时，撤后坪县并入沿河县和务川县，形成今沿河县域。1934年，沿河县谯家土地湾建立了黔东特区革命委员会，在沿河县内建立10个区、30个乡苏维埃政府。1949年12月29日沿河解放。

1986年10月7日，国务院批准撤销沿河县，设立沿河土家族自治县。1987年11月23日，沿河土家族自治县正式成立，设9个区、1个区级镇、59个乡、2个乡级镇。1992年10月通过撤区并乡建镇，设12个乡、10个镇。2010年3月，沿河被授予“中国绿色名县”，2010年10月，被授予“中国土家山歌之乡”称号。

8. 江口县

江口县位于贵州省东北部，全县国土总面积1869平方公里。东与碧江区毗邻，南与黔东南州岑巩县相连，西与石阡县、印江县接壤，北抵松桃苗族自治县。全县辖2镇7乡，8个街道(社区)，71个行政村，总人口23.7万人，有土家族、苗族、侗族、仡佬族、羌族等16个民族，其中少数民族人口占总人口的52%。

江口地域最早初形于春秋战国，属楚黔中。战国属秦黔中郡义陵县，汉高祖五年(前202年)改秦黔中郡为武陵郡，隶荆州，属武陵郡无阳县。王莽建国，号“新”，改武陵郡为建平郡，东汉复称武陵郡，并无阳县入辰阳，江口属辰阳县。刘宋时期，宋孝武帝建元年(454年)至齐，江口仍属辰阳县。502年，肖衍称帝，国号“梁”，江口属武州南阳郡建昌县。557年陈霸先称帝，国号“陈”，废建昌县，江口属南阳郡。隋朝文帝开皇元年(581年)，废南阳郡，于其地置寿州。开皇十八年(598年)，改寿州为充州，大业初废充州，并其地入辰州改为沅陵郡，废静人县入辰溪县，江口属沅陵郡辰溪县。唐天宝三年(744年)江口属辰水县，隶充州，后唐江口属蜀黔州。后晋高祖天福五年(940年)牂牁蛮首领张万浚率所属思夷等州归附于楚，江口属楚思州。南唐时期，攻楚，楚王马希崇降，江口属南唐。宋高宗绍兴二年(1132年)分荆湖路为荆湖南北两路，北路领沅州、清州，江口属沅州麻阳县，淳熙八年(1181)杨再西率其子政强领士兵开发省溪、宙逻、铜仁大小两江等地。元置省溪，提溪长官司。明永乐二十年(1414年)改隶铜仁府并延至清朝。清雍正五年(1727年)“改土归流”,设省溪吏目1员,吏目署驻大江口(今双江镇)。光绪六年(1880年)清廷准贵州巡抚岑毓英奏,移铜仁县治于大江口,江口始成县治。民国二年(1913年),铜仁府改铜仁县,将原设大江口之铜仁县更名为江口县,属黔东道。民国十二年(1923年)废道,各县均直隶省。民国二十四年(1935年),省分设行政督察区,江口县属第九行政督察区,专员公署驻铜仁。之后,行政督察区番号屡经更易,但体制未变。县辖村寨小有调整,但基本格局未动,一直维持至1949年。1949年11月13日江口解放。1950年3月1日,县人民政府成立。1958年12月,经国务院批准,江口、玉屏两县并入铜仁县。1961年3县分开,江口县辖区仍旧,保持至今。

9. 松桃苗族自治县

松桃苗族自治县位于贵州省东北部梵净山麓,地处贵州、湖南、重庆二省一市交界处,素有“鸡鸣三省”的美誉。全县辖28个乡镇、509个行政村,国土面积3409平方公里,总人口72.6万人,其中以苗族为主的少数民族占全县总人口的68.1%,是1956年经国务院批准的贵州省成立最早的少数民族自治县和全国五个苗族自治县之一。

松桃苗族自治县历史悠久。1980年6月文物普查时,曾在松桃虎渡口采集到的磨光石斧及夹沙红陶片,经省博物馆鉴定为新石器时代文物遗物,这说明早在1万年至4千年前,就有人类生息、繁衍。春秋战国时期属黔中,秦属黔中郡,汉至三国时期均属武陵郡,南北朝时期属郢州南阳郡,隋属源陵郡。唐太宗贞观四年(630年),今县境中部置平土洞,西部置乌罗洞,隶属思州。唐武后垂二年(686年),以辰州麻阳县地及山洞置锦州,松桃东部属之。肃宗天宝元年(742年),改锦州为卢阳郡,松桃又随属之。肃宗乾元元年(758年),卢阳复名锦州,领洛浦、渭阳、卢阳、招谕、常丰5县,今松桃地属常丰县。宋太祖开宝年间(936—975年),改平土洞置平头司,改乌罗洞置乌罗司。其间,西属思州,东仍属锦州,徽宗政和四年(1114年)在今孟溪置龙泉葛泽长官司,兼有麻阳县地,属沅州。理宗宝祐元年(1253年)置平茶承化军民府,松桃中西部孟溪、平头、乌罗属之,亦属思州。元世祖至元二十四年(1287年),置思州宣慰司,隶湖广行省,乌罗、平头二司归其所辖。成宗大德六年(1302年),改平头司为平头著可通达等处长官司;改乌罗司为乌罗龙干等处长官司,辖龙泉葛泽长官司;改平茶承化军民府为溶江之子坪茶等处长官司(治所今秀山龙凤高秀)。均思州军民安抚司。明太祖洪武四年(1371年),改乌罗龙干等处长官司置乌罗长官司;七年(1374年),改平头著可通达等处长官司置平头著可长官司,隶思州宣慰司;八年(1375年),置麻兔洞(今甘龙地)隶酉阳宣慰司;十七年(1384年)划出溶江芝子坪茶长官司直属四川布政司。永乐三年(1405年),置答意、治古(今松桃东部)二第官司,十一年(1413年)二月,废思南宣慰司,以其他置乌罗、思南、铜仁、镇远4府。乌罗府设治于乌罗长官司。同年,从酉阳宣慰司拨麻兔洞来属。此间,乌罗府隶于贵州布政司,英宗正统三年(1438年)五月七日,令将答意、治古2长官司永行革除,乌罗府只存3司,不足以立府,遂省乌罗府将乌罗、平头两司拨入铜仁府,拨郎溪司属思南府。清康熙四十三年(1704年)八月初六,兵部议复升任云贵广西总督鄂尔泰疏言,设铜仁理苗同知置正大营厅，以铜仁府副厅长官专理苗务，雍正八年(1730年)迁正大营理苗同知至长冲(今老松桃)，置松桃厅。雍正十一年(1733年)，松桃厅由长冲移至蓼皋山下建城(今松桃县城)。嘉庆二年(1797年)十一月初三，升松桃厅为直隶军民厅，属贵东道。以原拨给铜仁府的乌罗、平头著可2长官司回归松桃。嘉庆七年(1802年)设石岘卫。至道光十五年(1835)，松桃直隶厅辖1卫、2司、14汛，由贵州省直接管辖。民国二年(1913年)，改松桃直隶军民厅为松桃县，属黔东道。民国三年(1914年)，以正大营县丞辖地置正大营分县，治正大营；以四十八溪主簿辖地置四十八溪分县，治堡脚(今普觉镇)，均属松桃县。民国十六年(1927年)，令四十八溪分县移置甘龙口，改为甘龙口分县，仍属松桃县。民国二十四年(1935年)，松桃属第九行政督察区。民国二十五年(1936年)，撤销正大营、甘龙口二分县并入松桃。民国二十六年(1937年)，松桃县改属第一行政督察区。民国三十二年(1943年)以后一直属第六行政督察区。1949年11月12日松桃解放。1950年3月1日，经省人民政府批准，正式建立松桃县人民政府，属铜仁地区专员公署领导。1956年9月11日，国务院全体会议第37次会议通过，撤销松桃县，改设松桃苗族自治县。1956年12月31日，松桃苗族自治县正式成立。

10. 玉屏侗族自治县

玉屏侗族自治县地处黔东，接壤湘西，素有“黔东门户”、“黔楚襟喉”之称，为贵州省的东大门，是贵州“东联”发展战略的“桥头堡”，是中南与西南的交通结合部。全县总面积517平方公里，辖4镇2乡，总人口14.2万人，其中侗族占总人口的89%。

玉屏县古称平溪，春秋战国时属“黔中郡”。秦代属“象郡”，汉代属“武陵郡”。南齐时属“东牂牁郡”。隋代属“沅陵郡”。唐为“奖州”。宋为“鹤州”。元置平溪、野鸡坪两长官司，均隶“湖广行省”。明洪武二十三年(1390年)，湖广行都司派指挥使许升等人从江西、湖南一带招募所谓“六郡良家子”5164人来到玉屏屯戍，废除平溪、野鸡坪两长官司，修筑城池，建立地方二级行政性质的平溪卫。清雍正五年(1727年)，撤卫设县，拨楚归黔，以城北常年“翠绿如玉屹立如屏”的玉屏山命名玉屏县。1912年后，设置玉屏县。1941年，将原省溪县辖地——田坪、万山、黄道、下溪划归玉屏县管辖。1936—1942年隶第一(镇远)行政督察区。1943—1949年改隶第六(铜仁)行政督察区。1958年撤销玉屏县，并入铜仁县。1961年恢复玉屏县，原辖区不变。1966年将万山区划归万山特区。1988年9月7日，经国务院批准，撤销玉屏县，建立玉屏侗族自治县。

第二节 铜仁历史的见证——文物古迹

在漫长的历史长河中，铜仁各族人民创造了多彩灿烂的历史文化，留下了众多独具特色的文物古迹。全市现有各级文物保护单位200多处，其中国家级重点文物保护单位6处，即石阡县万寿宫、铜仁市东山古建筑群、松桃苗族自治县寨英古建筑群、思南县思唐镇古建筑群、万山特区汞矿遗址、黔东特区革命委员会旧址；对外免费开放并获国家资金补助博物馆、纪念馆 8 家；有国家级历史文化名村 1 处，省级历史文化名村 1 处，省级历史文化名镇 3 处，省级历史文化街区 1 处。

一、铜仁东山古建筑群

铜仁原是土司地区，明永乐十一年（1413 年），随着明朝废除思南、思州两宣慰司，贵州“改土归流”建省，作为黔东八府之一的铜仁府闪亮登场。几百年间，铜仁府撑起贵州东部“门户”，文教兴起，商业繁盛，成为黔东地区的政治、经济、军事和文化中心，至今留下了许多文物古迹。2006 年，铜仁将城区内的这些文物统称为铜仁东山古建筑群联合申报，经国务院批准为全国重点文物保护单位。

锦江绕铜仁城而过，江边突兀耸起一座山峰，因在城东而称东山。东山古建筑群便依山而建。山上有东山寺，总面积 2.6 万余平方米，寺中古树参天，绿树成荫，楼阁寺庙鳞次栉比，烧香拜佛香火不灭。寺庙始建于宋朝，续建于明清，现存雷神殿、真武殿，既为佛教圣地，又为旅游胜地。

寺内有中国傩文化博物馆。傩文化由傩堂戏和傩技构成，具有“戏剧活化石”之称，该博物馆共设 3 个陈列室，收藏有上百年的傩戏面具和各种服饰、音乐唱本以及法器实物，可供专家考察研究，游人观赏。

作为东山古建筑群的重要组成部分，位于锦江北岸、东山西麓的中南门古城区系明、清传统的砖木结构四合院建筑，背依东山，南临锦江，群体庞大，布局井然。古城区占地总面积 36685 平方米，古民居建筑总面积 25544 平方米，保存完好的四合大院 35 个，古巷道 11 条，现存木结构及砖木结构建筑 228 栋。其房屋、道路建设及排水系统设计科学合理，显示了古代民居建设规划设计技术的高超水平，为黔东民居的典型。这里曾是铜仁著名的码头和繁华商业区，以八大商号为主的大小商家，主要集中在中南门一带。现今依然是老铜仁人的世居之地，临街店面除了传统的理发店、制衣店，还开起了茶楼和各类旅游商品店铺，在此散步流连，韵味十足。

与东山遥相对应，在锦江两江汇流处，有一巨石突起江心，高出水面十多米，总体面积 486 平方米，这便是与“铜仁”有着极深渊源的铜岩。相传，元朝时有渔人潜入铜岩底，“见岩足如鼎，中有铜范三教像”，“挽而出之”，“铜仁”也因此而得名。三尊铜人为儒、道、释三教的鼻祖孔子、老子、释迦牟尼。而铜岩上的“跨鳌亭”，历代皆有修建，最早为明正德十一年（1516 年）所建，现存之亭系 1993 年重建。旧时相传，铜岩旁迎小江处有沙洲隐于水中，每逢乡试前，如洲现水面，郡人必有中榜者，故俗名“挂榜洲”。每逢乡试前七日，铜仁的地方官按古制举行宾兴大典，在跨鳌亭上设宴招待应举之士，“酌旨酒以盈卮，于斯亭以宠饯”，以求个

“独占鳌头”的吉兆。

位于两江交汇处西岸，与铜岩上的跨鳌亭隔江相对峙的便是川主宫了，它是铜仁市现存时代最早(明洪武八年即1375年)、保留最完好的古建筑。其为二进高封火墙围护四合院式会馆建筑，系巴蜀客商集会地，占地面积约5000平方米。宫内精美的木雕、石刻、彩绘、泥塑遍及全宫，令人目不暇接，是研究明清时期社会生活、戏曲、宗教艺术的珍贵实物。

2012年7月，东山古建筑群荣获“贵州十大最美古建筑”称号。专家称其具有丰富的文化内涵，是观察武陵山区丰富资源的最佳窗口、研究武陵地区民族关系的实物资料、进行革命传统教育的重要基地、研究具有悠久历史的傩文化的重要基地。

二、石阡万寿宫

石阡万寿宫为全国重点文物保护单位，位于石阡县城长征路北端，是贵州著名的古代建筑群和旅游景点。始建于明万历十六年(1588年)，清顺治十四年(1657年)重修，始建万寿宫时称“豫章阖省会馆”。清雍正十三年(1735年)，知府赵之垣重修，乾隆三年(1738年)，知府杜理复加修葺。当时的万寿宫没有现在这样的规模，格局是坐北朝南。后来经郡人左成宪等筹款，对万寿宫进行改修，其格局改为坐东向西，占地面积3800平方米，就是今天的规模，但山门的位置一直未动，山门不在中轴线上，这是石阡万寿宫与其他地方的万寿宫所不同的最大特点之一。

万寿宫的三个山门巧妙地将牌坊、大门、山墙结为一体，以青砖仿木雕刻垒砌，既美观实用，又节工省料，还有良好的防火性能。整个建筑依地就势而建，由西向东渐次升高，为二进封火山墙四合院式院落。建筑由东、西两个部分组成，大门、倒座、戏楼及长廊，构成了万寿宫西部的建筑空间；东部则分三路建筑，即北路的紫云宫、中路的过厅、正殿，南路的圣帝宫，形成了院中带院，宫中套宫、墙内有墙这种较为独特的平面格局，如此疏落有致、主次分明、装饰华贵的建筑空间，体现了万寿宫建筑艺术的精华。明清时代，大批赣籍军民纷纷涌入贵州，军人原为屯兵，尔后安家落户，与当地土民融合。随着社会经济的发展，江西客商溯都柳江、清水河、舞阳河、锦江、乌江、赤水河等大小江河扶摇而上，深入黔山大地，寻求发展机遇，形成新的人群，他们为了自身利益，集资修建江西会馆，习称“万寿宫”。石阡是一个历史非常悠久的地方，秦始皇统一中国后，实行郡县制，置夜郎县于今县境西部，元代置石阡等处军民长官司于今治所，明代改置石阡府，为贵州布政使司下属的十三府之一，也就是说，石阡府是与贵州省同时诞生的。历史上的石阡，经济繁荣，人口密集，是一个交通要道，随着城市建设的发展，江西客商与日俱增，为给赣籍人士提供聚会和休息场所，江西人出资在此修建了这样一个公共建筑物，万寿宫因此而诞生。

石阡自古以来是多民族的聚居区，主要民族有仡佬族、侗族、苗族等。当时修建万寿宫的掌墨师是当地仡佬族人，他别出心裁地将飞檐翘角的仡佬族民居特点融入到了传统建筑中来，最为突出的是戏楼。戏楼为面阔一间歇山顶建筑，其造型与仡佬民居中的翘角楼厢房别无二致，这对增加室内采光和避免淋雨具有非常实用的价值。歇山顶建筑在古代是等级最高的建筑，可见当时万寿宫不管是地位上还是影响上，在当地都是很高很大的。戏楼上拥有华丽的如意斗拱、藻井、屏风以及挂落，鹅颈椽等装饰，舞台上八块横枋上有暗八仙、花鸟等浅浮雕，令人称绝的是舞台下 15 幅三国戏文浮雕，描绘了"桃园三结义""三顾茅庐""三英战吕布""空城计"等场景。无论场景，还是人物都被刻画得栩栩如生，可见雕刻者精湛绝伦的工艺水平。值得一提的是戏楼上还有两副对联，其中一幅是"束带整冠俨然君臣父子，停锣息鼓谁是儿女夫妻"，它的含义既是对戏台上虚拟故事的描述，也是对人生描述。还有另一幅搭配在旁边，这就是后来扩建万寿宫以后的典故了，后人觉得这幅不足以表述豫章阖会馆的全部含义，于是立了这么一幅"从南抚临瑞吉以来游翠五府人才于兹为盛，合生旦净末丑而作戏少一个脚色便不足为观"。"南、抚、临、瑞、吉"就是捐资修建万寿宫的五个地方的客商。万寿宫东部建筑正中为正殿大门，左为"紫云宫"，右为"圣帝宫"，均为牌楼式墙门。石柱拱顶，旁列两狮，门额上下左右，均刻有人物、龙凤、花鸟等图像，两宫门墙较中门垮前 1 米，成"凹"字形，民国年间此处建有过厅，专为头面人物看戏蔽日遮雨而设。齐中门一线，排列 3 座高大敞厅，砌有间墙，两宫门内形成小院。门左右均建有钟楼和鼓楼，两楼椽瓦相连，靠南北围墙有石梯通前院楼阁。使整个宫内无论烈日或风雨天气，大有回旋的余地，靠东墙耸立着高大轩敞的 3 座大殿宇，梁栋均刻鱼龙图案，设 7 座精雕神龛，祀许真君等神像。辛亥革命后，特别是民国 10 余年间，兵匪交集，宫内建筑，几次遭到破坏，但亦续有修葺。民国二十三年(1934 年)国民党军队曾用此宫关押过红六军团西征时负伤、散失被俘的战士，民国二十五年(1936 年)红军第二、六军团部分官兵驻此，并在戏楼上进行演出、宣传等活动，贺龙等军团领导人曾来此慰问参加红军队伍的新战士。万寿宫布局严谨，工程宏伟，建筑考究，在省内同类建筑中名列榜首。其中大部分木雕泥塑遭毁，然而其结构完好，在同类建筑中实属罕见，其建筑工艺又将中原文化、地域文化、民族文化结合在一起，生动形象地反映了历史上石阡古城的经济发展、文化交流和民族融合的状况，因此于 2001 年 6 月 25 日被国务院公布为全国重点文物保护单位。2012 年 7 月，石阡万寿宫荣获"贵州十大最美古建筑"称号。

三、思南府文庙

思南府文庙为全国重点文物保护单位——思南县思唐镇古建筑群的主体部分之一，位于贵州思南县县城北门文化街遵化门内，总面积 3 万平方米，是贵州最大的一座文庙。

思南府文庙始建于元代，明成化二十二年(1486 年)改建，后屡次修缮，清康熙二十三年(1684 年)颁御书"万世师表"匾额，雍正四年(1726 年)颁御书"生民未有"匾额，乾隆二年

(1737年)颁御书“与天地参”匾额，嘉庆四年颁御书“圣集大成”匾额，道光元年(1821年)颁御书“圣协时中”匾额。“文化大革命”中大部分文物被毁，80年代中期省政府拨专款整修，其建筑包括崇圣祠、大成殿、东西庑、戟门、棂星门、照壁、礼门、义路、德配天地坊、道贯古今坊和有水三拱桥等。除了以上建筑外，尚有数十块保存完好的明清碑刻，如明李渭撰《思南府学碑记》、明田仰撰《重修文庙碑记》、清《永禁私派陋弊碑》等，这些碑刻不仅为府文庙增添了游览价值，对研究乌江流域文化也具有较高价值。

思南府文庙整个建筑群由大成殿、大战门、左右庑、崇圣祠、追封殿等6栋28间，及天子台、棂星门、泮池、屏风、礼门、义路、围墙组成封闭式的建筑群。建筑面积2000平方米，是当今贵州保存的文庙中，始建年代最早，占地面积最大，建筑面积最多，保存最完整的文庙。

思南县乌江大桥直对府文庙大门，由东向西，步行长436米主桥后，扶栏而上，脚踏86步阶梯，曲径通幽。穿过大桥碑亭、跨过文化街街面，便是府文庙前屏，左为礼门，右为义路，两侧墙上各竖一通“一应文武官员至此下马”碑。择门而上，进入前院，院内料石镑地，泮池居其中，三栋石拱桥横跨泮池，泮池周边，及拱桥身均雕有花纹图案栏杆装饰。院右有育贤井终年不竭，井内清水泻入泮池，故使泮池清澈透底。院内右墙内立有十余通明清古碑，具有较高的历史、科学、艺术价值。由泮池桥头而上经41步阶梯，通过棂星门，进入二院，内院樟木葱茏蔽日，抬头前看，大成门前额枋，镂雕云龙飞腾翻滚。五间大成门正中前吞三间，两旁备有固定靠背长椅，供人小憩，前后壁上均为棕漆雕花格扇门窗。经大成门，进入大院，便是这组古建筑群的中心院落，面积约600平方米，地面均由料石板铺成。大成殿居其上，左右庑、大成门等4栋建筑物，构成了中国传统式的古代四合院。

左右庑前为雕花格扇门窗，由大院左右拾级而上，便登上天子台，台前正中，镌有3平方米的一方二龙抢宝的大青石浮雕。台前及左右三面以石栏装饰，两旁各有一棵桂花树。由天子台正中上，进入府文庙主体建筑大成殿，殿高10米，面积426平方米，为歇山穿牛式单檐殿，屋面盖小青瓦，传统式沟头滴水，正脊和垂脊均为镂空卷草花图案。六角均饰鱼龙吻，正脊中有2米高紫酱色四级葫芦宝顶，四垂脊中各塑一狮。殿前有廊，以鹤胫封檐，六棵檐柱前上方正中各雕一木狮，边两棵各雕一麒麟，均倒挂在桃檐与檐柱上，既是支衬，又是装饰，各檐柱之间均镂雕龙凤，图案挂落。殿有3米宽走廊，顶为鹤胫轩，轩梁上分别雕松竹梅花鸟图案。大成殿前壁由24扇“书条川万字”格扇门窗组成。

腰板雕刻花鸟草等装饰，柱、廊壁均以棕漆涂饰，廊顶悬挂六盏大红团灯笼。左右后三面殿墙均用明弘治四年(1491年)、明正德十六年(1521年)两代遗存长48公分、宽24公分、厚10公分青砖重砌。大成殿内悬挂九盏大型宫灯，盏盏宫灯给殿内漆得黑中透红、红中发亮的几根支撑雄伟大殿的大柱，增添了斑斓的色彩。再由大成殿前廊两侧进入后院，便是崇圣祠、追封殿，两栋建筑物均为小青瓦盖屋面，前壁为棕漆雕花格扇门窗组成。崇圣祠门窗束腰，雕暗八仙衬托，追封殿门窗束腰为花鸟装饰。三面为小青石斗合子墙。南北两边即为两厢，原为供奉孔子72贤徒牌位的地方，常年香火不断。

思南府文庙的整个建筑群，历史悠久，规模宏大，布局合理，造型大方，装饰讲究，古朴典雅，做工精湛，漆术细腻，鱼龙鸟兽花木卷草栩栩如生，这里可供人们欣赏、研究中国南方依山傍水的传统古建筑艺术。府文庙内设立了四个文化陈列馆，即贵州乌江博物馆、中国土家花灯艺术之乡陈列馆、中国贵州号军起义陈列馆、中共思南地下县委革命活动陈列馆。

四、松桃县寨英村古建筑群

寨英古建筑群是明清民居建筑群，位于松桃苗族自治县寨英镇寨英村的梵净山山脚，保存有古民居、会馆、商铺、手工作坊、城墙、城门、码头、街巷等建筑物和自流供排水及消防系统，是一处保存较为完整的古镇。整个古镇占地约11公顷，现存四合院式、三合院式、苗族吊脚楼等古民居建筑85栋，会馆类建筑2处，5街6巷，消防池8个，古井2口，各种商铺50余处，手工作坊30处，城门4个，卡子门1个，城墙673米，码头4处。

城墙，环绕古镇周围，连接四城门，二水门，一卡子门。以粗料石砌成，全长约673米，高3～10米不等，基宽为0.5～0.8米。现东北段、东南段、西南段保存完好。四个城门亦基本完好。

小水门，又称“何家水门”，位于何家坝巷子西端临河一侧，上部为露天通道，下部为封闭式通道。通道斜坡长17.2米，宽3米许，临水门高2.8米，宽2米许。明末以粗料石扩建成水门。

大水门，又称“陈家水门”，位于何家坝巷子中段临河一侧，上部为露天通道，下部为半封闭式通道，斜长25.7米，宽3.6米。临水门高约2.8米，宽2.1米。清中期以粗料石扩建为水门。

东门街，西抵中街，东至东城门，全长53.3米，宽3.5米，青石板铺设。街下设深约1米、宽0.4米的排水沟。街道及东城门初建于清道光年间(1821—1850年)，后改建为石板街道，民国初年完成。

南门街，北接中街卡子门，南到南城门，全长120.4米，宽3.5米，青石板铺设。下有排水沟，南城门附近有排水口，街南端有自流池1个。洪武二十三年(1390年)建，清光绪初年，改为石板街面。

北门街，南接中街，北至北城楼，全长98.7米，宽3.5米，青石板铺设。下设排水沟，中

部有自流池 1 个。初建于道光年间，后改为石板街，民国初年完成。

中街，位于古镇中部。南接南门街，北接北门街，东与东门街连通，全长 48.9 米，宽 4 米许，青石板铺设。下有排水沟，南、北两端各有 1 个自流池。南端有卡子站 1 道。初建于道光年间（1821－1850 年），后改为石板街道，民国初年完成。

巷子口，东接中街，西通西门街及西城门，全长 76 米，宽约 2.8 米，青石板铺设。下有排水沟，街西端有自流池 1 个。南侧接大小两水门。明洪武年间（1368—1398 年）建，明末辟为街道。清光绪年间（1875—1908 年）改为石板街。

何家坝巷，位于何家坝巷子西端，全长 40 米许，宽 3.2 米，是“何和顺”三大号的进出通道，街北端有自流池 1 个。明末为居民点，后辟为街道，卵石铺设。

万寿宫，又称“江西会馆”，始建于清代中期，坐东向西，占地面积 986 平方米，建筑面积约 840 平方米。它由大门、戏楼、左右耳房、南北厢房、正殿、后厅组成三进两天井四合院，通面阔 21 米许，通进深 40 米许，正殿面阔三间 21 米许，进深 9.8 米。

福寿宫，又称“湖广会馆”。位于何家坝巷子与巷子口交接处。现存戏楼，坐东向西，面阔三间，抬梁穿斗混合结构歇山青瓦顶。

冉家盐号，建于明末清初。坐西向东。由前厅、铺台、过厅、库房、耳房及四周封火墙组成三进四合院。临街面阔两间，通面阔 8.4 米，南间为六合门前厅，北间为店台，高墙围护。

“富华”商号，为八大商号之一，始建于清光绪年间（1875—1908 年），坐东向西，占地面积 194.3 平方米，建筑面积 172 平方米。它由前厅、南北两厢、后厅、南北耳房等建筑组成三进四合院，通进深 14 米许。临街建筑面阔三间，通面阔 12.3 米，进深 7.2 米，穿斗抬梁混合式木结构硬山青瓦顶。

“吴祥泰”商号，八大商号之一，始建于清光绪年间（1875—1908 年），坐西向东，占地面积 218 平方米，建筑面积 178 平方米。它由大厅、铺台、过厅、库房、耳房、后门等组成三进四合院。临街面阔二间 8.4 米，通进深 21.3 米，南间为铺台，北间为六合门大厅，穿斗式木结构硬山青瓦顶。

“协裕详”商号，八大商号之一，始建于清光绪年间（1875—1908 年），坐西向东，占地面积 189 平方米，建筑面积 163 平方米。它由大门、南北两厢、前天井、正堂、南北两厢、后天井、后厅及四周封火砖墙组成三进四合院，通进深 15.1 米。石库大门。临街面阔三间，两次间为铺台，穿斗式木结构硬山青瓦顶。

“曹易合”商号，八大商号之一，始建于清光绪年间（1875—1908 年），坐东向西，占地面积 256 平方米，建筑面积约 220 平方米。它由过厅、铺台、南北两厢、后厅、南北库房等建筑组成三进两天井四合院，通进深 21 米。临街面阔两间，南间为六合门，北间为铺台，穿斗式木结构硬山青瓦顶。

“何和顺”商号，坐南向北，建于清光绪年间（1875—1908 年），占地面积 356 平方米。三进两天井，通进深 19 米。它由过厅、天井、东西两厢、正厅、后厅等建筑组成。临街面阔三间，两次间为店铺，高封火围护砖墙，穿斗式木结构硬山青瓦顶。

“保和顺”商号，“何和顺”商号三大号口之一，原为“何裕”商号，坐北向南，占地面积298平方米，建筑面积270.4平方米。它由大门、左厢、右厢、正厅、左过厅、右过厅等组成三进四合院，通进深20米，临街面阔三间，高封火围护砖墙，穿斗式木结构硬山青瓦顶。

寨英古建筑群融居住、经商、防御为一体，是武陵山区苗族、土家族等各民族关系历史发展的实物见证。寨英镇早年曾为军需物资转运地，后来成为梵净山麓大商埠。街道两侧，店铺林立，这在内地，不足为奇，但在苗疆，实为奇观。寨英城墙环护，在险要处设城门4座，在河水深缓处建码头4座。民居多为前铺后宅的四合院，内有隔墙、暗道、射击孔等设施，兼有住、商、防等功能，是一个完善的社会结构缩影。

寨英古建筑群具有鲜明的地方特点，是汉文化与苗族、土家族等少数民族文化水乳交融的结晶。寨英古建筑群的建筑装修，深受苗族影响，即使富商捐资修建的湖南会馆、江西会馆，照样利用鹅卵石垒砌墙裙，且作鱼骨形。“鱼文化”是具有悠久历史的苗文化的重要组成部分，实为渔猎生活、农耕生活在传统理念中的生动反映。许多苗族民居，大门连楹做成牛角形。寓居寨英的湘赣客商，发财后修建富丽堂皇的石库门，也免不了要雕刻苗文化中的首选符号——水牛角。

寨英古建筑群保存了独特而种类繁多的手工工艺。寨英及附近村寨的各族人民，千百年来，以梵净山区的土特产为原料，制作生产生活用品，如培植蓝草，制取蓝靛，浆染布料，印制花饰，挑花刺绣，造纸制药，酿酒熬糖，木雕石刻等等，工艺源远流长，作坊迄今犹存，对研究苗族的经济状况、生产方式、传统工艺等具有重要价值。2014年，寨英镇被列中国历史文化名镇。

五、万山汞矿遗址

万山汞矿遗址位于万山区万山镇土坪村。遗址包括仙人洞、黑硐子、云南梯洞子3个部分，地表面积达2.5平方公里，遗址采掘面积约3.2万平方米，有百余个洞口，矿柱百余根，矿洞长达150多公里(全矿矿洞长约970公里)。矿洞内留下了数百年来采矿工人开的石梯、隧道、刻槽、标记、矿柱、巷道等及冶炼汞矿的遗迹遗物，并有着独特的采矿、选矿及冶炼等一系列传统生产工艺。

相传秦、汉时即有人在今万山区一带采矿。唐垂拱二年(686年)，锦州(即今铜仁市一带)即以光明丹砂为土汞。史书明确记载今万山区一带出朱砂水银的是明朝初年。明代科学家宋应星《天工开物·丹青》有“……此种砂贵州思、印、铜仁等地最繁，而商州、秦州出亦广……”的记载，并对朱砂开采及冶炼方法作了详尽记载。明永乐十三年(1415年)设大万山汞办局，专管汞矿事务。仙人洞和黑硐子为当时两个较大且最早开采的汞矿开采场，开采面积达5500平方米。鸦片战争后，1899—1908年，英、法水银公司采用先进的机器开采，并强租、强买、强卖，甚至进行抢夺。从1898年到1908年的10年中，英、法采夺水银700多吨。在开采过程中，英、法水银公司故意挑起工人械斗，致使上万人死亡，黑硐子的“万人坑”就是例证。新中国成立初期至20世纪60年代，开采的汞是中国出口的主要物资之一，尤其为偿还前苏联债务的主要物资，为中国的经济发展作出了贡献。

万山汞矿遗址是国内现存开采时间最早、历史最长、规模最大的汞矿遗址，作为中国汞矿开采发展历史的一个缩影，是研究中国汞矿矿业史的珍贵实物，具有很高的历史价值、科学价值和文化价值。1985年11月2日被列为贵州省文物保护单位。2006年5月25日被国务院批准列为第六批全国重点文物保护单位。

六、德江扶阳古县城遗址

德江扶阳古县城遗址位于合兴乡旋厂铺村，距县城47公里，东与思南县交界，经思南东去铜仁火车站约220公里；南与凤冈县毗邻，经凤冈西去历史名城遵义火车站约180公里。

据省地文物专家考证，遗址规模宏大，设施完备，有馆舍、衙署、城池、兵营、练兵场、哨亭、集市、马场、马道子、监狱、刑场、园林、戏台，占地面积6万多平方米，加上永盛寺、书院、惜字亭、古墓群等共计22.8万平方米。

从遗址的总体布局来看，衙署和驿站为遗址核心，顺缓面坡地而建，横向排列6道巷院。每道巷院面阔20米，纵向延伸3－5重庭院，由一道石门进出。巷院之间，纵向砌两道高大坚固的石墙相阻隔，同时形成五尺宽的巷道。整体建筑有明暗排水系统、内外城、城门、院门、巷道、庭院，外城墙设有东西南北四门卡子，南北方各设一座护城池，驿站和衙署外围，设置集市、戏台、岗哨亭、兵营、监狱、练武场、园林等，不仅设施完备、布局合理，同时还体现了很强的防御意识和消防意识。

古城留下的是一座气势壮观的石头城，保存较为完好。遗址内遍布石围墙、石甬道、石官路、石龙门、石阶檐、石院坝、石地基，令观者惊叹不已。一座长三间或长五间房屋的石阶檐，通常只用三五块石料铺成。这些石料通常长4米、宽1米以上，厚20公分，每块石料重3吨以上。其中最大一块石料长625公分，宽110公分，厚25公分，重量达4.5吨。

古城留下了匠人们精湛的工艺。一块块料石加工精致，四棱方正，四角垂直，安装严丝合缝，线条平直，虽经千年风雨，火灾兵灾，山崩地震，一壁壁石墙仍然坚稳壁立，一道道石阶檐仍然平整笔直，一座座石龙门依旧岿然不动，一方方石院坝依旧平坦如砥。镇守城池的高大石狮工艺古朴，气度不凡；庭院内草木鸟兽石雕图案精美生动，寓意吉祥；整齐平直的石地基上一条条匀称的錾路组成一组组整齐的几何图案，其石工工艺、形制与德江县煎茶镇宋代古墓群极为相似。

七、千里苗疆第一寨——苗王城

苗王城位于贵州省松桃苗族自治县正大乡境内，距铜仁凤凰机场 9 公里，距铜仁火车站 32 公里，距凤凰古城 39 公里。它是湘、黔、渝边界上至今保存较好的集政治、经济、文化、军事和建筑为一体的苗疆古城。

已有六百多年历史的苗王城始建于明洪武初年，最早是答意苗民长官司驻地，后经苗王石各野、龙达哥、吴不尔、龙西波、吴黑苗等长期经营，逐步成为腊尔山区南长城外围的“王者之城”。

苗王城占地面积约 4 平方公里，分为东城和西城。原有城墙 2000 余米，顶宽四尺，底宽六尺，高九尺。其共有 4 个城门，城内有 11 条巷道，巷道内有 11 道寨门。每个巷道共用一道大门，大门用厚实的木板镶成，大刀、斧头、长矛无法劈开。巷道内每家每户各自拥有自己的龙门和后门，并且相互连通，可步步为营、层层把关，酷似一座八卦迷宫。鳞次栉比的吊脚楼、“歪门邪道”的建筑风格等不仅具有一定的战争防御能力，而且体现了较高的建筑水平。有关专家考察后，一致认为此城设计“既能攻，又能守，也能退”，是一个具有相当军事构筑工事水平的古王城，是中国“南方长城”独具的风格，是民风民俗保存得比较完整、体现得比较充分的苗乡建筑工艺品，是全国为数不多、保护得较好的古王城之一，具有很高的观赏、保护和旅游价值。

苗王城是一本厚重的历史文化史书，是一座逝去的古战场。扑朔迷离的“八封迷宫”地形地貌、神秘阴森的苗王大峡谷、已变成化石的苗王城地下兵工厂、遮天蔽日的竹海、陡峭隐蔽的苗王秘道、富有传奇色彩的考将桥、定夺生死的双关桥等，让你在领略大自然风光的同时，也穿梭时空的隧道，进入了苗王城的历史。

不仅如此，这里还有浓郁的苗族风情：情歌、木叶歌、敬酒歌；神秘莫测的绝技如上刀山、下火海、捞油锅、钢针穿喉、仙人合竹、秤杆提米等；惊险绝伦的高空飞人、热情奔放的四面花鼓舞，奇特的婚嫁习俗“打花猫”“揪耳朵”“八人转转秋”等。这是一片神奇的土地、一个神秘的地方，它的每条巷道、每个门、每棵树都是苗

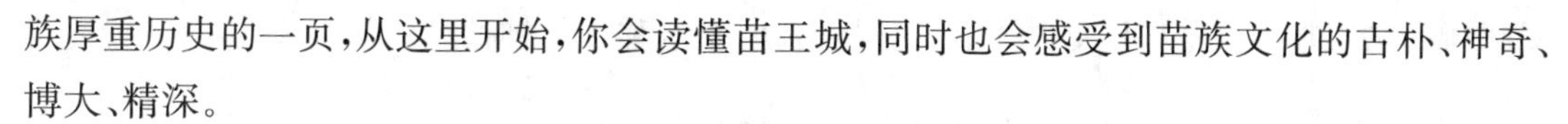

族厚重历史的一页，从这里开始，你会读懂苗王城，同时也会感受到苗族文化的古朴、神奇、博大、精深。

如今的苗王城核心景区，集山、水、洞、泉、瀑、峡谷、森林、古树、原始村寨、军事巷道、苗族风情为一体，成为旅游、休闲、度假、探险的胜地，被誉为“千里苗疆第一寨”。

第三节　铜仁历史故事

伴随着铜仁悠久的历史，留下了许多优美的神话传说和民间故事，犹如点点繁星，照亮着铜仁历史的天空。

一、梵净山红云金顶——二佛争石的传说

红云金顶石峰高达94米，挺拔峻峭，像一个巨大的擎天石柱拔地而起。它与月镜山南北相望，形成两峰对峙之势，景致极其壮观。金顶石峰下临深壑，百里以外遥望，如玉笋插天。其顶部常有云雾缭绕，在阳光辉映之下，云彩灿烂绚丽，人们因此称之为“红云金顶”，谐“鸿运金顶”之音。红云金顶石峰上有一条巨大的裂隙将金顶从顶部向下分裂为两半，上半部一分为二，由天桥连接两端。其间相距仅三、四米，人们称这条裂隙为金刀峡。传说，金顶原是一块完整的石柱，释迦佛与弥勒佛都要把它作为修行之地。二佛争执不下，就上天宫告御状，玉皇大帝用金刀将金顶劈为两半，释迦分得左岩，弥勒占了右边，这场纠纷才算平息。

红云金顶海拔2336米，山峰拔地而起，垂直高差达百米。上半部分一分为二，由天桥连接，两边各建一庙，一边供奉释迦佛，一边供奉弥勒佛。

在佛教的教义里，燃灯佛、释迦牟尼、弥勒佛分别代表着过去、现在、未来。这是人的三世，也象征人生的三个阶段——少年、青年、老年。过去佛燃灯佛宝相苍老，预示着过去不可回归；现在佛释迦牟尼佛宝相端庄，预示着现在可以把握；未来佛弥勒佛慈眉善目，预示着未来可以期许。这对每一个人或许是一种提醒和一种暗示，过去不可忘却、现在必须把握、未来充满期许。

梵净山这里可参拜三佛，而且弥勒佛是最后也是最高的佛，因梵净山乃弥勒佛道场。两座庙始建于明万历年间，后来时毁时建，今天已经按古时恢复。由于疾风吹动，庙宇都盖铁瓦，每块重达8公斤左右。两座庙宇前方立有屏风，后方都有一石台，分别为“说法台”“晒经台”。连接两庙的桥，凌空飞架而称“天仙桥”。

古诗云：“两峰高插翠微巅，鬼国名山自古传。舞凤昂头翔蔽日，游龙翘首啸吞烟。金刀

劈破佛分殿,铁索牵扶人上天。转眼风云相会处,平空移步作神仙。”

二、梵净山九山—九龙壁—九十九溪的由来

梵净山方圆八百里,是武陵山脉主峰,九条山梁像九条青龙一样,伸向四面八方,所以历史上曾叫梵净山为九龙山。传说梵净山原是一座孤零零的山峰,有九条龙住在山顶的九个水池里,后来九条龙触犯天条,变成现在的九条山梁。

梵净山顶有九个相连的水池,池里的水都是天上的天河水,所以十分干净明亮。在每一个水池里,住有一条龙。这九条龙,一不布雨滋润庄稼,二不巡山保护山林,是九条好逸恶劳的懒龙。

有一天,玉皇大帝的九个女儿在南天门上玩耍,东瞧西望,忽然看见梵净山顶有9个像珍珠闪烁的亮点,感到好生奇怪,便驾云来到梵净山,想看个究竟。她们来到九龙池边,立马被眼前的美景迷住。池周围,开满奇花异卉,结满鲜美山果,清香扑鼻。林中,跑着珍禽异兽,飞着美丽的百鸟。池里的水,清亮得像镜子一样。九个仙女索性除了裙衫,各在一个池里洗起澡来。像九朵美丽的鲜花开放在池里,引来山上百鸟为她们唱歌,山中百兽为她们跳舞。直到太阳偏西,九个仙女才依依不舍,驾云飞回天上。从此,每隔三五天,仙女们便偷偷来九龙池玩。

谁知,她们来此洗澡之事,被凤凰向懒龙们泄漏了,九条龙听了,暗生歹心,它们白天假装外出游玩,却悄悄藏在水池附近的山林中暗暗窥视,等待时机。一天,仙女们又来到九龙池洗澡,不料,刚刚除下裙衫,山林中窜出九条龙,缠住仙女们,苦苦要求成亲,吓得九个仙女魂飞魄散,羞愧难当。这时,恰好弥勒佛驾云来到梵净山,用法术驱散群龙,仙女们才慌慌忙忙跑回天宫,向父王告状。玉皇大帝一听,气得火冒三丈,立马下一道圣旨,罚九条懒龙变成九道山梁,世世代代吐水灌溉山下的田庄;九条山梁开出便道,以供四方善男信女朝拜梵净山行走,因此,梵净山便有了九座山梁九十九条溪,润育着山下成百上千的布依山寨。

梵净山侧面的凤凰山东侧,有百十丈宽的一块石壁,人们称为九龙壁,每逢雨过天晴阳光折射时,你站在梵净山半腰的回香坪、天门坳一带,可见九龙壁上有九条龙在石壁上游动,这是玉帝惩罚懒龙们的纪事壁。而那多嘴的凤凰,也被罚成一座山峰,永远守在九龙池边,看守仙女们的澡堂,这座山就是凤凰山。玉皇大帝为感谢弥勒佛搭救女儿之恩、就将梵净山赐予弥勒佛作道场,建寺庙,颂功德,使梵净山成为全国五大佛教名山之一。

三、梵净山“高天三尺”的传说

侃天是一种自我智慧的展示,是交际中的一门学问,不管你怎样天花乱坠地吹一通,但又要把该方的则方,该圆的则圆,扁的吹圆,圆的吹扁,细的吹大,短的吹长,真真假假,虚实

难辨，的确是一个分寸有度的交际技巧。

在远古那个交通不便，信息滞后的年代，山里山外确实是两个不同的世界。识文断字，见多识广的人不多，加之语言工具的运用也是一大障碍，所以使得走出大山放眼世界的人少之又少。于是侃天王就出生在那个山里山外交替的年代。

侃天王何许人也？其为思邛江人，姓啥名谁，啥子身份，早已经随着年代久远淡忘在世人的记忆里，只记住他的绰号“侃天王”。

说起侃天王的事，那是坐下来几天几夜也有摆不完的，但其中有一件事着实给印江人争了气，也争回了印江人的颜面，让后人记住了他的睿智和善辩的口才。

传说很久很久以前，在梵净山脚下的思邛江边，住着一户人家，这家的男人粗犷豁达，精明老成，为人忠厚，人称“老江湖”。靠山吃山，靠水吃水，这历来是世世代代山里人家和水岸人家生活的全部。因为梵净山出产黄柏、三七、黄连、天麻等名贵的中药材，老江湖便做起了药材生意。老江湖经常到湖南常德做药材生意，他把中药材收购之后，组织一批身强力壮的大汉，组成挑夫队伍，到常德去进行交易，换取食盐和其他布料之类的东西。因为老江湖常年在外，久而久之就结识了三教九流的人物，与他共事的人给他取了一个绰号“侃天王”。每次回到家，自然有很多人请教，打听外面的一些事情。经常在外跑江湖的人也就学会了一口流利的官话（即现在的普通话），“侃天王”说，脚是江湖嘴是路，在外面混的人，会讲官话，人家也会敬重你三分。四乡八里的人都喜欢听他从外面带来的消息，都想跟他去跑跑江湖，开开眼界。

一日，在老江湖经营的常德药材铺里，来了一位不寻常的客商，到他的药材铺里交易，老江湖蛮热情地向客人打招呼：“客官，请问贵姓？”

“免贵，姓杨。”客商说着官话，一副面善相。

“呵，杨老板，请问需要什么货物？”

“我早已派人打听过你的药材，很地道的，你的货我全要。”杨老板肯定地说。

双方一阵忙碌，清点记账，付钱。

“呵，请问杨老板何处人氏？”老江湖问道。

“四川，有时间到我们四川去耍一趟吗，成都是天府之国，一马平川的大盆地，老哥，你一定去哦。”杨老板认真地说道。

“那是那是，去，一定要去。”老江湖应诺着。

“哎，你听说过四川的峨眉山吗？”杨老板说。

“听说过，都说那里景色极佳。”

“峨眉山秀山山秀。”杨老板若有所思地吟出一句上联。

“思邛江清江江清。”老江湖对出下联。

“四川的峨眉山，高得出奇，离天只有三尺三。”

“四川的峨眉山高算老几？离天都还有三尺三。我们铜仁有座梵净山，钻进天去三尺三。”老江湖眯着眼答道。

“哪有这么高的山哟。”杨老板咋舌道。

“杨老板不相信吗？你亲自到梵净山上去走一走，看一看就知道了。”老江湖望着杨老板一脸的惊讶。

其实，老江湖说的梵净山钻进天去三尺三是指红云金顶。红云之上，巍巍矗立的金顶好似穿透九天一样。杨老板知道自己侃天侃过了头，磨嘴皮子看来是要不过老江湖了，连忙起身告辞，老江湖送他出药铺，拱着手：“杨老板，一路走好！”

于是，侃天王的绰号就叫开了。

四、梵净山团龙贡茶名字的由来

梵净山山美水美，孕育出了不一样的茶叶。梵净山团龙贡茶不仅在口感、功效上有独到之处，还有很多传说。

古谚曰：梵净山兮九十九条溪，谁人识得到兮，金子、银子用撮箕。这首民谣道出了佛教名山——梵净山的神秘，也暗示梵净山有取之不竭的宝藏。其中，梵净山团龙贡茶的传说最为神奇。

梵净山团龙贡茶乃产于梵净山西麓之印江土家族苗族自治县永义乡团龙村。该村因地处梵净山西麓峡谷间“袖珍盆地”，除一派葱茏生机、莽莽苍苍的原始森林外，还有众多的清泉和溪流，纵横交织成一幅幅山重水复的画卷，漫山层林尽染，五彩云霞中百鸟争鸣，潺潺溪水中娃娃鱼吟唱，不愧是人间美景，堪称“世外桃源”。

明朝隆庆二年（公元1569年），李贵妃（明穆宗之第九位妃子、万历皇帝之母）代天子巡狩，巡查到苗疆，见一山高耸云天，山清水秀，问及土人乃知是梵净山，心慕之，遂毅然入山修道（后肉身成圣、百日飞升）。因其在洞中修练，土人称为九皇娘，称其洞为九皇洞、其道观为九皇观。九皇娘在梵净山闻听团龙“合闪茶”的传说后，深悯土人的孝道，明万历三年乃派行脚僧捎茶于帝，万历皇帝饮后但觉口舌生香、回味甘洌，皇上大喜，恩赐为“团龙贡茶”。

思州土司为取悦皇家，将“合闪茶”或“雷公茶”加工好以后，装入土罐子内，贴上白皮纸，加封土司印，派进茶使献与皇上，乃至成俗。1994年6月团龙村91岁高龄的柴炯茂老人回忆，团龙人以茶抵赋税，从明清两朝到民国三十四年止。柴老伯说：“喝了我们团龙的茶，耳清目明、口不干，心不苦、嘴不臭，去烦恼、忘忧愁，脚轻手快、上山打得虎、下河捉得蛟”。土人传言非虚，弥勒佛授予团龙村柴姓先人的三粒茶种，历经千年，仍生长旺盛，已发为三垄茶，二十二根枝杆，长于龙门坳村民组柴泽华家责任地和山林边，经中国茶科所专家鉴定：最小的茶树树龄都在650年以上。

五、九龙洞的传说

很久很久以前，六龙山上有六条黄龙，邀约家住锦江河中的三条青龙来观音山的溶洞中相会。九条龙陆续来到洞中，顿时觉得好似蓬莱仙境，胜过天堂，美过龙宫，九条龙都想占为己有，互相争持不下。不知不觉已到天明，东方发亮。

九条龙都不能返回原处，只得盘踞在洞深处一根巨大石柱之上，直到今日。山下有一小溪，在九龙争洞时，闹得四周不得安宁，小溪一直在骂九龙，于是也就有了“九龙洞”“九龙盘柱”“骂龙溪”等地名。

关于九龙洞，还有一段传说：传说很久以前，朱阳关的杜家店住着一位杜员外，他有个独生女儿叫润玉。杜员外虽有家财万贯，却贪心不足，为富不仁。润玉小姐长得花容月貌，光彩照人，是远近有名的俏姑娘。和其父不同的是，杜小姐是一位心地善良的好姑娘。

杜小姐十八岁那年的冬天，一次她帮本家嫂子在小河边洗衣服，忽然河面上漂来一个鲜红硕大的桃子。姑嫂二人相互推让，最后还是杜小姐将桃子吃了。自从吃了桃子后，杜小姐不思饮食，日渐消瘦，杜员外以为女儿病了，请郎中诊治，不料女儿已有孕在身。杜员外直气得七窍生烟，将女儿打得遍体伤痕，为保全名声，决定将女儿活埋。

杜小姐被嫂子和乡亲们救出，连夜逃到数十里外的一座大石洞里，由其嫂子和乡亲们轮流送饭。一日，嫂子送饭到石洞之后，发现杜小姐倒在血泊之中，身上横七竖八地爬了九条小蛇。她以为小姐已死，回去向乡亲们哭诉，从此再没有人去送饭了。

其实杜小姐并没有死，那九条小蛇是杜小姐生的九条龙。九条小龙一天一天长大，并常说人话，它们称自己的母亲为“九龙圣母”，把自己出生的洞叫“九龙洞”。

六、仙到玉屏留古调

梵净山脉东南端与苗岭山脉接壤处，有一座黔东古镇——玉屏。

玉屏的得名，是因古镇的东面有座山峰，山上长满了苍松和翠竹；远远看去，那薄而宽的山峰，就像能工巧匠用玉石精工雕琢而成的巨大屏风，所以这山叫玉屏峰，这座古老城镇引用山名，故为玉屏镇。

玉屏，素有“箫笛之乡”的美称，关于玉屏箫笛有各种各样的民间传说。

大约在150年前，南门街上住着一户人家，男人叫郑汝秀，勤劳朴实，妻子是淳朴善良的侗家妇女。

他们生有两个儿子，一个叫步青，一个叫丹青。夫妻俩开着一个小店，靠小买卖谋生。一天，汝秀挑着一副货担，沿舞阳河逆水上行两百余里到古城镇。夜晚住在一个小店，第二天清晨他来到祝圣桥的中元古洞旁，铺开地摊做起买卖来。忽闻一阵呻吟声从热闹的集市中传出，他循声望去，一个白发苍苍的老道人蜷卧在一块石头旁，看上去面色惨白，奄奄一息。汝秀心地善良，撂下生意，过去将老者搀扶到他暂住的小客店里，并请来医生为他诊治，自己精心护理，老道人病愈后连连向他道谢。这老道人就是鹿皮大仙，号云游道人，山东不其山人氏，自幼博览群书，擅工丝竹，尤擅音律，道人曾读《溪蛮丛笑》了解到“砂出万山之崖，仡佬人以火攻取之”，遂千里迢迢，云游至此，前往万山炼丹，不幸在此患病。

汝秀心地善良，看道人只身在外，病刚初愈，举目无亲，遂邀请道人一同到玉屏，汝秀夫妻俩热情款待老道人。一日，天气晴朗，汝秀邀道人游览玉屏峰。玉屏峰风景清幽、秀丽，山下一片田园佳境。他俩边走边谈，来到山腰，抬头远看，忽见西边天际紫雾缭绕，祥云氤氲，传来阵阵笙歌。紧接着，看见韩湘子、吕洞宾、张果老等八仙乘祥云飘然而至，坐在石莲峰上，吹拉弹唱，观赏玉屏景色。过了一会儿，石莲峰上祥云浮动，紫气升腾，在那湛蓝的天宇中，群仙吹奏乐曲，腾云而去。

二人急速来到石莲峰上，寻找八仙足迹，在石莲峰崖下，汝秀与道人拾到一支洞箫，那洞箫是韩湘子留下的，他俩拾到洞箫，想再寻找装箫的盒子，好一并送还仙人，可他俩找遍全山都找不到。日影西斜时，两人只好将拾到的神箫带回家。途经飞凤山，道人看到那满山翠绿的山水竹，迎风摇曳，很是美丽动人，于是和汝秀来到水竹林。道人一看，这竹子节长，皮薄，溜圆，是制箫笛的上等材料，于是采集几根下山。两人回到家里，已是玉兔东升了。

当晚，道人为了感谢汝秀一家的恩德，于是叫汝秀坐下来，按着神箫的式样，手把手地教汝秀断竹、开音孔，传授制箫技术。东方微明时，第一支箫制成了。待到天大亮，两人直奔城中心的侗家鼓楼的楼顶试吹，只听得箫声悠扬，音韵清越，如泣如诉，非常动听，悠扬的箫声从鼓楼顶荡过长空，传到凤凰山上，引得百鸟和鸣，鼓楼下也聚集了越来越多的听众，他们闭目凝神聆听，如痴如醉。从此，玉屏箫被惯以美称——“神箫”。

第二天，道人辞别汝秀一家，携带拾到的那支神箫继续云游天下。

来到京城，道人思念汝秀一家的深情，便在京城墙下深情地吹奏起玉箫来，这优雅婉转的箫声划破宁静的夜空，飞入了皇帝的御花园。皇帝正在赏月，听到这优雅的箫声，听得入了迷，情不自禁地叹道：“此曲只应天上有，人间哪得几回闻。”听罢箫声，忙差人出宫寻找吹箫之人。太监回报是一位过路的云游道人吹奏的，箫上刻着“贵州玉屏”几字。吹罢平箫，道人飘然而去，无影无踪。于是皇帝下旨，令玉屏每年向朝廷进贡箫笛。从此，玉屏箫笛又被称为“贡箫”。玉屏箫笛音质圆润，婉转悠扬，清新悦耳，特别是夜深人静、月明风清之时在玉屏城中侗家钟鼓楼上吹奏，声音荡过夜空，引得飞凤山上百鸟争鸣，那更是婉转动听，韵味无穷。

七、玉屏箫笛巴拿马获得金质奖

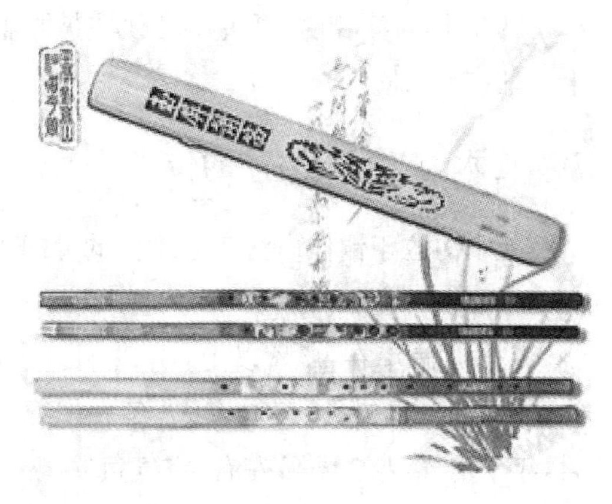

玉屏箫笛用贵州玉屏侗族自治县出产的竹子制成，遂因此而得名。玉屏箫笛取材于当地的小水竹，竹节长而均匀，壁厚薄适宜，质地坚实。玉屏箫笛音韵清越，工艺精巧，是民族乐器中的精品，是玉屏侗、汉、苗、土家等多民族文化发展融合的结晶。玉屏箫笛的传统雕刻颇具特色，凤翥龙翔，栩栩如生；山水花鸟，清新迷人；草篆隶楷，流畅古雅。2006 年 5 月 20 日，玉屏箫笛制作技艺经国务院批准列入第一批国家级非物质文化遗产名录。1913 年在英国伦敦举行的国际工艺品展览会上，获得银质奖；1915 年在美国旧金山为纪念巴拿马运河开通而设的太平洋博览会上，获金质奖，成为中国最先获国际大奖的民族民间乐器。

1915 年的世博会称为“巴拿马太平洋万国博览会”，但并不是在巴拿马举办的，而是在美国的西海岸城市旧金山，是美国为庆祝巴拿马运河贯通太平洋和大西洋而举办。因而它是迄今为止唯一一次不以举办地命名的世博会。这届世博会中国第一次参加，其中玉屏箫笛和贵州茅台酒在这次世博会上一鸣惊人，双双折桂，蜚声全球。

参加这次世博会的玉屏箫笛是玉屏郑步青、郑丹青制作的产品。品相玲珑雅致，但毕竟个头“娇小”，在中国的 10 万件展品中，并不引人注目。在分类展出的文艺馆中，玉屏箫笛更是受到“挤压”，只默默无闻地栖身一隅。

作为乐器，光让人“悦目”当然不行，还要“悦耳”。聪明的中国展馆组织者决心让神箫仙笛的天籁之音征服世界。于是他们组织了乐手同时在中国馆和文艺馆吹箫弄笛。顿时，一曲曲“高山流水”“牧童晚归”……或高扬悠远，或如泣如诉，从精巧雅致的竹管中袅袅飘出，弥漫了整个展区，东方神韵让展馆迅速安静下来，人们凝神屏气，陶醉在玉屏箫笛所演绎的天籁之中。

这时，一件颇具戏剧性的事情发生了。就在与玉屏箫笛展出的文艺馆一墙之隔的农业馆里，由于来自中国的农产品太多，显得有点杂乱。一排土里土气的褐色瓷罐酒瓶盛装的茅台酒夹杂在一堆棉花、大豆中，根本没人看它一眼。有人提议把这些酒转移到食品馆去，以引起评审团的重视。工作人员于是开始搬运这些酒。谁想这些搬运者忙中出错，撞在一个正痴迷陶醉于箫笛仙乐之中的洋人身上，几个酒罐摔在地上，大家都一脸尴尬。被撞的洋人回过神来，耸了耸肩，说：“Sorry, I was fascinated by music.”(对不起，我被音乐迷住了)。

清冽的茅台酒从瓶中流出，酒香飘散，轰动了展馆。中国参展团的负责人陈琪灵机一动，当即决定茅台酒不再移馆，并令人一瓶瓶打开，拿来酒杯，让所有在场的人随意品尝。

茅台美酒的名声顿时大振，评审团的专家们也闻音循香而来，听着仙乐，品着美酒，啧啧赞美。音乐与美酒的机缘，促成了贵州二宝在这次世博会上双双荣膺金奖。

1923 年，玉屏箫笛再次在巴拿马获得金质奖。由此，玉屏箫笛不但畅销全国，还远销东南亚、欧美等地。

八、亚木沟"龙凤呈祥"的传说

亚木沟位于铜仁市江口县境内的梵净山脚下、太平河岸边，是梵净山生态文化旅游的重点卫星景点。亚木沟总长 50 公里，沟里植被原始，石崖峻秀，飞瀑流泉，清水潺潺，古藤环绕，森林覆盖率在 97%以上，有珙桐、紫檀、红豆杉、楠木等珍贵树种，气候宜人，冬无严寒，夏无酷暑，年平均气温在 17℃左右，空气负氧离子每立方厘米高达 12000 个，是当之无愧的天然氧吧，金丝猴、猕猴、林麝、锦鸡、山麻鱼、胡子蛙、虎斑蝶等诸多珍稀动物在这个天然大氧库里繁衍生息。它被誉为"贵州第一沟"，是贵州旅游、游览贵州标志性景点之一。

亚木沟一直流传着一个"龙凤呈祥"的故事，据说这个故事的原文以诗歌形式被记载在历代土司的经书上，每次土司求雨或者祭祀的时候都会唱这首诗歌。后来该经书下落不明，也没人能再用诗歌唱诵，就被一代代口头传下来。

东海龙王最小的孙子幼时很淘气，也非常贪玩。小龙孙两岁的时候在海里玩腻了，想到陆地上去看看，于是就偷偷溜出龙宫，还把他爷爷的兴雨珠也带走了。小龙孙沿着长江到了洞庭湖，他在湖里抛着兴雨珠玩耍，一高兴就忘了时间，暴雨连续下了近一个月，洞庭湖涨大水淹没了很多人畜田园。正值四大天王在南天门巡视，看见人间有条小龙在湖里兴风作浪，于是赶去兴师问罪。小龙孙一看见四大天王的凶煞模样，十分害怕，吐一口白雾掩护逃走，逃了不知多远，又累又饿，眼看后面追兵越来越近，他低头看见一座绵延千里的大山，情急之下就向大山深处窜下去，想找个藏身之处。可是，当他落地时却发现是座石山，光秃秃的，又干又硬，他再也无法动弹。四大天王用仙绳把小龙缚在山顶的巨石上，准备把这个危害众生的小魔王抽筋扒皮，东海龙王闻讯赶来，替小龙孙向四大天王求情。四大天王答应不处死小龙，却下了咒语："若非石化水，永无归海期。"这仙绳也只有四大天王合力才能解除，老龙王无计可施，只好收走了兴雨神珠，留下最疼爱的小孙子在荒山僻野里。

日复一日，年复一年，小龙孙忍受着风吹日晒，严寒酷暑。有一天，山下来了很多人，他们在坝子上盖房安家、开荒种地，然而一连几个月干旱，庄稼都枯了，还有人渴死，人们整天跪在地里求神降雨，可是天依然未变。又过了几日，小龙孙看见几个人抬着一个婴儿来到了坝子上，烧香后准备砍死婴儿祭天。小龙孙心里不忍，想救人但又不能动，急切之下就用龙爪撕下一块鳞甲搓成粉扔下山去，鳞粉顿时化作一场大雨，庄稼得救，人们都活了下来。远处山顶的小凤凰看见了，对他说："我好几年前就来到了对面的山上，可听说这边有条恶龙，所以一直不敢过来，可是我看你并不像传说的那样恶毒呀。"小龙孙想起年少时惹的祸，不由得自责、后悔，发誓以后要救助人们，以赎罪愆。于是，小凤凰就把小龙孙当成了朋友，每日每夜都陪在他身边，当他撕下鳞甲后，就去采集一种神奇的树叶来为他治愈伤口。

这样过了好几年，山下安家的人越来越多，可是连年干旱，为了降雨救人，小龙孙的鳞甲已经全抓完了，眼看人们又要被饿死，他非常着急，苦恼起来。恰巧有个骑着青牛路过的老人，指点他们只要小凤凰肯替小龙孙啄断仙绳，不但可以救出小龙孙，还可以拯救山下的人，说完话老人就骑着青牛腾云走了。小凤凰感到很欣慰，终于可以救自己的好朋友脱离苦海了，可是那仙绳甚是怪异，每当她啄累了一休息，那仙绳的缺口又复原了。小凤凰只有不停不歇地啄，一直啄了三百六十天，那美丽修长的嘴都被磨完了，可绳子只缺掉一小半。小凤凰不想放弃，继续啄时，嘴流血了，当鲜血滴到绳子上时，绳子竟出人意料地消失了。

小龙孙非常感动，高兴得凌空飞跃，然而刚飞起来就跌下地来，这一跌不要紧，只见山顶硬生生被他跌开一条缝，满是伤口的身子却被紧紧夹在石缝里，一点无法动弹，眼睛也慢慢闭起来了。小凤凰被这个突如其来的变故惊呆了，千辛万苦才救出好朋友，转眼间却这样死了，到底是救了他呢，还是害了他？小凤凰不由得哭了起来，她的眼泪滴在一块石头上，那块石头立刻就化成了水，她一哭就哭到次年的二月初二，这时地缝里的石头都化成了水，水渐渐汇成了湖。等到湖水漫过小龙孙的躯体时。这时怪像发生了，死去的小龙孙猛地抬起头来，接着向前撞去，顿时几重山都裂开了一条弯弯曲曲的缝，深达几百丈，形成了一个峡谷，直通山外的坝子。湖水顺着峡谷流了出去形成了一条河沟。山上的石头慢慢变成了泥土，光秃秃的山开始长出了茂密的草木，天气也变得风和日丽起来。

千百年来，那条被小龙孙撞开的沟蜿蜒盘桓在梵净山麓的太平河畔，它的水常年不断，清澈甘甜，世世代代养育着山外的人。因为深渊里时有龙吟，只闻其声，不见其形，古时候的人把这条沟叫做"隐龙沟"，把它源头那边的大山叫做"凤凰山"，他们觉得那对龙凤没有离开，一直在为亚木沟的人赐福降瑞。

九、谢桥的来历与杨六郎

谢桥是坐落在锦江河畔，碧江城南郊区的一个集镇，龙洞河、楚溪河穿寨而过，由挞扒洞长寿山泉瀑布汇入谢桥河。河水把谢桥与通往玉屏至省地的交通要道穿心而割成两半，给两岸百姓的日常生活带来不便，特别是春夏涨水，古时两岸的百姓只能隔河相望。

唐宋年间，谢桥本寨谢氏家族有一头领，为人善良厚德，在集镇中享有很高威望。谢氏头领召集当地人商议，为通达建设，筹集捐资，并请人看好日子开工，在谢桥河两岸修起了一座能过车行人的坚固石拱桥。当时有个吴先生说，此桥非要红姑娘踩桥后，才能通行，谢桥今后必定兴旺发达，美好前景不可估量，谢氏头领信以为真，把桥封上。虽然桥修好了，但车辆、行人还不能从桥上通过。三个多月后的一天，吴先生指点谢氏头领说，近日会有红姑娘由此过道，让谢氏头领杀猪、宰羊，准备好贡品在桥头摆设好，迎接红姑娘踩桥。吉时已到，老远看到八抬大轿，一伙人马朝桥头走来，正要上桥，被谢氏头领等人拦住，讲明情况，原来是一家姓杨的大富员外嫁女，这才请杨员外之女下轿踩桥，讨封吉利语。

红姑娘下轿后，步入桥头，开言道："日吉时良，天地开张，本姑娘到此，来踩桥梁，感谢头人结善德，恭贺民众长安康，左脚上桥发富贵，右脚上桥放豪光，自从今日踩桥后，谢桥日后千年发达，万年兴旺，天长地久，地久天长"。此桥从此得名叫谢家桥。

北宋年间，太宗皇帝听信奸臣谗言，革了杨六郎军中职务，不久太宗驾崩，高宗皇帝接位，辽邦萧皇后为了兴辽灭宋，想方设法把王欣安插到高宗身边，王欣多次奏本，说杨六郎招兵买马，蓄意谋权夺位，高宗听信奸臣所奏，把杨六郎打入死牢。幸得八贤王和寇丞相相助，才留住性命。

后来，萧皇后兴兵攻打北宋，高宗万分焦虑，朝中无良将选择。这时八贤王献策，说杨六郎没死，但要皇上免他无罪。高宗皇听了万分高兴，立即传旨，封杨六郎为抗辽大元帅。杨六郎带兵作战，打得辽兵节节败退。

高宗龙颜大悦，封杨六郎高官。杨六郎想到杨家处处受奸臣所害，向皇上请求，愿到南疆一带把守三关(今滑石至凤凰一带)，以保朝廷江山稳固，高宗准奏。杨六郎率领 2000 人马奔赴南疆。路经铜仁谢桥时，天色已晚，到此卸甲宿营，得到老百姓的热忱安顿，觉得这里人民仁义厚德，心地善良，周边环境非常秀丽，决意在此停留数日，一边打听前沿情况，一边休整队伍。二十多天后，杨六郎队伍要往前行，奔赴三关，为感谢百姓的深情，他告知谢氏头领，已奏朝廷，将谢家桥更名为卸甲桥，得到朝廷高宗皇帝的亲口玉封——卸甲桥。直到民国二十二年(1933 年)，地名近化，才将卸甲桥再次更名为谢桥。

十、侗家风雨桥

很久很久以前，侗家住在半山坡上，这是一个小山寨，只有十几户人家。小山寨里有个小伙子，名叫布卡，娶了一个妻子，名叫培冠。夫妻两人十分恩爱，总是形影不离。两人干活回来，一个挑柴，一个担草；一个扛锄，一个牵牛，总是前后相随。

培冠长得十分美丽，夫妻两人过桥时，河里的鱼儿也羡慕得跃出水面来偷看他们。

一天早晨，河水突然猛往上涨。布卡夫妇急着去西山干活，也顾不得这个了，同往寨前大河弯的小木桥走去。正当他们走到桥中心时，忽然一阵风刮来，刮得布卡睁不开眼，妻子"哎呀"一声跌进水里。布卡睁开眼一看，不见妻子，知道给刮下河去了，就一头扎进水里，潜到河底。可是来回寻找了好几次，却不见妻子的影子。乡亲们知道了，也纷纷跑来帮他寻找，找了半天工夫，还是找不到他的妻子。这究竟是怎么回事呢？原来河湾深处有只螃蟹精,把她卷进河底岩洞里去了。这个螃蟹精一下子变成了一个俊俏的后生,要培冠做他的老婆,培冠不依,还打了它一个巴掌,它马上露出凶相来威逼培冠。培冠大哭大骂,哭骂声在水底一阵阵传到上游的一条花龙耳里。

这时风雨交加,浪涛滚滚,这条花龙在浪里昂首东张西望。龙头向左望,浪往左打,左边山崩;龙头往右看,浪往右冲,右边岸裂。小木桥早已被波涛卷得无影无踪。众人胆战心惊!可是花龙来到沙滩边,龙头连点几下之后浪涛就平静了。随后,花龙在水面打了一个圈,向河底冲去。顿时,河底“咕咕噜噜”的响声不断传来,大漩涡一个接一个飞转不停。接着,从水里冒出一股黑烟,升到半空变作一团乌云;那花龙也紧追冲上半空,翻腾着身子,把黑云压了下来,终于压得它现出原形,原来就是那只螃蟹精。

螃蟹精慌慌张张地逃跑,爬上崖壁三丈高。花龙到水里翻个跟斗,龙尾一摆,又把螃蟹精横扫下水来。这样连续几次,把螃蟹精弄得筋疲力尽,摇摇晃晃爬向竹林,想借竹林挡住花龙。可是花龙一跃腾空,张口喷水,喷得竹林一片片倒塌下去,螃蟹精又跌进河中。

花龙紧紧追进水底后,浪涛翻腾着顺河而下,这时再也看不见螃蟹精露面了。等到河水平静之后,听到对面河滩上有个女人的声音在叫唤。布卡一看,那女人不是别人,正是自己的妻子,布卡叫了几个乡亲马上游水过去。上岸之后,培冠对布卡说:“多亏花龙搭救啊!”大家才知道是花龙救了她,都很感激花龙。这时花龙往上游飞回去了,还不时回身向人频频点头。

这件事十传百,千传万,很快传遍了整个侗乡。

大家把靠近水面的小木桥,改建成空中长廊式的大木桥,还在大桥的四条中柱刻上花龙的图案,祝愿花龙常在。空中长廊式大木桥建成后,举行庆贺典礼时,奏芦笙,唱山歌,人山人海,非常热闹。这时,天空彩云飘来,形如长龙,霞光万丈。众人细看,正是花龙回来看望大家。因此后人称这座桥为回龙桥,有的地方也叫花桥,又因桥上能避风躲雨,所以又叫风雨桥。

十一、思南沙洲节的传说

思南县乌江大桥下面离城不到一公里的江中心,有一块近百亩的大沙洲。沙洲由卵石堆积,晶明如玉,芳草丛生,常有白鹭水鸟在洲上栖息,故人们习惯地称这块沙洲为白鹭洲。思南城区人民有正月十五游沙洲的传统习俗,每年这天无论男女老幼,都要穿着节日盛装,乘船过江到沙洲上去游览,这就是思南沙洲节。游洲者到了沙洲,首先要绕沙洲转上几圈,然后才选个舒适的地方坐下休息,将带来的丰盛食品与家人或亲友共食,一面聊天,一面进食,同时还要在洲上仔细挑选一些各色各样的卵石,象征把“财宝”带回家中,既可作为艺术品欣赏,又有“招财进宝”的寓意。

思南沙洲节习俗由来已久，始于宋代，已有一千多年的历史。古往今来，每逢正月十五，人们都身着盛装，扶老携幼，乘船登沙洲游览，洲上设有各种游玩项目，有小摊、照相留影、有骑马、玩具和小吃等，游毕离洲，恋恋不舍，或摄影，或赋诗，或顺手拣几个奇形异色的纹石，以作纪念。

思南沙洲节习俗的由来，传说是这样的：有一年，皇上派一个县官来思南掌握印把子。思南一带百姓称他为“狠心狼”，上任不久，他看到思南人民忠厚老实，而且富裕，于是就起了搜刮民脂民膏的歹心。正好这年他满50岁，狠心狼就想要用他的“寿辰”之期操办庆祝，要官民都来朝贺。思南各族人民听到这个消息都暗中好笑，50岁有什么了不起，我们这里80、90、100岁的老人处处皆有，要办寿酒，只不过“打连花乐是假，要点礼是真”。但为了一方平安，也就忍气吞声，大家分别都去送了一份厚礼。

哪知狠心狼捞了思南人民大批财宝后仍不满足，反而认为思南老百姓家底厚，好礼节，又听活，他想如能设法继续搜刮，一定“油水”更大。于是他又来“狐怪”，他打听到思南这带地方，孩子满12岁有还“过关愿”的风俗。他二儿子正逢这年满12岁，他要随乡从俗，也要给他儿子还“过关愿”。在还愿之前有意到处宣扬，说：“本老爷的二公子今年过‘童关’要请端公还过关愿，到时恭请官民人等光临。”舆论造了一遍又一遍，还愿已三天三夜眼看就要结束闭坛了，却没有人来朝贺。虽派了他的心腹到处游说，前来祝贺的仍寥寥无几。

狠心狼的这一招失败了，但他并没有死心，眼珠子一转，又想出一个坏点子，他令人在思南城到处张贴告示：“快过年了，每户百姓在过年之前，要向官府献上肥猪肥羊各一头，白银五十两，以便本官犒赏三军，不得有误。”告示贴出了二十多天，快到大年夜了，思南城里仍然静悄悄的，没有人前往官府送猪羊银子。狠心狼大发雷霆，颈项上的筋气得像牛纤脖那么粗，并派衙役上街抓来了一些百姓审问：“你们都看到本官贴的告示没有？”老百姓都说：“看到了。”“既然看到了为何不送来猪羊银子？”大家一致回答：“拿不起。”再问，都说没有，狠心狼只好将抓来的百姓放走。

狠心狼哪肯就此甘休，心想，软的不行，我就来硬的。于是狠心狼使出了歹毒的手段，要他的文武属僚各自带着兵练，于大年初一这天四路出动，挨家挨户，打家劫舍。老百姓正欢度新春，这一突然遭劫，激起了老百姓胸中的怒火，特别是富有斗争精神的苗族、土家、仡佬各族人民，大家齐心合力，拿起钉耙锄头、弓箭鱼叉，奋起反抗。与狠心狼的兵练展开了殊死斗争，一直战了十天十夜。虽然杀死了不少前来抢劫的官兵，但由于官兵是受过训练的，加上百姓缺乏统一指挥，反抗终于失败了，但各族人民并没有被吓倒，他们退进深山休整，伺机再与官兵决一死战。狠心狼利用百姓退进深山休整之机，将百姓抢劫一空，并速令运回县城。回城后，狡猾的狠心狼怕夜长梦多，暗中集积船只，将抢来的金银财宝尽快运走。狠心狼集运百姓财宝的消息传入深山，老百姓怒火燃烧，于正月十五这天早上，从四面八方赶往思南城。当老百姓赶到乌江边时，装满金银财宝的十只木船已经离岸。这时百姓的吼声、骂声及石头的投掷声此起彼落，这些愤怒的呼声，一阵阵在乌江两岸回荡。十只木船行驶到离城两里左右，突然天空划过一道白光，随着一声霹雳巨响，江中即刻掀起巨浪进而形成漩涡，装满金银财宝的十只大船，瞬间全部被漩涡吞没。狠心狼眼看到手的财宝没于水中，便拼命地令他的兵练打捞，可是打捞起来的都是些五颜六色的卵石，越捞越多，越堆越高，形成了今天的沙洲，狠心狼也就气死在沙洲上了。人们赶到了沙洲上，将狠心狼拖到沙洲尾端抛入乌江，送走了这条瘟神，叫这类瘟神永不再来思南。

后来人们为了纪念这个战胜贪官的日子，每年正月十五这天，思南城区各族男女老少都要渡江来到白鹭洲上举行朝拜仪式，以求新年里风调雨顺，国泰民安。沙洲是由金银财宝堆积的，游洲后带回一些五颜六色的卵石，寓意是"空手出门，抱财归家"，讨个吉利，同时将身上的霉气带到沙洲抛入乌江，像送狠心狼这条瘟神一样，叫它永不再来，永不挨身。

遗憾的是，由于下游的沿河县新建沙坨水电站，思南乌江水位提高了 20 米左右，淹没了沙洲滩。2009 年 2 月 9 日，成了思南县人民过的最后一个沙洲节。

十二、傩公傩母的故事

德江县是文化部命名的"中国傩戏之乡"，德江傩坛戏被誉为"中国戏剧活化石"，傩公傩母则是傩坛的坛神。在德江，对傩公傩母的传说是这样的：

很久以前，天地间发大洪水，山川草木人畜全给淹没了，大地上一片汪洋。忽一日，水面上飘来一只大葫芦，葫芦里端坐着童男童女两兄妹，一个叫傩哥，一个叫傩妹。说也巧，这葫芦飘到一个地方就停了下来，洪水也慢慢地往下落。那葫 芦底可能被露出的山岩戳破了，葫芦船里便有了山，有了树。那葫芦也越变越大，葫芦船里的山和树也越来越少，直到山和树与葫芦贴合在一起，葫芦就再没变大了。那傩氏兄妹，看到葫芦没了，先有些怕。等到有山有树了，他俩又站到了地上，反而高兴起来。连连发出惊喜的笑声，茫茫大地才又恢复了生气。

寒来暑往，春去冬来，在这葫芦形的山地里，傩氏兄妹以野果充饥，居洞穴避雨。不知过了多少时日，两兄妹渐渐长成了大人。一天，正在采摘野果，忽然傩哥拉住了傩妹的手说："妹，这世上太安静了！"傩妹说："是呀！就我和你，好没趣。"不想傩哥冲口说："那我俩结为夫妻吧，成了夫妻可以多生些儿女。"那傩妹一听，唰地羞得满脸通红。她低着头，心里寻思哥哥说的不是没有道理，只是不好意思答应。半歇才怯生生地说："那……那要看天意。"傩哥说："那怎么看呢？"傩妹说："那边有好大一墩岩头，你去用指掀，掀得动，就是天意，让我们结为夫妻，掀不动就是不答应。"傩哥说："要得，我去试试。"傩哥跑到大石头处，伸起食指一掀，那墩大石头竟然被掀的直摇晃，傩哥高兴不已，大声叫着："妹，大石头掀动了，天意让我们结为夫妻。"不想傩妹又娇嗔说："这还不算，要三盘为定。"傩哥又说："那又以什么东西来试呢？"傩妹眼珠一转，指着对面山上说："那里有一副大磨子，你我各搬一块，我从山这边滚过去，你从山那边滚过来。要是上天答应我们结为夫妻，两块大磨就合在一起，上天不答应就合不到一起。”傩哥说：“好，依你的。”于是他们兄妹各搬起一块大磨石，分别从山两边滚下来。偏巧，这两块大磨鬼使神差地合到一起了，还合得丝丝入扣呢！傩哥忙说：“妹，这下你没话说了吧！”可傩妹仍坚持说：“还要第三次试试天意。”傩哥知道傩妹定是不好意思，便安了心眼说：“那好，你先想着，我在那边洞里去喝点水就来。”说完，傩哥就进洞里，傩妹在外左等不来，右等不来，担心傩哥会出什么意外，急忙赶进洞去。未料想，傩哥是专门等着傩妹进来，于是，他们便成了夫妻。

傩哥傩妹结为夫妻后，一天晚上，傩妹梦见一只大白虎扑进怀里，待惊醒过来，便有了身孕。后来生下五儿五女，这十兄妹个个活蹦乱跳，矫健英俊喜人，常在洞前山上嬉笑打闹，叫傩氏兄妹无比快活。待这十兄妹长大成人时，那傩哥傩妹也近风烛残年。昔日风光可人的傩哥傩妹，转瞬间竟成了傩公傩婆。

一天，傩公悄悄对傩婆说：“妹，眼看你我已老，儿女又渐渐长大成人。为增人丁，我看也该教习儿女如同当年你我一样结为夫妻，让我们后辈儿孙，生生不息，你看如何?”傩婆点头称是，并说：“不光要他们繁衍子孙，还要教习他们手足和睦，持家兴邦。”

傩公傩婆选择了个天气晴和日子，带着五对儿女，来到他们早年合欢的洞穴处，布置鲜花香草，教儿女顶礼膜拜。然后晓以男女亲情，天地和合以传宗接代之大义。在傩公傩婆主持下，五对儿女双双结为夫妻。傩婆还拣选出青黄赤白黑五色石子，让五对儿女闭目任选一粒，然后依五色石子，在葫芦 山地按东西南北中五垭定居，并命名为东是青石垭、西是黄石垭、南是赤石垭、北是黑石垭、中是白石垭。傩公又将这五色之石，在火中烧炼成一颗斑斓五彩珠。告诫五对儿女夫妻，这五彩珠由你们各垭轮番执掌，每年一轮。凡执五彩珠的垭，担当五垭之首，有事同谋，无事则各安垭界。繁衍子嗣，兴邦立业，致力昌盛。

诸事安排就绪，傩公傩婆也至垂老之年，一日，傩公傩婆无疾而终，死时童颜皓首，雍容泰然。死后升天为傩神。地上化有傩公岩、傩婆石，以让儿孙世代观瞻。那五方五垭傩公傩婆的传人，不负众望，将葫芦山地经营有方，依山造型，取石而筑，建有石林城、巴山寨、犀牛沟、笋子淌(均在梭布垭)，十分宏伟壮观。昔日傩公傩婆石磨相合处的“磨子岩”，以指掀石的“情动石”，傩氏子孙衍生的“巴人穴”等处，后人莫不敬慕、缅怀。

春秋四时香火高祭。青黄赤白黑五垭儿女殁后，因眷恋傩公傩婆，便化为五虎山，守候始祖所化的傩婆岩、傩公岩左右。

若干年后，五垭中的白石垭，出了个聪骏神勇的人，四垭尊其为巴王。巴王率五垭族人，开疆拓土，励耕兴农，倡虎族部落，建巴王国，威震一方。

十三、梵净山九皇娘的传说

九皇娘在梵净山修行期间，济困扶危，爱老怜幼，为老百姓做了许多好事，修成正果，“肉身成圣，白日飞升”，至今在梵净山下的印江土家人民中仍流传着她的许多传说故事。

“献果山”与“万卷书”

九皇娘出家天庆寺后，每年夏天，都要到梵净山金顶朝拜释迦佛和弥勒佛，并接待各地朝山的善男信女，一去就得两个多月，还要带上敬佛的供品和自己吃的干粮，很是辛苦。

释迦佛与弥勒佛见她如此辛苦，便叫守山诸神在金顶侧边的一个小山上栽了很多果子树，一年四季都有鲜果。九皇娘见到后摘下来一吃，又香又甜，不仅能充饥，还能解渴，吃了这些果子后觉得身轻脚快，疲劳很快消除。从此，九皇娘每逢朝山，便用树上的果子做敬佛供献和自己充饥解渴，免除了肩挑背磨之辛苦。后来人们就把这个长有许多果树的小山叫做“献果山”。

梵净山钟灵毓秀，神仙显应，善男信女们求哪样，灵哪样，因此，朝山进香者越来越多。九皇娘看他们千里迢迢还要带着供献和食物，很是辛苦。朝山是在夏季，供品和食物又容易霉烂，就对他们讲：“供品和食物都要霉烂了，啷个敬得佛？信士也不能吃，以后来时就在献果山摘果子做供献和食物吧。山上经书少，来时每人带一本经书。”第二年，很多朝山的人就带经书来，然后去摘献果山的果子。说来也怪，没带经书的硬是摘不下果子来。

年长日久，九皇娘住的山洞侧边，经书一摞摞地堆积成山。现在你走到九皇洞，就会看见形如“万卷书”的岩石，万卷书便由此而来。

巧“敲”县太爷

九皇娘到思南参加“中元大会”后回天庆寺，途经凉水井，看见路上有一个汉子坐在蒲篓子(竹编盛东西的有盖箩筐)侧边哭。她走上前一问，才知道他在思南窑罐厂买了一挑窑罐，准备挑到印江卖。家中七十多岁的爹妈和四个崽娃，就等着卖了窑罐赚点钱买米回家，不料在这里因下雨路滑，跌了一个跟斗，窑罐打烂了大半。

九皇娘想了想，就对他说：“你把这些都收拾好，帮我挑到印江去，我拿钱给你。”卖窑罐的汉子说：“这些卖不成钱的烂罐罐，挑去有哪样用?”九皇娘便在他耳边悄悄地说了几句话，这人便把蒲篓子整理好，一直跟着九皇娘来到坪兴寨。

当时，县衙门在坪兴寨设有一个厘金(收税)哨卡，守卡的兵勇见这人挑着沉重的担子，就要他把担子放下，上了厘金才准走。这人好像一点没听见，仍然挑着担子往前走。兵勇们跑上前去，扯着不让走，三扯两扯，挑担人把担一甩，只听“乒乒乓乓”一阵乱响，蒲篓子里滚出的全是打烂的窑罐。这时，九皇娘赶到，见状便问是啷个回事情，挑窑罐的人口里“咿咿呀呀”叫着，用手指着那些发呆的兵勇。九皇娘发怒了：“他是一个又聋又哑的人，帮我挑窑罐回天庆寺，你们竟然把我的一挑窑罐都打烂了，现在拿哪样装东西?”兵勇中有人认得九皇娘的，一个个都吓得抖起来：“我们错了，不晓得是你的窑罐。”九皇娘说：“既然你们认错，我就不计较你们，我去找县太爷。”随后叫汉子把烂窑罐装好挑到县衙门里。

九皇娘见了县太爷，说守厘金卡的兵勇打烂了她的窑罐。县太爷一听是手下的人得罪了九皇娘，生怕九皇娘怪罪他，急忙说好话，并当场拿出五十两银子，作为赔偿。

出衙门后，九皇娘将五十两银子全部给了卖窑罐的汉子，还没等那人说出一个“谢”字来，九皇娘就已经转身往天庆寺去了。

为民申冤

在梵净山脚的金花溪河坎上，住着一个农民叫吴永祥。他有个儿子叫吴世方，从小就在金花溪摸鱼捉鳖，到十五六岁时就能靠捕鱼虾卖些钱来贴补家用。

一天，世方在河里摸得几条七星鱼，准备拿到市场上去卖个好价钱，正好被土司官的儿子田登云看见了。田登云是个游手好闲的家伙，仗着他爹的势力，无恶不作，平日经常到世方那里拿鱼抢虾。世方因爹交代过，凡事让他三分，所以平时对田登云的横行霸道总是忍气吞声。田登云见世方捉得七星鱼，顿时垂涎三尺，先花言巧语用钱买，世方一口回绝，随后，又威吓说七星鱼是贡品，要交到土司衙门里，世方还是不买账。田登云见世方软硬不吃，便动手抢，世方提着鱼就往家里跑，田登云在后面拼命地追。谁知田登云一脚落空，跌下河坎，脑壳撞在一块尖尖的石头上，因流血过多，就一命呜呼了。

蛮横的土司官恶人先告状，硬说是世方把儿子推下河坎摔死的，将世方吊起送到县衙门。县太爷得了土司官的“好处”，昧着良心判了世方死罪，定期处斩。吴永祥一家遭此冤枉，哭天喊地，真是凄惨。

九皇娘听说了这件事，心中很是不平。她带着两个小尼姑不辞辛劳，赶到了思地府。天还未亮，九皇娘就拿起鼓槌，敲响了放在衙门口的大鼓。阵阵鼓声惊醒了蒙头大睡的知府老爷，当得知是九皇娘击鼓，知府老爷急忙穿戴好衣冠，亲自迎出大门。

九皇娘将世方的冤屈告知了知府，并将土司官和县太爷横行霸道，贪赃枉法的劣行一一数落，要知府在三日内查清吴世方的冤情。

三天以后，吴世方终于获释了，蛮横的土司官、贪赃枉法的县太爷除被革职外，还分别被罚五十两、一百两银子。九皇娘拿了二十两补贴吴世方，其余的都分给了穷苦的老百姓。

一副对联济百姓

自从李钦差来过天庆寺后，天庆寺就成了远近知名的皇妃庙了。各级官员都知道有一位穆宗皇帝宠爱的皇妃在这里修行，因此对天庆寺和九皇娘格外恭敬。每年农历六月十九日，是观音菩萨的出家日，各级地方官员及百姓都要上山朝拜。

有一年，很长时间没有下雨了，旱情很重，很多农民都无水打田，栽不下秧，种不下苗。老百姓连野菜都挖不到，很多人家已经断顿了，而官府只顾搜刮民脂民膏。九皇娘看到这种惨状心中非常难过。

一天下午，九皇娘路过一家草房门口，看见有两个不大不小的娃崽，饿得皮包骨头。九皇娘走进屋，只见锅中一锅白水，一问才知道小娃崽的爹妈一早上山挖葛根还没有回来。九皇娘想，大半天了，小娃崽们还没有东西吃，真是可怜。于是她赶紧回到天庆寺，拿了一袋粮食，又写了一副对联，临走时把对联贴在了这家门上。

观音菩萨的出家日到了，地方上的大官小员到天庆寺朝拜，路过这户人家的门口，看到了这副对联：茅舍有窗透白月，铁锅无盖煮青天。一问，才知道是九皇娘写的。

官员们来到天庆寺，朝拜了观音菩萨后，便来参见九皇娘。九皇娘问众人可曾在来的路上看见一户人家门上的对联，其中有那机灵的便急忙说道："皇娘体察百姓疾苦，一片慈悲心肠，我等回去以后，一定尽力解救。"众人连声附和。

果然没过几天，各地的官府都打开官家粮仓，赈济百姓，使老百姓度过了荒年。

十四、"敬雀节"的传说

"敬雀节"是石阡仡佬族世代流传下来的一种民俗活动，现仅存于石阡县坪山乡尧上仡佬民族文化村。每年农历二月初一，尧上仡佬族村民请来"法师"祭祀葫芦神鹰，开展"敬雀节"活动。仡佬族人在"敬雀节"时，把糍粑放到山上的树枝上，等鸟来食，希望它们不要偷吃田中的玉米、稻谷等农作物，以求一年风调雨顺、五谷丰登。

关于"敬雀节"的由来，传说是这样的：远古时期，突发大水，四处洪水滔天。仡佬族先民被洪水围困，无路可逃，眼看村寨就要被洪水冲毁。

危急之间，一个聪明的仡佬族先民为不使仡佬族灭绝，将一个小男孩放入一个大葫芦。村庄被洪水冲毁，装有小男孩的大葫芦随之卷入洪水之中随水漂荡，不时发出啼哭之声，被在天空盘旋的神鹰发现，将装有小男孩的葫芦抓起放到岸上。男孩被其他族群的人救起，使仡佬族人得以延续下来。

仡佬族人为感谢神鹰的救命之恩，于是便将"葫芦神鹰"作为本族的图腾，从那以后便产生了"敬雀节"。

十五、牛郎镇的传说

远古时期，天河的东边住着织女，其姿容灿如春华，皎如秋月，是天帝最疼爱，也是最心灵手巧的小女儿。她年年在织布机上劳作，织出锦绣天衣，自己都没有空闲打扮容貌。天帝可怜她勤劳清苦，于是派河西的牵牛牵着金牛前往陪伴。牵牛和织女相处日久，情投意合，心心相印。可是，天条律令是不允许男欢女爱、私自相恋。王母知道后为将其分开，便把牵牛贬下凡尘，令织女不停地织云锦以作惩罚。

自从牵牛被贬之后，织女整日坐在织布机旁"玉容寂寞泪阑干，梨花一枝春带雨"，为何如此愁眉不展呢？只因思念牵牛日甚。她坐在织机旁不停地织着美丽的云锦，以期博得王母大发慈心，让牵牛早日返回天界。

话说牵牛被贬之后便全然忘了前生，投生在一个农家，取名牛郎。后来父母去世，他便跟着哥嫂度日。哥嫂待牛郎非常刻薄，他被迫分家出来，靠一头老牛自耕自食。这头老牛就是和牛郎一起被贬的金牛，灵性仍在。有一天，织女姐妹仙游凡间，在河里洗澡，老牛劝牛郎去取织女的衣服，促成了天庭的牵牛和织女难圆之梦，织女便留在人间做了牛郎的妻子。婚后，他们男耕女织，生了一儿一女，生活得十分美满幸福。不料天帝查知此事，派王母娘娘押解织女回天庭受审。老牛不忍他们妻离子散，于是触断头上的角，变成一只小船，让牛郎挑着儿女乘船追赶。眼看就要追上织女了，王母娘娘忽然拔下头上的金钗，在天空划出了一条波涛滚滚的银河。天河两岸夫妻遥望对泣，儿女嘶声唤娘，其声幽咽，声声催泪，连上仙也为之动容。

织女被抓回天宫，终日关在织房里织彩霞云锦，因思念牛郎和儿女，整天闷闷不乐。牛郎无法过河，只好携儿女在凡间耕作度日，愁苦难言。牛郎和儿女居住在桃源铜仁的锦江河上游，那里青山环绕，绿水淙淙。每当夜幕降临，牛郎就给儿子和女儿讲他们母亲的故事。星光璀璨之时，儿子和女儿便对着天上的织女星呼唤自己的母亲。织女听着儿女的呼唤，拭泪无语心欲裂，天帝和众姐妹们看在眼里，也是疼在心头，毕竟人神共性。

赤脚大仙看不过，便大胆进言天帝："天帝呀，你是人神之主，你就能忍心让自己的亲外孙与母亲天地相隔，忍心让自己的女儿以泪洗面?""天条律令森严，我能有什么办法。"天帝也无奈，用眼睛斜视着王母，心有责备王母惩戒过极之意。王母自知处过，虽是自己心头之肉，碍于天条只好缄默不言。"反正织女所织的彩霞云锦成千上万，已够百年更换，给我三天时间，让我带着织女于凡间走走，让他们一家团圆几日。"赤脚大仙见天帝和王母也有免女之过的意思就继续进言，天帝和王母默许。

于是，赤脚大仙便带着织女来到凡间和牛郎相见，牛郎织女一家终得团聚。因天上神仙对人间事故是一览无余，为避天帝执法任人唯亲之嫌和上仙神目探视，赤脚大仙只好在牛郎居住之地劈一洞府，让织女暂避于内。

天上一天，人间一年，三年后织女还得返回天庭，临到返回天庭时织女乞求赤脚大仙说："赤脚仙叔，你去给天帝和王母说说，就说女儿不想回天庭了，请求他们准许。""闺女，你这不是为难我吗？当初见你们有情人不得团聚，亲骨肉天各一方，心生怜悯，求得天帝王母默许，带你团聚，现在你不想回去了，叫我回去怎么交代。""当初我母亲残忍地把我们一家分开，众仙都难过，现在你又怎么忍心再次把我们分开。""闺女，你是知道的，准许三天来凡间，三天不回会自贬为凡人，你可要想好。""仙叔，你和我们生活了三年，我和牛郎互敬互爱，男耕女织，儿女嬉戏，其乐融融你是看见的，人间一天胜过天上十年，我不想做仙了。"

赤脚大仙只好独自回天庭向天帝和王母禀明情况，天帝和王母在天上看见牛郎和织女伉俪情深，阖家美满，只好心顺爱女。天帝考虑到女儿成了凡人，没了仙班本领，恐三界妖星缠扰，就命赤脚大仙召回金牛，对金牛说："当初你和牵牛被贬下凡，不收你灵性，倒让你促成了牵牛和织女美满姻缘，如今为保牵牛和织女不受妖星缠扰，特命你下界镇妖伏魔，永保平安。"金牛领旨，便把牛郎和织女居住之地方圆百里的妖魔鬼怪收于金牛角内，为防脱逃，又去临近名山梵净山，从梵净山的山顶削来一角以镇妖魔。此后，牛郎和织女便在他们生活的地方男耕女织，繁衍生息，儿孙绕膝，执手偕老。

后来，后世儿女为缅怀牛郎和织女，憧憬梁孟相敬居家幸福，就把当初他们居住的地方命名为牛郎，就是如今的铜仁市松桃县的牛郎镇，牛郎镇境内存有当初织女所住的洞府，是为织女洞，隶属牛郎镇贵阳溪村；金牛伏魔镇妖的山叫伏魔山，因是梵净山金顶一角，神似梵净山，素有“小梵净山”之称，隶属牛郎镇大鹏村。

如今，织女洞据粗浅的探寻，发现其是洞内有洞，洞外有洞，上下有洞，左右有洞，洞连洞，洞套洞，其中一洞，一股泉水喷薄而出，清凉净洁，灌溉层层铺于小溪两岸千亩良田沃土。伏魔山置于崇山峻岭之上，神奇的大自然如刀砍斧劈一般，将这高耸石柱从顶部至底部一分为二，距离不过两三米，中间有一天桥，将两峰连接。织女洞和伏魔山两地相隔不到5公里，放眼望去古木森森、绿树掩映、云蒸霞蔚，是一个观光旅游、消暑纳凉、登山礼佛、檀郎谢女憧憬幸福的绝好去处。

第三章　绚丽多彩的民族文化

铜仁为多民族聚居地，境内有土家、苗、侗、仡佬等28个少数民族。据全国第六次人口普查，2010年底，全市少数民族人口总数为216.5958万人（常住人口），占全市总人口的70.45%。一方水土养育一方人。在长期的历史发展过程中，铜仁各族人民同舟共济、和睦相处、相互交流、相互学习，用自己的聪明才智和勤劳双手共同创造了绚丽多彩的民族文化，这些独特的文化全面记载了铜仁各民族的历史来源、社会制度、经济生活、风俗习惯、宗教信仰、伦理道德、哲学思想和审美观念等，凝聚着铜仁各族人民对世界和生命的历史认知和现实感受，积淀着铜仁各族人民对社会和谐、自强不息的精神追求和行为准则，反映了铜仁各族人民乐观豁达的人生观，充满对人生与社会、人类与自然、现实与未来不断探索的辩证思维的智慧，是铜仁各族人民宝贵的精神财富。

第一节　铜仁土家族文化

土家族——自称"毕兹卡"，历史上被称为"武陵蛮"或"五溪蛮"，为古代巴人后裔。土家族是铜仁市境内最古老的民族之一。早在2000多年前，土家族先民就在武陵山区一带繁衍生息，逐渐形成了单一民族固有的民族特征，长期与汉族和其他少数民族杂居生活。秦、汉时期，土家族先民是当时"南蛮"的一部分。隋唐时期，对土家族先民多以"蛮"称之，如"夔州蛮"、"湘川蛮"、"板楯蛮"等。宋代称土家族先民为"蛮"或"夷"。明代以后，称铜仁的土家族先民为"土人""土蛮""土夷"或"夷"等。嘉靖《思南府志》称"土人""土蛮"。1956年，国家正式认可土家族为一个单一的民族。截至2011年底，铜仁市有土家族142.91万人，占全省土家族人口总数的92%以上，占全市总人口的33.44%，主要以宗族聚居形式，分布于铜仁的沿河、德江、印江三县，思南、江口、石阡、松桃、碧江、万山、玉屏也有零星的分布。

一、饮食文化

土家族饮食文化是包括饮食习俗、禁忌、信仰、饮食制度在内的综合文化体系，并以其直观性、鲜明性、可参与性等特点，成为土家族民族文化不可或缺的重要组成部分。

1. 特色饮食

铜仁土家人的饮食，类别明晰，品种繁多，制作精良，风味独特。

花甜粑：思南土家人的必备年货，是可以吃的艺术品。它集中国南北年糕文化之大成，是全国唯一一种在食品内部进行艺术创作和体现文化内涵的食品。它的神奇之处在于不管粑体有多长，把它横向依次切成薄片，每片花甜粑上都有一模一样的“花”(图案)，山水、文字、花鸟鱼虫，都能在粑里生动呈现，堪称“中华一绝”。花甜粑的做法为：首先将上等的糯米和粳米按适宜的比例混合后，加水淘去米糠，经浸泡至米透心时磨成细粉；然后将磨成的细粉提取四分之一煮成熟浆，与干面糅合成团；再将面团分成若干，擀成薄片，于每片之上涂以食用红色或其他颜料；再根据自己做花的需要，以三层、四层、五层不等重叠，将叠好的面片卷成圆条挞合；再用一薄竹片，在圆条的周围向内压数条细槽，并在细槽用少许水抹湿挞合，再用一层涂色面片，包在挞合的圆条上，再挞合；最后将做好的花甜粑放在竹蒸笼里，用大火蒸约三小时即可出笼。蒸熟后，把其切成薄片，可用甜米酒煮食，也可放在油锅里烙吃，还可放在火炉上烤吃。食用时，切成的薄片上颜色往往呈现出花、鸟、鱼等形状，或“福禄寿喜”“天作之合”等吉祥文字，堪称土家食品中的一绝。

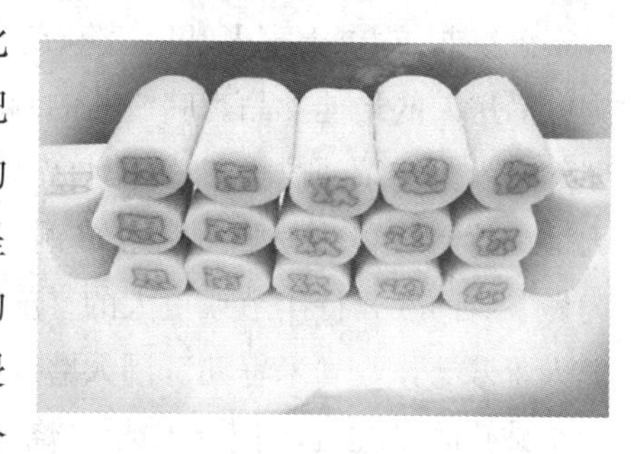

麻圆儿：用糯米粉加砂糖、猪油和水揉制成形，再经入锅油炸而成。因其呈圆团形，表面又粘裹有芝麻，故名“麻圆儿”。其做法为：在做成面团前与花甜粑制作方式一样，只是在做面团后，把面团拉成约手指一般粗细的面条，再分为反指粗一节小面团，搓成圆后，放入烧开的油中煎炸，待熟透后，捞出再裹上芝麻、砂糖而成。

米花：精选完好无损的糯米，用石碓除去其破碎的米粒和米皮，经清水浸泡透心后，装入大木甑中蒸熟，在熟糯米中加入适量菜油后，舀出一勺，放入特制的竹圈之中，均匀地摇动竹圈，使米粒厚薄和密度都一致后，取出置于早已准备好的火炕上的谷草垫上，用微火烘干后存放(整个过程土家人称为“团米花”)。团米花时，可根据其用途在花面上添加涂有食用红颜料的米粒，做成各式花、鸟、鱼、兽图案，或“吉祥如意”、“福如东海”等文字图案。待食用时，取一团米花放入烧开的油中煎炸，待所有米粒都炸开后，即可食用。铜仁土家婚礼中接亲时，米花是男方送女方必备的礼品。用于婚礼中的米花一定要团上“天作之合”“百年好合”等吉祥文字图案，并在男方家中煎好后送去给女方，女方则多将其摆放于神龛之上，也可放于神龛前的供桌上，直到女方摆礼结束后，分与女方宾客食用。

麻饼儿:铜仁土家人常用于年节之中待客或作为礼品送人的最佳食品。麻饼儿的制作,则是将蒸熟的糯米饭加菜油搅均匀后,用竹席(土家名为“晒天”)或竹制簸盖儿晾晒干、存放(铜仁土家人名其为做“米籽儿”),待年节或重大的喜庆之事如婚礼、老人祝寿等,取出“米籽儿”,用大磨或碓,再次除去细小破碎的米粒后,倒入锅中早已烧得滚烫的河沙中,使每一粒“米籽儿”爆破成米花状,筛去河沙,先放于一容器中,待麻糖(土家人称自制的苞谷糖或红苕糖为麻糖,现多用白砂糖)加热熬成粥状后,把糖舀出与适量的“米籽儿”搅拌均匀,在温度适宜时倒入木制无底箱中,经用力压制成箱状,除去木箱,先用薄刀将其切为均匀的大长方形状,然后再纵向切为均匀的小片,取时保持大块原状存放于装有熟米籽的袋中密封,以待食用。在压制成形时,也可加入适量炒熟的芝麻、花生。食用时,多直接吃,也可放于米酒水中泡吃。麻饼还有用芝麻、天仙米为主原料的。据沿河、德江、思南一带的土家老人讲,麻饼在早期就是用天仙米或芝麻做的。用“米籽儿”做,那是后来大米产量足够之后才出现的,却沿用了原来的名称,也称“麻饼儿”。

土家腊肉:铜仁土家人由于世代生活在万山丛林中,在这种封闭地理环境下,再加上古代粮食不足,一年中很难有多余的粮食来喂养猪,故而一般只在过年时才杀猪以备肉食。因此,土家人不得不把所得的各类肉食品制成腊肉,如腊猪肉、腊鱼、腊香肠、腊猪肝等,或者腌肉,以保障一年中肉类的基本食用需求。这种做法,为中华民族的食谱中增加了具有土家特色的肉类制品,丰富了中华民族的食物品种。

进入腊月,铜仁土家人家家户户都杀年猪、制腊肉。土家腊肉的制作方法一般是:首先,将条块状鲜肉或已从肚子上剖开并去了内脏的鱼,内外皆裹以足量的食盐、花椒、五香粉,然后放入缸内腌制10天左右,最后取出挂在火炕上方的炕架儿上,让烟火慢慢熏干。有的人家于夏季时,将炕上腊肉取下埋于谷堆储存。腊香肠的做法是,取猪小肠一根,往里灌入用足量的食盐、花椒粉和五香粉拌匀的肉粒,再如同腊肉一样腌制和保存。土家腊肉保存时间很长,有的可以存放三五年而不坏。

土家酸菜:水盐菜是土家人最爱做也最爱吃的一种特制的酸菜。这种菜还是土家人在蔬菜青黄不接时期的常备菜食之一。其原料多为白菜、青菜、野葱三种。其做法是,把白菜、青菜或野葱收回晾晒至半干后洗净切碎,再加适量的盐水搓揉,挤去菜汁,装入坛中。每放一层加适量烧酒和一层盐,直至坛颈部,再用桐子树叶或棕叶把其压平压紧,以硬竹条或竹筷压于叶面上,然后将坛口朝下放入装满水的石钵内,时常添加水于石钵内,密闭保存。取出食用时,依前法将余下部分封存即可。食用时可凉拌(与葱类、黄瓜、辣椒等生食菜蔬凉拌最佳,也可几类混合)、可与肉类炒食、可做汤。而最为土家人所喜爱的则莫过于“盐菜扣肉”。其做法为先将肉排放于土碗之中(一般为八片或十六片),撒上姜、蒜、葱末,再覆以盐菜，用大木甑蒸熟后，于进食时，扣入另一菜碗之中就可。这时其肉黄里透黑，清香无比，不油不腻，入口可化，是土家酒宴上“九大碗”中必备菜肴之“扣肉”之一，也是年节中招待客人的上乘菜肴。

值得一提的是，印江土家人发明的“红皮翠菜酸芋荷”，用本地独有的油沙土壤和天然山溪水种植的优质芋荷茎为原料制成，色泽天然纯红，清香爽脆，口感细腻，颇有开胃之功效，是一种独特的低热量绿色食品和民族传统食品。当地土家人常说“千有万有，不如酸芋荷下烧酒”，可见其深受人们的喜爱。

铜仁土家人饮食中，不仅形成了“一天不吃酸，走路打捞窜”这一喜食酸菜的生活特色，而且在辣椒传入土家地区后，还把酸辣结合起来，丰富了土家人的饮食风味。

辣椒是铜仁土家族人日常离不了的重要蔬菜品种。铜仁土家地区有一个关于辣椒从吐蕃地区传入武陵山区的传说。很久以前，吐蕃人攻打土家人的家园，却总是攻不下来。吐蕃人种植有一种植物，名辣椒，奇毒无比，没有人敢于尝试。于是吐蕃人就用辣椒粉为武器，向土家人进攻。但土家人除略感不适外，并没有失去战斗力。吐蕃人只得退回西藏去，再也不敢攻打土家人的家园了。这样，辣椒便传入了土家地区，成为土家人最喜爱的蔬菜之一，渐渐成为了土家人最喜爱的佐料和食品。很久以后，吐蕃人才知道，原来是土家人常吃白萝卜，是白萝卜解了辣椒之毒，可悔之晚矣。

辣椒一传入铜仁土家族地区，不仅让土家人所喜爱，蒸、炒、煮、卤、拌，均要放上辣椒，形成“无辣不成味”的饮食习惯，他们还在别人的基础上创造出了自己的特色口味——糟辣子和糟辣面。

糟辣子的做法：先将鲜红鲜辣椒与生姜一起切碎，放入盐拌匀，也可加一些花椒，装入“自泊水”土坛子（口朝上、边缘盛水密封的陶器，土家俗称“自泊水”）中，把其颈部的水槽盛满水，盖上盖子，并不时在槽中添加清水，以保持密封状态。三五天后，其味自然变为酸辣。既可直接食用，又可在蒸、炒、煮、卤、拌时作佐料，以增菜蔬的清香酸辣之味。

糟辣面的做法：先将鲜红鲜辣椒切碎，拌上足量的玉米面，用石磨子磨为细粉状，装于扑水坛中压紧，再用油桐树叶或棕叶子若干把糟辣面压平压紧，使其倒立时不下滑；最后把坛子倒立于盛满水的石钵中，随时向石钵中添加水，以保持密封状态。半个月后可食。取食后依然要把剩余在坛子中的糟辣面按第一次做法放好，保持密封状态。其食法有炒吃法和扣肉蒸法等。炒吃法又有直接油炒法、清蒸蒸熟后再加油炒法，无论什么炒法，皆可加姜、葱、蒜等佐料，以增其香味。糟辣面扣肉蒸法，是在土碗中放置一排肥肉片（多为八片或十六片），再撒上姜、蒜等佐料，覆以糟辣面后，放于蒸锅中蒸熟。吃时把碗扣在另一菜碗之中，让扣肉位于上。这时肉色金黄鲜嫩，肥腻尽去，入口而化。糟辣面清香爽口，开胃下饭。

土家豆腐：铜仁土家族地区虽然常年雨水丰沛，但由于地表石峻土薄，不太适宜粮食的种植，却十分适宜豆类植物的生长，因而在历史进程中，土家人于生产生活中十分重视豆类的种植和加工，形成了品种繁多的豆类制品，除大众化的水豆腐、霉豆腐外，还做出了菜豆腐、豆腐皮、灰豆腐、豆腐干、豆腐丝、豆渣豆豉等深受土家人喜爱的豆制品，且形成了土家人特有的“推豆腐”待客习俗。

菜豆腐：土家俗称“渣豆腐”，与水豆腐的做法一样，不同的是在豆浆煮沸后，酌加南瓜叶或青菜叶即成。菜豆腐色美味香，是土家人常用的上等菜肴。

豆腐皮：以沿河所产为上。其制作方法是将黄豆泡涨后磨浆，滤去豆渣，再将豆浆煮开，立即熄灭明火，将炕底热灰压好，同时打去豆浆上面的浮沫使豆浆降温。由于温度骤降，在豆浆表面逐渐形成油皮，待其到一定厚度时，用一根比锅长的光滑木杆深插入油皮下挑起，晾干收存。土家豆腐皮莹透油亮，营养丰富，而且物美价廉，成为土家人馈赠亲友的上好佳品。其吃法则根据个人喜好，可以与各式时蔬及肉类炒食，也可做成汤菜类。

灰豆腐：铜仁土家族地区，特别是德江、沿河一带土家人的一种特色豆制佳肴。其制作方法是先做出水豆腐，然后把豆腐切成与鸡蛋大小的方方正正的豆腐块，埋入土家地区特有的草木灰(以桐子壳灰为佳)中一至两天浸干，然后从草木灰中取出，放入锅中烧好的新鲜草木灰中爆炒，直到每块豆腐皆为金黄色时为佳，筛去灰烬，以竹条串成串悬于火炕口保存，以便食用。其式样类似油炸豆腐果，无油腻且清香可口。

豆腐干和豆腐丝：铜仁土家人创制的豆制食品之一。其制作方法是将豆腐切为如碗口大的方块，放于火炕口上的炕架上任其自然烘干。食用时取下洗净凉拌、炒食皆可。最为有名的是江口豆腐干，其色香味别具一格，制作独特，一般要经过泡豆、磨浆、滤浆、煮浆、点浆、上箱、过卤、切块、上扦、晾干等十道工序，才能做成产品，用棕叶每百块穿成一串。江口豆腐干之所以有独特的风味，主要是采取了三条措施：一是选用纯净的井水；二是不揭豆油皮，以保留其精华；三是在上扦时，首先一小块一小块地放在类似斗笠的竹簟上，晾八成干左右，再晒干或烤干，使其不起泡，也没有煳锅巴，而形成干硬、发黄、透明的方块。江口豆腐干吃法多样：可直接用来下酒，细嚼慢咽，香韧可口；用油炸酥，味似响皮而更加酥脆；如用水发胀切成细丝炒肉，则形似墨鱼丝而别有风味。因而多年来，一直是江口土家人喜爱和馈赠亲友的上乘佳品。

豆腐丝则是把已烘干的豆腐干用土家人自制的擦丝刀把豆腐切为丝状即成。

蕨根粉：蕨根粉是用从野生蕨菜的根里提炼出来的淀粉做成的粉丝食品。将野蕨根挖回，用清水浸泡去毒，然后磨为细粉后放入清水中搅拌，再过滤去渣，待其沉淀后，倒去水取出淀粉晾晒干后，便可加工为粉条、粉丝，以便煮食。也可用清水煮熟后捞出，再用冰凉水冰透后凉拌而食。由于蕨菜是紫色的，所以做出的粉丝也就成了

“黑粉丝”。据《本草纲目》记载，蕨类植物具有清热解毒、降气化痰的功效，而且美味爽口。铜仁土家地区的蕨根，天然野生无污染，其经现代工艺取其根部淀粉精制而成，保留了蕨菜根里大部分营养，更是对人体有很好的保健作用。

折耳根：学名鱼腥草，气味特异，可入药，除含有蛋白质、脂肪、碳水化合物外，还含有甲基正壬酮、羊脂酸和月桂油烯等，入药具有清热解凉之功效。折耳根在武陵山区随处皆可生长，也是铜仁土家人常食的野菜之一。最简单的吃法为凉拌折耳根，即将折耳根采回洗净，切为一至两厘米长的小节，拌以盐、辣椒、葱、蒜、白糖、酱油、醋等佐料即可食用。拌好的折耳根爽口味鲜、脆嫩、富有特殊的芳香。细细咀嚼，越嚼越香。折耳根炒腊肉则为土家人年节时桌上常备佳肴之一。

土家米酒：土家族人谚语说：“汉族贵茶，土家贵酒”；“有酒便是宴，无酒不成席”；“怪酒不怪菜”。饮酒不讲究菜，不分地点，不论人生人熟，席地而坐，围成一圈，端起酒杯就饮。因为土家族人自古喜酒，并且认为“无酒不成礼仪”，所以以酒命名的习俗也不少。男娶女嫁叫“喜酒”；新郎家操办“陪十弟兄”；邀约九个未婚小伙子在家相聚举杯赛歌叫“陪郎酒”；新娘家邀约姐妹十人举杯惜别、以哭当歌，叫“姊妹酒”；新娘出嫁第三天则要与新郎一道回娘家斟“回门酒”；结婚典礼时，新郎新娘在红烛高照下喝“交杯酒”；结婚典礼过后，男家要斟“陪高亲客酒”；生小孩要斟“嘎嘎酒”（嘎嘎：即土家人称外祖母为嘎嘎），满月办“满月酒”，满周岁办“抓周酒”，老人寿诞做“寿庆酒”，新屋落成办“进屋酒”；正月花灯元宵酒，二月“过社酒”，三月寒食“祭山酒”，四月牛王生日酒，五月初五端阳酒，七月月半酒，八月中秋“送瓜酒”，九月“重阳酒”，除夕“祭祖酒”，逝了老人“丧事酒”等，无不与酒有关。酒作为一种文化，它伴随着土家人从出生到死亡，一生离不开酒。在铜仁土家社会中，凡有客至家，必以酒招待；婚丧喜庆，必设酒宴。酒的种类很多，有甜酒和五谷杂粮酿成的各种烈性白酒（后者土家俗称烧酒）。铜仁土家族人一年最喜爱喝的是用糯米经过酵母发酵做成的米酒。其做法是：先将糯米淘净浸泡几个小时，用甑子蒸熟，待冷却后放入酒曲发酵，再装入坛子密封存放。三五天后，即可食用。米酒有多种吃法，可冲凉水喝，也可沸水煮吃，特别在夏天，是土家人上山劳动时常带的消暑解渴的重要饮料。平常在家中，不论是自己吃还是有客人来，土家人最爱用甜米酒来煮花甜粑或汤圆，再加上适量的白糖，既可解饥，又可止渴。沿河土家族人特制的咂酒，是在头年九十月，将糯米、高粱、小米、小麦等煮熟，拌上酒曲，存放于酿坛中，封上坛口，至次年五

六月以后起用,也有的贮存数年后饮用。其浓度低、味甘甜,用竹、麦、芦管吸吮,“先由一人吸咂,叫开坛,然后彼此轮吸。”酒液晶莹透明,可加开水复咂,直到无酒味而止。“咂酒”时,大家聚在一起,围着酒坛咂酒,没有高低贵贱之分,不嫌不弃。通过这样的饮酒仪式可以调节社会关系,摒弃前嫌,促进友谊。

土家罐罐茶:名山出名茶。铜仁地处武陵山区,自然条件优越,产茶历史悠久。茶圣陆羽所著《茶经》中就记有:“黔中生思州、播州、费州、夷州……往往得之,其味极佳。”这说明铜仁土家族的茶早在千年前就已名冠天下。铜仁土家族人的生活离不开茶,并将饮茶发挥到了极致,形成了众多的饮茶文化,如罐罐茶、甜酒茶、蜂蜜茶、姜汤茶、油茶、鸡蛋茶等。

很多人喝过驰名中外的西湖龙井茶、云南普洱茶、湖南古丈毛尖茶,但不一定喝过铜仁土家人风味独特的罐罐茶。走进铜仁土家山寨,好客的土家人马上在火坑里烧起柴火,烧一罐清香爽口的热茶款待客人,当地人称煨罐罐茶。

煨罐罐茶的方式比较简单。土家人家火坑里昼夜不离火,不离三脚架,也离不开那个黑不溜秋的土陶罐,这便是煨茶用的茶罐。它上部有带嘴的圆口,罐底呈圆形,中间为罗汉肚形,有提耳。煨茶时,先将陶罐斟满井水,然后靠近燃着的柴火边,待水煮沸后,将茶叶放入罐内,重新煮沸即可。等到茶叶沉底之后,将茶水倒入碗里,随后又倒入罐里,回冲几次,再将茶重新倒入碗里。此时的茶,色泽深黄,清香可口,回味甘甜。喝下之后不仅使人消除疲劳,振奋精神,心情舒畅,而且还可以治病。若是患伤风感冒,可把小块生姜去皮洗净用刀拍碎,放入罐内与茶叶一起煨,睡觉之前喝上半碗,次日就会大有好转。这早已成为土家人治疗伤风感冒的良方,人们把这种茶称作“姜茶”。如在刚从罐内倒出的热茶中掺入两小匙蜂蜜,还能润肺止咳,对上年纪的老人尤为有效。

有些“老茶瘾”煨罐罐茶的方法更为独特。他们将井水与茶叶一起放进茶罐,放在火边煨,不封盖子,让火焰柴灰飘进去,浮在茶罐口,形成一层薄薄的“盖子”。倒茶时,轻轻荡开“盖子”,就可享用。茶饮完后,再加井水煨。三四遍后,茶有些淡味,又抓一把茶叶放进去。如此再三,这样的罐罐茶浓度高,香味佳,但必须是茶瘾大的人才有福受用,一般人喝后泪花乱滚,甚至会呕吐。

长期以来,煨罐罐茶成了土家人生活中不可缺少的内容,有机会到土家山寨做客,喝一碗回味悠长的罐罐茶,顿觉清香满口,神清气爽。

2. 待客饮食文化

铜仁土家族是一个讲究礼仪之风的民族,在社交活动与家庭生活中,特别重情尚义,讲究礼尚往来和文明礼行,这突出地表现在其待客饮食文化中。

就食礼仪文化:讲究就食时座位尊卑之序是铜仁土家人中非常重要的礼节习俗,体现了土家人尊老敬长的传统社会风气。无论是家常的饮食还是重要的节日或宴会之中，铜仁土家人都十分遵守饮食过程中的席上座位。铜仁土家人一般遵循辈分为尊，年齿为长，左尊右卑，上大下小，依序而坐，不得有乱的入席就座的饮食习俗。如是在婚丧喜事等大型宾宴之中，堂屋为尊，常为宴请女主人的娘家的设席之所。房前坝子上为次，多为一般客人与本家族人设席之处。以一张八仙桌为例（无论是堂屋还是屋前坝子上），其坐法讲究是背靠神龛之坐为尊（土家人俗称为"背香盒板板"的），面向神龛为次；两侧左大右小，近神龛为尊，远神龛为卑；右侧下位则为主人陪客之位，不论是一张或是二至三张八仙桌合为一长桌，每张桌子的此位皆为主人陪客位，客人是不能坐此位的。如客人坐了此位，往往会引起许多误会，一般会遭到"不懂规矩"的谴责。如是以后家身份来做客的坐此位，则有不尊重主人及其族人之意，主人家多不会为此桌上饭菜，严重者则会引起两家甚至两族人之间的冲突。如家常吃饭，一般在炕房内，有火铺上或桌上之别。如是在火铺上，靠屋壁并靠里的位置为上位，其面向则根据火铺的位置而定。如火铺靠堂屋中柱，则面向与房向一致的为上位；如火铺靠吞口一柱，则靠吞口一柱面向与房向相反的位置为上。如是在桌子（土家人多称饭桌，实为一种小方桌，现也有圆桌的）上，尊卑上下与堂屋同。

土家人讲究"站有站相，坐有坐相，吃有吃相"。铜仁土家人在就食过程中遵守所有菜肴要先让长辈品尝习惯。如果你钟情于某一菜肴，则必先请尊长先吃后，你方能动筷子夹菜。忌讳吃菜时吃"过河菜"和"口水菜"。"过河菜"是指任何人在夹菜时只能夹离自己最近一侧的菜，不能夹超过碗中心另一侧的菜，否则视为不敬或不懂礼貌。"口水菜"是指任何人在夹菜时，不能在菜里搅拌或翻寻自己想吃的菜；也不能用嘴唇把筷子上所沾的饭菜抹干净，如筷子上沾有饭菜，则于碗边或桌边轻轻敲打，让其掉干净。土家人认为若这样做，会使你筷子上所沾的口水落在碗中菜蔬之上，从而导致同桌之人吃进你的口水。这样做会被认为一不卫生，二无家教。土家人进食时不能出声响，特别是不能有两嘴唇发出的"吧嗒吧嗒"声。土家人认为只有猪进食时才会发出这种声音，常会遭到人们的嘲笑。在就食过程中土家人还讲究一般不能离席位。如果自己饮酒完毕要吃饭，要向同席的人表明："你们慢慢喝，我吃饭陪！"进食完毕，要双手握筷，欠身声称："你们慢用！"待同席所有人吃好后才能离席。否则也会被视为对同桌吃饭之人的不敬，受到人们谴责为无家教或不懂规矩。

铜仁土家人的饮食习俗文化不仅表达了饮食过程中尊师敬长的礼数，而且还表达了土家人对年轻人成长的期盼和要求。若是长辈看着晚辈或者是小孩吃饭的时候懒懒散散，漫不经心，甚至是把饭菜弄得到处都是，必会严词训斥。这一方面是要让小孩知道饮食中要尊师敬长，培养其不要浪费粮食的习惯；另一方面也是告诫下一代，如果一个人连吃饭都没有一点规矩，长大之后也不会有什么出息。土家人相信"不依规矩不成方圆"，欲成大器必先从人们的日常生活做起，吃饭的规矩首当其冲。土家人认为一个人孩提时代的饮食习惯与今后成才与否有直接的关系，因而非常重视小孩饮食习惯的培养，希望每一个人从小就从吃饭饮水的小事做起，使之长大后成为对社会有用的人才。这还表现在小孩子帮忙添柴加火，家长会一再强调："人要真心，火要空心。"火要空心的道理很简单：由于空气中氧气的进入量增大后，会使燃烧更为充分。土家族人民善于把做人做事的道理蕴含到生活的一点一滴中，为培养下一代良好的行为习惯起到了潜移默化的作用。

"九大碗"、推豆腐、打糍粑、箜油炸沫儿待客习俗：铜仁土家酒席讲究"九大碗"，是招待贵宾和重要客人的最高礼节。"九大碗"多为"一黄二扣二豆腐四炒"。一黄是指一碗以猪脊背带皮肉煮熟后，放入溶化后的白糖中煎炸而成的"黄肉"；二扣是指一碗盐菜扣肉和一碗小米扣肉或糟辣面扣肉；二豆腐是指水豆腐和豆腐菜汤（如酸菜豆腐汤或白菜豆腐汤）；四炒是指两碗肉类炒菜（也可为肉类腊干菜，如风干的猪干、腊肉类）和两碗时蔬炒菜。

土家人最忌桌上菜数为十、八、七、四、一之数。如桌上有十样或只有一样菜肴，则视其为最大的侮辱。因土家人认为猪是最笨的、猫和狗是最贱的，只有猪才吃十（石）碗（铜仁土家人喂猪时盛猪食的槽多为石槽，谐音"十"为"石"），猫和狗才吃一碗（土家人喂猫狗时只喂一碗食）。而四、七、八则为祭祀祖先和神灵所用之数，延伸意为死人之用数，不得用于活人。如用此菜数招待客人，土家人则视为有诅咒其快死之意。

铜仁土家人如家中平常来客，特别是沿河、德江、印江一带，最讲究"推豆腐"，即知有贵客临门，主人必推豆腐待客。其仪式为在三脚之上的鼎罐中，以豆浆为汤汁，待烧开后，加入切为一片片的白豆腐，再次烧开，盛入客人碗中以食。客人则根据自己的喜爱，可加猪油、盐、辣椒及其他香料以佐其味。

铜仁土家人招待平常来家的客人时，还有一种以示其对客人尊敬和表达主人盛情的待客之道，即打糍粑推豆腐。糍粑是把糯米经水泡透，用木甑蒸熟后，再在容器中打烂，加熟豆面捏制而成。由于铜仁土家山区糯谷产量低，种植也不多，故显珍贵，常用于端午包粽子、重阳打糍粑、丧葬事务和栽秧等一些重大农事活动，主要用于待客。糍粑在这里不仅仅招待客人，更重要的是送给客人的重要礼物之一。即客人在走时，主人一定要送上一些糍粑，让客人带回去给其亲人尝尝，以表达主人对来家的客人的敬重，同时也表达对没有能来的亲人的思念，而且还可以让客人在返家的山路中充饥。

二、服饰文化

服饰是一个民族的重要标志，它不仅是这个民族特征的外在表现，而且也承载着这个民族的精神与追求。铜仁土家族在武陵山脉的大山之中，形成了自己独特的服饰文化。

男子服饰：土家中年以上男子都包头帕，头帕有青丝或青布，也有白布，长 2 米左右，可折成条状，也可随意包。土家族男子的衣着为栏杆满襟服，衣略长而袖大，两袖挑花边，栏杆就是在衣领下镶着一道或两道宽或窄的花边，由于它像楼上的栏杆，故而叫栏杆满襟衣，没有花边的就叫对襟衣，也叫对胸衣。土家青年多穿对襟衣，就是从面前扣的，正中安五至七对布扣，裤子叫便裤，一般用白布做裤腰，裤腰宽大，裤筒短小，筒边绣有花边。

女子服饰：土家妇女的头饰十分简单，白帕或青帕，老人多包丝帕，不包花帕。过节或走亲访友，则在帕子上配一两件银饰，不像苗族，将财富大部分放在头上，也不像藏族，全身的饰品就是整个家当。土家妇女多穿的是无领满襟衣，让脖子露在外面，更显得多姿和迷人，衣向右开襟，从上领到下摆均绣有花边，衣袖也有一大一小一两条花边或一大二小三条花边。另外，也有小立领的衣服，农村叫韭菜领，意为很窄。衣服前胸套围腰，围腰形象像一个凸字形，四周均绣边，围腰中间绣有五寸见方的花草等图案，这是姑娘、媳妇个人针线活的技术展示。土家人评论哪个女子能干不能干，几乎都是从围腰上的刺绣来评判。

关于土家族妇女的围腰，还有一个传说：很久以前，某家有四个儿子，前三个儿子娶了三个笨媳妇，那年端阳，公婆让三个媳妇回娘家，吩咐她们一个去三五天、一个去十五天、一个去半个月，要同一天回来。另外，一个带四角羊蹄，一个带红心萝卜，一个带无脚团鱼。三个媳妇不解，出村后在分路口大哭，被附近的木弄（木弄：土家语，意为竹子）姑娘遇见，听完她们的诉说，木弄姑娘告诉她们回来的时间都是半月以后，带的礼品是粽子粑、盐鸭蛋和麦粑。三个媳妇回来后，向公婆谈起，结果木弄姑娘就成了这家的四媳妇。四媳妇的聪明后来传到了县官那里，这个封建卫道士认为女子无才便是德，如今出了这么一个“妖精”，这还得了。于是就下令叫木弄的公婆于三天之内献上公鸡蛋一个，不然就要将木弄的姑娘作为妖魔正法。三天后，四媳妇来到县衙门，告之其公公正坐月子，不能前来复命，请县太爷准他满月后再来。县官一听火冒三丈，大声斥责：自古只有女人坐月子，哪来男人生娃儿。四媳妇听后顺着就说，老爷你说对了，但自古只有公鸡打鸣母鸡下蛋，哪有公鸡来生蛋的。县官没有办法，就想用一张心帕来包住女子的心，让她们不会思也不会想，哪知这张心帕不但没有蒙住女子，反倒让她们感到做事利索，又还保护衣服不被弄脏。后来，她们又在心帕上绣上各色图案，反而让她们的智慧显现了出来。

另外，土家妇女还在右边的围腰带或在衣牌子上挂一张手巾，俗称鼻帕，但这张帕子不是用来揩汗水或鼻涕的，平时，它只是一种装饰，真正派上用场的，是哭嫁时用于蒙脸和揩泪水的。

小孩服饰：土家族对孩童的衣裤不十分讲究，但注重鞋帽，小孩子一般都戴虎头尾巴帽，帽檐都打十八罗汉像作装饰。土家族小孩子虎头帽的虎，经过土家人的艺术处理，已经产生了变异，它去掉了虎的沉重、恐怖，变得凶而不神秘，猛而不可怕，威而不紧张，既能避邪保平安，又充满了生机活力，纯朴天真。在这里，老虎的形象被作为一种寄托情感的事物，表达了土家人希望自己的孩子长得虎头虎脑、无病无灾、健康快乐的心愿。同时，也表达了母亲的美好愿望和爱护生命的民俗心态。而对于身体不佳，多病多难的孩子，也就是人们称之为“八字”大的孩子、不乖的孩子、难养的孩子则戴狗头帽。准确地说，狗头帽实则是虎的变形，我们不是有“画虎不成反成犬”之说吗？让这些小孩子戴狗头帽，是为了讲究一个和谐，让至弱的孩子避开至刚的虎，而像狗一样低贱，灾不怕，病不怕，鬼不怕，邪不怕，这样阴阳协调，才能长大成人。狗头帽一般都要镶菩萨，意为有菩萨在上方保佑孩子。土家族小孩子的鞋也是老虎鞋为多，鞋尖上绣一个王字，两侧绣花。土家族是崇白虎的，小孩子穿虎鞋戴虎帽，意为受虎保护，邪恶不敢侵害，既可避邪壮威，又能茁壮成长。

土家盛装：铜仁土家族人在成婚和接见贵宾时要着盛装。在端午看龙舟、七月十五女儿会等重要节日常着盛装，其他节日和时间，如过年、赶集、会友、走亲也着能表现财富和才艺的浓装。

土家族盛装，有男女之别，其制作工序十分复杂。一般是当家中的小孩行成人礼前后，便要为其准备一套土家盛装。从准备布料，到请绣娘和银匠到家制作，常需时半年，甚至一年方能完成。

一套完整的土家族女式盛装，包括头饰、耳饰、项链、手饰、上衣下裳及围腰、鞋饰等。

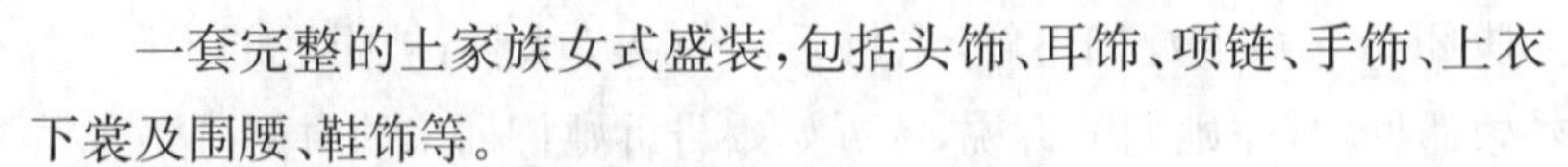

土家人的盛装中的头饰称为插花草，是把一枝枝做好的银质花草插在白色的包头帕上。如满头花的插法是：先在发髻上斜插各式花草，与长长的横插发簪交相辉映，以盖满所有头发为好；然后在包头帕与发际之间竖插一圈花草。前额至两耳以花草为主。两耳之后，则插以花草和有铃铛的饰品（土家人称“响铃”）。也有只插两耳至额前的，脑后不插。

耳饰有银质的耳环、耳圈、耳坠、耳花等。项链皆为银质，多在胸前挂上一些如花草类物件，也有挂长命锁的。

铜仁土家人盛装中的手饰称“满天星”，其饰法为：十个指头皆要戴戒指，土家人名其为“圜圜儿”。两手皆戴手镯，土家人名为“圈子”。手镯配有小铃铛，常为九个，多则为十三个。

铜仁土家人盛装中的衣服与围腰，其式样与生活装并无太大区别，依然与生活装一样在相同的部位绣上各式各花的花草。

铜仁土家族盛装中的鞋饰，其式样与生活装无多大区别，不同的是在鞋的前端钉有银质花草；在鞋口前端的花草上挂有五个银质小铃铛，后跟上也有三或五个小铃铛。

铜仁土家族男子盛装相对女子的来说要简单得多，头上银饰仅为银簪，手上和腿上、鞋上皆没有铃铛和悬坠物件，而且衣服底色只用青色和蓝色；女子衣服不用皮革，而男子追求以羊皮为衣。

铜仁土家族浓装，其式样与盛装没有区别，只是在制作上有差异。浓装的银饰多是到市集上银匠铺里根据自己的喜爱购置；衣服的制作和服装上的绣饰是家人中女性千针万线慢慢缝制而成。在外人来看，盛装和浓装并无差异，然而铜仁土家族

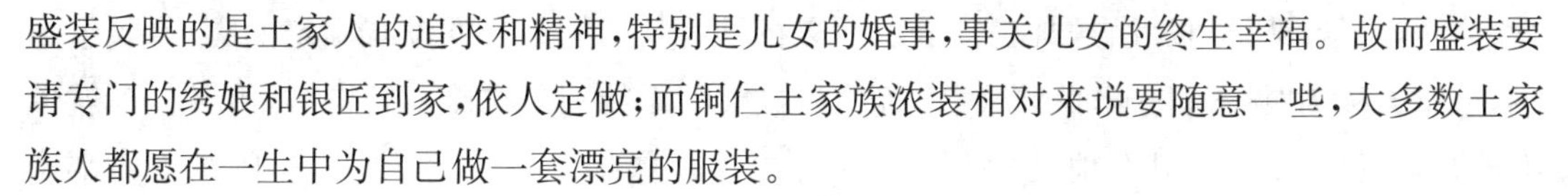

盛装反映的是土家人的追求和精神，特别是儿女的婚事，事关儿女的终生幸福。故而盛装要请专门的绣娘和银匠到家，依人定做；而铜仁土家族浓装相对来说要随意一些，大多数土家族人都愿在一生中为自己做一套漂亮的服装。

值得一提的是，在传统过年时，成了家的土家人必须为老人和小孩制作新衣服。其特征自然是“新”，老人的服装以青色或蓝色为主，小孩则以色彩鲜艳为主。

三、耕作文化

铜仁土家族的耕作文化主要体现在农耕文化与手工业文化两个方面。铜仁土家族的农耕文化由于受自然地理环境的影响，长期处于封闭与半封闭的经济状态，耕作方式和技术虽然都受到了以汉族为主的先进耕作文明的影响，但土家人在吸收汉族先进的耕作文明成果的同时，也在自身的历史发展过程中，形成了自己独特的耕作文化。

1. 农耕文化

由于铜仁土家族山区土地贫瘠，故而土家人对耕作十分讲究，一般要求“底平、土细、上田坎”。“底平”即水田的底面要求在犁道之间不留小埂，使水田底面保持如地板面一样平整。“土细”是指田中之土不留块状，细腻如粉，要保持田中泥土的细腻，土家人一般要对犁田三四遍以上，还要用专用的田耙耙地。“上田坎”是每年皆要铲去上年所附于田边埂上的泥，重新用田中细泥在田边的埂上附上厚厚的一层泥墙。其目的就是保证在水稻生长期间，田中之水不易渗漏，从而保证这一季的收成。

铜仁土家族地区由于泥土属于黏性黄土，易于板结，需使用畜力方能翻地。牛是土家人首要的畜力，因而在一年艰辛的劳作中，不仅人们勤劳吃苦，而且养成了土家人家家养牛、爱牛、敬牛的风气。每年正月初五土家人要给牛拜年，并且送上最好的粮食——稻谷喂牛。在牛耕地前，要喂牛盐水，打最好的青草等。除耕地外，土家人从不使用牛来做其他之事，如斗牛、驮拉物件等。如果牛偷吃了邻家的庄稼，也不能责打，只要牛的主人到邻家道歉即可。如果牛不慎从山崖上掉下摔死，土家人则绝不吃其肉，也不亲自动手杀牛。认为杀死牛，犹如杀人一般，常会受到“没有良心”的责骂。

铜仁土家族地区每家都有一副犁地的工具，特别是犁地的尖铧和犁田的平铧，以及放于牛脖子上的“枷担”等。在不使用的时候，犁地的工具常放于堂屋的神龛边，不能与其他工具一起乱放，也不能平放于地上。而且不允许妇女骑坐或从上跨过的，认为是对犁神的不敬，否则会在犁地时经常断铧，甚或导致当年庄稼的歉收。

打闹儿是铜仁土家农耕文化中最为突出的一种文化现象，主要是土家人在稻作活动的薅秧和旱作农作物的薅草劳动时安排的一项活动。

薅秧和薅草时节，正是五六月气候最热的时候。为了尽快除去田间地里的杂草，铜仁土家人常组织起族人一道到田地里打闹除草。即在一群人薅草的同时，另安排由土老师率领的歌唱队，在劳作的人群中，打着锣鼓响器，跟在劳作的人后，边敲击锣鼓边高唱打闹歌。其歌唱内容包括：请神、扬歌、送神三部分。而以扬歌为其精华。扬歌没有固定的唱词，随编随唱，土家人称为“见子打子”，临场发挥，而且形式灵活。特别是在薅草行进中，有谁松劲就催促他几句，见谁干得欢就夸他几句。有时劳作之人也偶尔参与斗上几句。打闹歌一般都诙谐有趣、风情十足。由于天太热而劳作又艰辛，很容易疲倦，土家人便在劳动过程中安排打闹儿，这表明土家族人民很早就意识到通过转移注意力是可以缓解人的疲劳的。

2. 手工业文化

铜仁土家族地区属于典型的山地农业经济。传统时代土家人以家庭为单位从事农业生产等繁重的劳动。由于地理环境所限和交通的艰难，土家族人民在生产活动与生活活动中发展起了自己的手工业。在手工业产品生产方面常因地制宜，从大自然中获取材料，进行简单的加工而为己用。这主要体现在土家族的家庭手工业方面，不仅传承了许多民族手工业技术，这些民族手工艺品还凝聚了土家人丰富的思想与情感。

土家刺绣与印染：刺绣和印染工艺典型地反映了铜仁土家人民的艺术水平。

刺绣：土家刺绣主要用于装饰艺术方面，如土家族服装上滚边花纹、帐帘、床单、带子、荷包、围腰、花鞋等，体现了土家人对美的一种追求和体验。土家族妇女往往根据自己的想象，先将要绣的图样画在纸上，剪下来贴在底布上，再用各种花色丝线刺绣。绣好后，底布被丝线盖住，有很好的一种立体感。如绣枕套、童帽、花鞋等，则需裱糊纸或布作衬，以便使底布平整。刺绣最讲究的是构图配色，或鲜艳，或淡雅，均需根据土家人对大自然的物象色彩的审美观而定。土家族姑娘长期住在山区，经常与花、草、虫、鱼、飞禽走兽相伴，在绣时往往凭自己对大自然的体验而作，故而绣出来的作品栩栩如生。

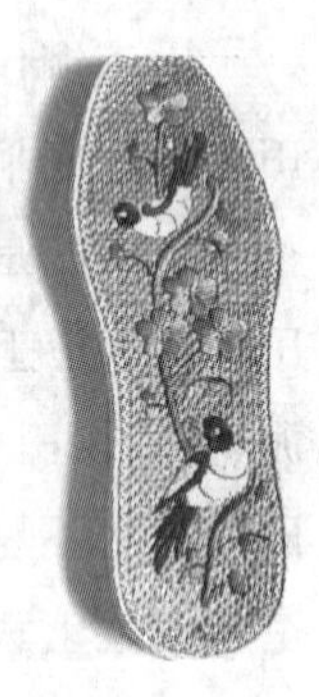

挑绣：土家族妇女用多种颜色在底布上以挑刺方式完成，俗称挑花，又名装花。挑花重在构图，如彩霞、鲜花、彩蝶、鸟、兽、鱼、龙、竹、树等均为挑花素材，其作品主要展现在手帕、褡裢、门帘、帐檐、枕套、枕巾、头巾、鞋垫、桌套、围兜、围裙上等。挑花一般采用白底挑黑色花样，或白底配红绿色纹样，也有蓝底青底挑红绿色的，还有用五彩丝线挑制的各种图案。挑花的色彩、图案变化十分复杂，往往依挑花人的追求和喜爱而不同。每位土家姑娘在出嫁时都要为自己挑一幅漂亮的帐檐，用以挂在帐门上，使洞房倍为增色。年轻姑娘喜爱挑花手帕、花鞋垫，乃至土家姑娘出嫁时专用的哭帕等，图案常为“双凤朝阳”“喜鹊闹梅”“龙凤呈祥”“天长地久”“麒麟送子”“鲤鱼跳龙门”“狮子滚绣球”“蝴蝶恋花”等传统图案。其图案多用象征和抽象的表现手法，直线造型，连续对称，呈单一型的演进变化，具有粗犷洗练、结构饱满、色彩艳丽、图案奇特的艺术效果。

绣花：土家绣花工艺独特，一般采用绸缎、白绫等上等面料为底，有素绣和彩绣之分。素绣不用彩线，或白底黑花或黑底白花或蓝底白花。彩绣全用五色丝线绣制，多见于被面、门帘等大型绣品，也有鞋、帽、枕头、帐帘、飘带等。绣前先裱以纸衬或布衬层，以免绣时滑动，再用纸剪成花样贴在裱好的绣面上，然后照着画样用丝线绣制。土家绣女对构图、布局、用色方面都很讲究，质朴而不失华丽，逼真而不显呆板，因人而异，各具所长。少女之作如出水芙蓉，于蓓蕾见妙心，于稚拙见新奇，绣品多花鸟虫鱼之类；新妇之作如荷花含露，于绿叶滚珠处见芳心，于艳丽初绽时见高洁，绣品多是象征吉祥幸福的“鸳鸯戏水”“天长地久”之类；老妇之作则如荷花带雨，莲蓬饱满，于丰实处见芳心，于苍劲中见成熟，所绣多是寄托祝愿的“龙凤呈祥”“白头偕老”“仙鹤松涛”之类。

古时铜仁土家妇女特别重视手工刺绣的传授与学习，往往在五六岁时便开始学习和练习这门手艺，这有民间流传的“白布帕子四只角，四只角上绣雁鹅；帕子烂了雁鹅在，不看人材看手脚”的民谚为证。

印染技术也是铜仁土家族一种典型的民间手工技术，这种技术一直沿用至建国初期。印染分为普染和灰染两种。普染是以蓝靛作为主要原料生煮上色，充分浸透，碾压而成。灰染类似于蜡染，以模具刷灰胶然后脱模、碾压。依靠这种技术可以印染被面、枕芯、帐帘、床围等，并且印染的花纹图案生动，经久耐用，永不褪色。

土家编织：铜仁土家人凭借自己的聪明才智，充分利用大自然赋予的一切资源，发展了土家人的编织技术。土家族编织工艺大致可分为竹编、草编、藤编三大类。

竹编：土家族地区竹类品种繁多，资源丰富，其竹编工艺在编织艺术中种类最多、工艺精美，是与土家人日常生活关系最密切的一个门类。土家族的竹编工艺制作，大致又分为编篾类、丝篾类、综合类三种。编篾类产品，主要有筐、簸、席、箱和装饰品。丝篾类产品主要有花篮、背笼、饭篓、小孩摇篮、竹草鞋以及各式艺术品等。综合类竹器主要有竹桌、竹椅、竹凳、躺椅、书架、竹床等。

竹编艺术中最讲究篾质，做工精细，柔韧可叠，采用竹筒（柱）、竹扁、竹块、竹丝（篾），通过大小、粗细、宽窄和颜色青黄相结合的方式编织成古朴大方、花纹古雅的竹编物品，其形体结构既经济实用又美观大方，兼具欣赏和收藏价值。

制作竹编工艺的工具有篾刀、锯、匀刀、刮刀、度篾锥、引撬以及竹质推片、竹质衬圈等。原材料主要是金竹、刺竹、水竹和苦竹劈成的篾片（俗称扁篾）、篾条（俗称丝篾）等。其工艺制作程序一般为：刮青（刮去竹子表面青皮和竹节凸起部分）、剖竹、起黄（劈掉竹条肉质部分）、扁篾（剖为丝篾，不论是扁篾还是丝篾，都需用匀刀匀成厚薄一致、粗细均匀的篾片或篾丝）、编织花纹图案（即把篾片或篾丝加色，其法为黑色用松树油或柴火烟熏制而成，红绿颜料多用成型油漆涂抹而成）。

土家族地区的竹编工艺以家传为主，师传和自学为辅。在编织中，以经纬编织法为主，并充分交叉利用疏、偏、插、穿、锁、扎、套等多种编织技法，从而编织出色彩鲜明、质朴美观的花纹图案。

藤编：黔东北土家族聚居地区地处乌江中下游，沟壑纵横、森林茂密、藤蔓遍布，为生产藤编用品提供了丰富的原料。主要以青藤（用水煮，脱皮、漂洗晒干）为材料、以竹木为框架，用藤缠绕编织成藤箱、藤篮、藤椅、藤沙发、藤茶几、藤盘、藤凉床、藤篼、藤书包等为土家人所喜爱的藤制品。其造型美观，色泽白净，坐卧凉爽舒适，轻巧耐用。

草编：用草编织的物品也同竹制品一样，是土家人日常生活中离不开的重要工具，用于遮雨的草蓑衣、作鞋穿的草鞋、作床垫的草席、用来坐的草凳儿，是最常见的草编。其材料多为糯谷草，有的也用山间野生的蓑衣草。这里以打草鞋为例。土家人打草鞋一般在腰间系一个三角形的弯木，把棕绳四根的一端排列系在弯木上，另一端套在一根横木棒上用两脚蹬紧固定成支架；两手搓紧稻草，然后把草绳来回编织于棕绳之上，拉紧，栽上耳只，即编成可用。无论男女老幼，凡下地干活、上山砍柴、伐木、采药、狩猎等，不分晴雨都穿草鞋。夏天走长路穿上草鞋清爽凉快，软硬适中，给人一种惬意感；雨天穿着草鞋既透水又防滑；冬雪天内穿一双棕袜子，既保暖也防滑。

无论是竹编、藤编或者其他材料的编织品，在土家民间除了作为日常生活用具外，还被视为装饰品和艺术品，广为土家人和其他民族的人们所喜爱，这些编织用品常常也是土家人赠送客人的重要礼物。

四、铜仁土家族的建筑文化

在历史上，铜仁土家族长期被中央王朝和进入武陵山区的大姓宗族所统治，特别是在赶苗夺业的过程中，土家人大多数被迫进入武陵山腹地，以求生存。这里山高坡陡，林木繁茂，沟深谷险，交通不便，可耕地较少。根据自己所居住的特殊地理环境，铜仁土家族人创造出了民居建筑与大自然环境融为一体，依山傍水，篆屋起寨，使村落中的每一幢房屋与整个村落和谐统一，整体村落与雄伟秀美的自然景观、山体、水体等水乳交融，连成一片，形成了土家人独特的天人合一人文景观。这种天人合一、万物有灵观念，使铜仁土家人在构筑村落的过程中，赋予村落的生命性，使土家人的每一个建筑，甚至建筑中的每一个部件都有了生命，在这样的观念指导下，土家人形成了自己独特的建筑文化。

1. 土家新房建筑过程中的重要仪式文化

修房造屋是铜仁土家族人最重视的一件大事，也是家庭的最大喜事，是土家男儿“成家立业”的标志。在土家族房屋的修建、装饰及其结构中，寓节庆、宗教、伦理、艺术等丰富多彩的土家民族文化于一体，内涵深刻。

上大梁：铜仁土家族人立新房过程中最重要的仪式。立新房一般包括请匠人伐木（土家人称为“砍柱头”）、造列子、安磉礅、排房列（土家人称为“排扇”）、竖列子（土家人称为“抽列子”）、上大梁等工序。大梁是指堂屋中柱顶部的连接两边排列的主梁。土家人对大梁的选用有很多讲究，在用材上，以料子木为主，尤重白杨木。料子木，是土家人对白杨、松、柏、楠木、云杉、枫树等木材的通称。这些之外的木料皆称为杂木。土家人在选用大梁木料时，还要求其大而微曲，以使大梁正中部分呈一向上凸起的弧形。这与周边其他民族建房的直梁不同，体现的是土家人对堂屋的建造中的一种“与天相通”的理念。土家人认为，堂屋的神龛上是众神之位和祖先之位，土家人对众神和祖先的祭祀，则是通过堂屋中的大梁传递的，因众神和祖先来到土家人的家里，其首居之地则为大梁。这些神灵先居于大梁之上对主人进行观察，然后才作出是赐福还是降灾的决定。故堂屋中的大梁必须是参天大木。这也是为什么土家民居中的堂屋不封顶，即不在堂屋加一层楼板或其他把神龛与大梁隔开的屋顶之故，皆因土家人的堂屋是土家人与神灵和祖先沟通的重要通道。正因如此，铜仁土家人在建新房阶段，最重要的仪式就是上大梁，所以土家人把建造新房所举行的大型仪式——新房酒，又称为上梁酒。新房酒活动中最隆重的就是上梁仪式。当所有的柱列都排列好并树立起来后，整个房屋的第一根连接两柱列的梁就是大梁，只有大梁上好后，才上其他的梁木。上大梁的日子一般由阴阳先生选定良辰吉日的清晨，新房主人、族人和所有来恭贺的客人皆要参与。当所有的柱列竖立起来后，木匠师傅就来到早已放在大堂中央的大梁前，在仰放的大梁中部，放上祭祀神灵的供品，然后烧香烧纸祭祀房屋神、土地神、天神、梁神。其他木匠师傅、帮忙的人、家人和亲人则做好上梁的准备工作。当祭祀仪式一结束，随着师傅一声“起哟”的号令，两位木匠师傅跳骑在大梁的两头，以扶持大梁与两柱列中柱间的距离，其他的人则使劲拽拉“黄龙”绳，在一阵阵“起哟”的喊声中把大梁平稳地往上送。同时，来贺喜的客人则鸣放铁铳和鞭炮，直至大梁被稳稳地送入中柱顶部的大梁的位置安放好。

土家族建房上梁歌，就是土家族历史的陈述。当标志一木房架子“立”起来成为房屋的大梁上房时，掌墨师左手拿一只大雄鸡，右手执一开山斧头，站在屋架中间那根柱子旁，高声诵曰：伏羲[口音为“伏义”，因“义”繁体字“義”与“羲（xi）”实在太相似，土家族方言中常误读。这里是对土家族神祖的祈呼之音]。

鲁班师傅来此屋也，上梁时辰呈吉祥。
走到堂前看四方哦，梁头红布一张张。
不说红布犹自可哎，提起它来话就长：
花花妹子手灵巧呀，棉花种来纱棉纺。
织起红色张张布欸，主人用来缠大梁。
我左缠三转生贵子，右缠三转出状元。
缠了一层又一层呃，好比麒麟金衣裳。
盖了一段又一段喔，好比金瓦盖宫殿。
盖了脚来又盖巅啊，主人富贵万年光！
众人和：主人富贵万年光！起……

在这歌颂中，把谁是祖先、谁是建房先师，谁是纱棉、红布纺织人，红布用来干什么用的，都交代得清清楚楚。可以说，土家族一个建房仪式就是一场土家族的历史剧。

大梁安置好后，上大梁的仪式进入土家人的抛梁仪式。抛梁仪式是土家人上大梁仪式中重要的一环。当大梁被安置在两列木柱上后，两位木匠就挎上一箩筐的"抛梁粑"(抛梁粑一般由女主人的后家和男主人的舅舅家准备好，在贺礼中送来的。一般有花粮粑、糍粑，现在增加了饼或饼干、糖果类)，从中柱位置攀上大梁与中柱的接头处，把箩筐放到梁上。木匠师傅则在正堂中摆放一方桌，燃上香纸蜡烛，供上祭祀所用的礼品，再次对神灵和祖先进行祭祀。祭祀过程中，木匠师傅与前来恭贺的客人(主要是女主人的后家和男主人的外婆家来的客人)之间，要对土家人修房造屋的来历以及历史、抛梁活动的来历和历史进行一问一答式的对唱。在这个对唱过程中，还要对主人修建新屋表示恭贺，也要表达对神灵和祖先的感谢。新房的男主人则一直跪在祭桌前，主人的小孩站立于主人的背后，牵着主人的后衣下摆成一兜状(土家人称为后衣兜)。当师傅把两个抛米粑抛进主人的后衣兜时，房顶上的两木匠则把箩筐中的"抛梁粑"先抛向主人，然后向四周的客人抛洒。男主人站起来后把后衣兜的"抛梁粑"扎于腰间，直到回到旧屋才能取下。抛梁结束后，客人们方才回主人的旧屋去"坐席"，即酒宴。

新房建成上大梁，铜仁土家人要隆重地举行酒宴，又将其称为上梁酒，隐含着对土家人互帮互助和自然、祖先神灵的感谢，同时又为其聚落群人们提供一个重要的交往平台。一般在上梁酒后，进行挂檩子、钉桷条、短水面盖青瓦等。

钉大门：铜仁土家人装房子的最后一道工序，也是最讲究的一道工序，通常要办酒宴以宴请亲朋。新房盖上瓦后，常常要搁置起来数年，方才进入全面装修阶段，土家人称"装房子"。土家装房子包括装板壁、镇楼板、钉大门等工序，一栋完美的土家房屋方告建成。

当房子装修完工，准备安置大门时，要请阴阳先生择定良辰吉日，定下安装大门的时间。在外人看来，土家人钉大门不过是把大门安装好而已。实际上土家人钉大门，主要仪式还是安置中堂的神龛——土家人称为香盒(又写为香火)。头一天，主人便要请阴阳先生和木匠师傅为其书写神龛上的堂郡和神主位。正中为"天地君亲师位"，其书写方法有一些特殊的原则，必须遵守，如不按此原则，将会"不利"于主人家。因而，土家人特别讲究神龛的书写，一般都要请"懂得规矩"的阴阳先生来设坛书写，不会随便找人写的。这也就是为什么土家人要用钉大门的形式来安香盒的缘故。

在安香盒、钉大门的仪式中，还有一道重要的仪式，名为开大门。大门早已安放在门上，只是一直关着。在所选吉日的清晨五更时分，女主人的后家兄弟，即主人小孩的外公或舅舅是开大门的关键性人物。时辰到后，女主人的后家父母与兄弟则从院子外，以号炮为信，然后燃放各种礼炮、鞭炮，一齐来到大门口。主人在大门口敬上三杯热茶，以表感谢。女主人后家所请的礼房先生，则从院子里行九九八十一叩拜之礼，来到大门下，高请师傅开门。此后，里屋的木匠师傅和主人的族人与后家的这位礼房先生，以对歌的形式，展开智斗，使钉大门仪式进入最高潮。这场歌唱智力比拼短的也有1个小时，长可达几小时，直到一方认输。内容涉及土家历史文化、传统习俗、风土人情、万物起源、神怪故事、家庭关系、人与人交往的礼节，以及当世的文化与重要的政策。可以说，到最后只要是到场的皆可参与，皆穷尽自己的智慧来使这个仪式变得有趣而多彩。这样，这场以歌唱形式展开的智力比拼，使许多土家后生在历史知识、文化传统、风土人情以及对事物的认知等各个方面都受到一次深刻的教育。所以，这种形式也可以说是土家人对后代进行历史传习与传统教育的重要形式。

钉大门仪式表达了土家人敬天畏地、尊师敬长、友亲睦邻的民族精神。钉大门也是土家人修建新房最后完工后，对天地自然和祖先表达感谢的仪式，也是对亲属朋友和左邻右舍的无偿帮助表达感谢的仪式，也是土家人一生中，追求十几年甚或几十年理想的实现的展示。因而，房屋一落成，就被土家人赋予了生命，赋予了自己的追求与理想，成为土家人一代又一代的精神所在和生命所在，一代又一代土家人又赋予房屋新的生命和精神，成为土家历史的最好见证。

2. 铜仁土家吊脚楼

土家民居中的另一特色，则是土家人结合山地特色和其他民族建筑特色改建的土家吊脚楼。土家吊脚楼即将房子建造在悬崖陡坡上，并且依据自然环境创造的建筑文化艺术品。

铜仁土家吊脚楼不同于苗族的正房吊脚，也不同于侗族的正房半边吊，更不同于苗族或侗族的下部用木柱支撑上部的建筑。铜仁土家族正房必须落于实地，只是正房两侧的厢房向前部延伸，超过正房的基础部分从而形成厢房吊脚。但其吊脚部分也为房柱落地，不仅增强了厢房的稳定性，同时也具有较强的防震功能。

铜仁土家吊脚楼的称法与类型与全国土家吊脚楼类似，但也有不同的地方。铜仁土家吊脚楼的修建，有一个不能违背的原则，即不论是一层吊式还是二层吊式，皆不能高于正房屋脊，即厢房的屋脊要低于正房“一步水”，以正名实。

铜仁土家吊脚楼一般有以下几种：单吊式，这是最普遍的一种形式，俗称之为“一头吊”或“钥匙头”。它的特点是把正屋一侧的厢房往前端延伸一间，以三柱落地，一柱悬空，与正房形成直角7字形结构。悬空一柱常为与正房齐平的走廊。落地三柱部分，与正房齐平的安放楼板，以供人居住。低于正房的下部常作堆放柴草，或者作为家畜圈养之所。双吊式，又称为“双头吊”或“撮箕口”，即在正房的两头皆有吊出的厢房，其法如单吊式，用途也一样。单吊式和双吊式修建，主要看经济条件和家庭需要而定。四合水式，它的特点是在两侧厢房吊脚楼前部另建一与正房平行的厢房，其上部与两侧厢房的上部连成一体，形成一个四合院。此建筑常建于平坝上，且多为古代有势而又有钱的土家地主仿汉式建筑而建。四合水式多为平地起吊式，这种形式的吊脚楼多建在平坝中，按地形本不需要吊脚，却偏偏将厢房抬起。所落地面和正屋地面平齐,使厢房高于正屋。另还有二屋吊式,即在一般吊脚楼上再加一层。

吊脚楼有着丰厚的文化内涵,除具有土家族民居建筑注重龙脉、依势而建和人神共处的神化现象外,还有着十分突出的空间宇宙化观念。土家族的吊脚楼不仅单方面处于宇宙自然的怀抱中,土家人也同时处于宇宙自然的怀抱之中。从某种意义上来说,土家族吊脚楼在其主观上与宇宙变得更接近,更亲密,从而使人、房屋与宇宙浑然一体,密不可分。

3. 铜仁土家风雨桥

土家人认为,桥不仅能遮日蔽雨,便于通行外,更为重要的是桥是接通龙脉、培植风水的重要建筑,故而铜仁土家地区在古代多修建风雨桥。在明清时期的《思志府志》和《铜仁府志》中皆有土家人捐赠修建桥梁的记载。

风雨桥又称花花桥、凉桥,是土家族村寨常见的又一民族建筑。特别是铜仁土家地区,溪河纵横,山多平地少,花花桥一般建在进村寨的溪河道上,人们可在桥上避雨、乘凉、小憩,成为寨子交往和娱乐的中心。有的桥上设有神龛供菩萨,成为祭祀敬神的宗教场地;有的桥上摆摊设点,成为赶乡场做生意的好地方。随着现代交通的发展,各地花花桥在现代桥梁的发展进程中已逐渐消失。现较好保存下来的有印江新业乡兴隆桥、德江楠杆花花桥、江口闽孝风雨桥、江口云舍风雨桥等。

印江兴隆桥,位于印江县新业乡芙蓉村,清光绪三年(1877 年)重建,桥中原有两屋阁楼,1927 年被洪水冲坏右岸楼两间,1928 年重修时,拆去了阁楼。1978 年以石礅代木礅。

德江县楠杆花花桥,位于楠杆土家族乡上坝村,建于清道光二年(1822 年),桥长 14.7 米,高 7.5 米,宽 4.6 米,为木结构穿斗式建筑,整座桥不用一丁一卯,九根上等

大柏木横跨作桥身,在桥身下分别用四根柏木交叉作支点顶立于桥身下,然后再在其上建桥体。桥上建有风雨亭,由于造型别致,人称花花桥(又叫"镇风桥")。整座桥呈亭阁式样,分三层。第一层为桥主体,桥体两头进出口为"八"字形,三级石梯进走廊,走廊两旁用柏木板对接成座板,后用拱弯的木条作扶手和装饰。在桥主体上再建一座四角拱翘的瓦阁,使桥不被日晒雨淋,完成了桥身的主体

建筑。第二层为桥的装饰，由两座小阁楼组成，除了从美观角度出发外，主要是作为桥额，并在其上书“风镇”二字。第三层为桥顶，为四角带拱的小阁楼。阁楼四角拱翘，每角雕塑成一只长颈俯视的仙鹤，再在四面阁角上挂上铜质风铃。然后在顶点再雕塑一圆尖顶，安上一块铁制的“寿”字，远远看去，实如一乘“花轿”。整个结构上、中、下三层布局合理，造型美观、结构独特、浑然一体，尤显和谐、匀称、紧凑、古朴，充分体现了土家艺人的高超技艺。此桥虽然历经风雨近两百年，依然坚固如初。

江口闵孝风雨桥，位于闵孝镇的外环路中段，是一座横跨在闵孝河上的多拱石桥加亭台阁楼的风雨桥。此桥为石拱形风雨桥，全长 78 米，高 9 米，宽 6 米。桥身由两个大拱支撑，两头各接一小拱，与河岸相接。每一大拱又肩挑两小拱，以使桥面平坦。桥正中有一个竖着的长方形小拱，拱宽 0.8 米，高 2 米，将桥均分为二，既排水又美观。桥两头各有 12 步台阶，方便人们上下，又免大小车辆上桥。石桥两面如刀削一般整齐划一，绝无半点凹凸之状。全桥由 13 个拱组成，大拱像“初月出云”或“长虹饮涧”，小拱似众星捧月，待字闺中。它的主要特点就是桥小拱多，对称均匀，格局优美，令人观赏。第二层为阁楼，在造型上由 36 根柱头，72 个“瓜”，108 块大小不等、长短不一的杉木枋做成，两旁栏杆设置长凳供人休息。24 块挑头刻有相同的龙云花纹，挑头飞翘。第三层三座四角阁楼。阁的塔尖以瓷器装饰有葫芦宝顶。中部的阁楼又为两层，高过两头阁楼约 3.6 米。三座小阁楼形似方印，以镇洪水泛滥。

云舍风雨桥，位于有“中国土家第一村”之称的江口云舍土家民俗文化村，横跨在梵净山麓省级名胜风景区太平河上，是江口县委、县政府于 2010 年投资 300 万元修建的具有土家风格的风雨桥。该桥设计风格独特，桥上有塔、亭，每层檐角翘起，绘凤雕龙，集实用性、艺术性为一体，展现了土家建筑艺术的独特魅力。

五、铜仁土家族的节日习俗

在两千多年的历史演进过程中，铜仁土家族传统节日在形式上与周边民族的节日习俗多有交融，特别是比较注重汉地传入的传统节日，但从内容看，土家人在这些节日中，仍然大量保留了自己民族风格的节日习俗，如端午，土家人就有五月初五的小端午和五月十五的大端午之别。

1. 过年习俗

除夕与初一：铜仁土家族传统的过年习俗，一般从腊月三十开始，到正月十五才算过完了年，这是土家族最为隆重也为时最长的节庆时段。在这期间，土家人要完成传统的祭祖、祭神、拜年，以及一年中重要的娱人与娱神等活动。

为过年，土家族人从腊月中旬到二十八九日要为年节期间全力准备柴火、熏腊肉、推豆腐和绿豆粉、打粑粑、胖(pàng)汤粑儿面(做汤圆的面粉或浆面)、扫阳尘(对房前屋后及房梁彻底打扫卫生)、贴对联儿、打麻饼儿、煎麻圆儿、炒瓜子花生和买糖果等事项。

铜仁土家人特别注重吃年夜饭。只要可能,到年底时,家中所有成员必须赶回家中团聚,一道吃年夜饭过年。到三十这天,土家人讲究"熬猪脑壳",家家都要把所杀年猪的猪头洗净后放入大锅中熬煮,待快熟之时节,加入切成鸡蛋大小的萝卜和红萝卜(土家人称"胡萝卜"为"红萝卜"),故"熬猪脑壳"又俗称"熬萝卜颗儿"。等"猪脑壳"熬好后,年饭菜也就准备得差不多了,于是便端上一大盘猪头肉放于神龛前,以表达一家人对祖先和天地神灵的感恩之情。同时把准备好的"八大碗"菜肴摆放在八仙桌上。然后再为仙逝去的近三代祖先每人摆上半碗饭、半杯酒、一双筷子。这时家长代表全家到神龛前向祖先"辞年",烧三炷香,点亮蜡烛,供上水果等祭品,并面向神龛祷告,请祖先神灵回家一道过年,并祈求祖先保佑即将来到的新的一年家人平安、风调雨顺,再把酒洒向天上和地下祭天地神灵后,鸣放鞭炮。待家长把神龛前的猪头肉端上八仙桌,以成"九大碗"。然后,一家人按尊长老幼秩序入座,各人把面前酒杯中的酒,倾一部分在地上,以表达对祖先和天地神灵在一年中对自己和家人的保佑的感恩之情。在吃年夜饭时,小辈应先向在座的长辈敬酒,待长辈饮后请大家一道吃,年夜饭便进入到高潮。土家人的年夜饭,无论菜饭皆不能吃尽,必须有剩余,以示年年有余。

吃过年夜饭后,土家人还要做四件事:一是把水缸里的水装满。土家习俗初一不能挑水,以免惊扰井神过年。二是火塘中一定要烧树疙蔸火,而且火势要旺。火势越旺则象征来年家中兴旺,土家名为"三十夜的火",一家人便围住火塘守年,直至午夜后。三是大家一起围着火塘"搓汤圆儿"。四是三十夜洗脚。女主人为全家准备洗脚水后,先请家中老人洗脚,然后大家再一起洗。每个人在洗脚时,讲究要洗过膝盖直到大腿。土家人认为洗脚洗得好,一年都有福,出门走到哪里都不会挨饿,土家人名其为"三十夜洗脚洗得好,有福气"。这天的洗脚水不能外倒,一般用大脚盆收起来,等过了初一或初七或十五后再倒掉,以免丢了来年的财喜。

在沿河、印江等地的土家族则有过赶年的习俗。过赶年即在三十夜之前一天过年,月小腊月为二十八,月大腊月为二十九。

土家人过赶年,有多种传说:第一种说法是为了抵抗倭寇入侵。明朝时期,正值岁末之际,倭寇大举侵犯我国沿海,朝廷在土家地区征发"土兵"开赴前线御敌。朝廷命土司必须于腊月三十日率土兵出发,土家人为能与家人过上最后一个年,于是打破腊月三十过年的规矩,提前一天过年。土兵在与倭寇作战中英勇杀敌,屡建战功,后人为继承和发扬他们的精神,也提前一天过年,便有了土家人过"赶年"的习俗。第二种说法是为了打败异族的骚扰。在很久以前,由于民族战争频繁,土家族民众常常不能平安过年。于是,土家族头领便让族民提前一天过年,待到敌人过年大吃酒肉,毫无戒备时,率领将士突然出击,打败了异族人。从此,土家人才过上了平安年,于是形成了土家人过"赶年"的习俗。第三种说法是一土家族人祖先,由于家里贫穷,只得在地主家中当长工,年三十日还要给地主干活,不能回家。为了与家人团圆，于是提前一天过年。后来土家人便形成了过“赶年”的习俗。第四种种说法是在古代时，中央王朝在土家族地区强占土家人的良田好土，土家人只好放弃自己生存之地，逃往他乡或深山老林之中，以避追杀。可正时值年关，土家人只好提前一天过年，以让家人最后吃一顿团圆饭后逃生。以上不同的传说中，都包含了一些共同的东西，即不论是外国的侵略、异族的骚扰，还是地主的盘剥、掠夺，土家族人从来就是英勇无畏，同仇敌忾，并且足智多谋，以奇制胜。可见土家族是一个英勇的民族，豪爽的民族。

印江土家族人过赶年习俗是：土家人于半夜起床，摸黑把米、肉、豆腐、菜做成混合饭，不能用刀；做好后燃香点烛祭祖；关上门，以防外人进屋；然后全家男女老少同桌吃“团年饭”。吃饭比平时要快，不能用汤泡饭，吃完后立刻收拾干净，再开大门。沿河土家人过“赶年”，还有一系列活动。腊月二十四日过小除夕，“俗谓炕神占天，陈粮果、焚香、楮以祀，为‘送社’。亦有二十三日行诸。除夕复然，为‘迎社’”。这天，要打扫阳尘，把屋里打扫、洗涤干净，名为“洗邋遢”。腊月二十九日团年，要敬家神，祭祖先，吃团年饭。吃团年饭时，要蒸甑子饭，吃砣砣肉，煮合菜（即把猪杂和其他菜一锅合煮，一起吃）。

正月初一清晨，铜仁土家人于鸡叫头遍放爆竹以迎接新的一年的来临。在这之后，家里结婚的晚辈则要用茶盆端上一根腊猪脚、一块腊肥肉和一些糖果点心等，来到父母的床前（如父母起得早则于堂屋神龛前），跪下送上端来的礼物，给父母拜新年，同时燃放爆竹。长辈则要打发新年礼物或礼钱，并赐福。

初一的早饭，只能吃上年准备好的食品，如绿豆粉、汤圆、年夜饭上所剩余的食物，但不能吃荤，也不能做新饭。

吃过早饭后，全家老少便去到祖茔墓地，对所有的祖先坟墓一一进行祭扫、礼拜。

拜年：铜仁土家人于正月初一这天对祖先坟墓祭扫完毕后，拜年则成为土家人过年期间的重要礼仪活动。其中尤以新姑爷拜年和外甥拜年、成年人拜年和玩灯拜年最具特色。

新姑爷拜年：正月初一起来后，拜过父母祭扫祖坟后，刚结婚的姑爷便与妻子带上年前早已准备好的拜年“茶”（礼物）：一根根猪脚、一块块条花儿（带有一至两根猪肋连猪背脊一起砍下的肉，土家人称为“条花儿”）、一壶壶烧酒、一包包糖果或面条等礼物，直奔娘家而去。有时“茶”礼太多，一个人挑（或背）不动，则要请自家兄弟或堂兄弟帮忙送去。到了娘家村寨门口时，新姑爷要燃放鞭炮以示恭贺新年，娘家则以鞭炮相迎，同时接过新姑爷送来的礼物。新姑爷则到堂屋中放上一包茶叶，以感谢其祖先赐给自己一妻子，并在堂上拜见岳父母。同时娘家人则安排人，把新姑爷送来的礼物送到寨中所有亲人家中，并烧火煮饭接待姑爷。

在土家人观念中，姑爷是家中贵客，一日两餐中当以盛情的“九大碗”酒宴招待。初一晚饭自然是娘家人为主角，岳父母的兄弟姐妹为陪。第二天起，寨中接到礼物的人家则要依次安排姑爷吃早饭（土家人不兴过早，把午饭称为早饭）、吃稍午（日偏西时，相当于四点钟左右）、吃夜饭（即晚饭）和宵夜。其他时间，一般寨中的青年男女皆要来陪新姑爷小两口一道玩耍，如走棋、打牌等。如果寨子较大，一般要七八天方能结束。故而新姑爷在来拜年时，多带上自家或叔父家的妹子或弟弟，以增加他们与娘家亲戚中的同龄人相识的机会。土家人的恋爱关系多是在这样的场景中形成并最后成就其姻缘的。新姑爷拜年后，娘家人一般要组织回拜仪式。娘家人回拜，除了自家血亲以外，则多以未结婚的男女青年为主，少则十几人，多则几十人。接待则是以姑爷家中血亲为主，姑爷家自然又是几天热闹场面。新姑爷拜年，一般在带上新生的孩子拜年后，方才由妻子带孩子年年初一给外公外婆（土家人称“家公家婆”）拜年，姑爷只是在有时间时把妻儿送到娘家即可。

在孩子长到十四五岁后，则多由小孩拜年，因多到家公家婆家拜年，故名其为外甥拜年。每年正月初一，家中最长的孩子带上弟妹，捎上拜年“茶”，去向外公外婆拜年。娘舅家接到拜年“茶”的依然要一家一家地招待给自己拜年的外甥。娘舅家在招待外甥时，一般要同时宴请其他来村寨中拜年的亲戚，特别是未婚年轻人，一道饮宴把玩。在这种宴饮中，如果女孩看中哪位男孩，其家人常要来帮忙，而女孩则会主动为其添饭，以观其做人做事是否聪慧机智。如果双方投缘，大人们都会设法为其增加进一步了解和相处的机会。这也是土家青年结识好朋友的最佳时机。

成年人拜年，也是铜仁土家人一年中最为重要礼仪交往和学习的活动。前面说过，土家人拜年，绝不能空手而去，也不会空手而归。新姑爷必拜岳父母，外甥必拜家公家婆，成家立业后的土家人依然如此，但增加了许多拜年的内容。土家人称拜年为“耍”，即去玩的意思，土家人拜年自然也不离玩耍之意。而成年土家人拜年之“耍”，则更为丰富，多为一起交流一年之中生产生活的心得和经验，同时交换相互没有的农作物种子及种植的方法，也交换各自获得的新信息和社会知识，有时还得帮助主人赶做农活。许多农耕经验知识与新农作物品种，就通过这种拜年不断得以在土家社会中传播。

玩灯拜年：如果说拜年只是亲朋故友之间个人的重要交往形式，则玩灯拜年则往往是聚落族群中一种扩展了的各民族、各宗族姓氏交往的重要方式。在每年正月初四至正月十五期间，铜仁土家族人往往以村落或姓氏为组织出“灯”，到各村落玩灯拜年。其形式主要有龙灯、狮子灯和各式各样的花灯。

铜仁土家民谚“初三不出灯，十六不玩灯”。也就是说，从初四到十五都可出灯，十六就不能出灯了。出灯之前有一个扎灯阶段，即从正月初一至初三这段时间。扎灯期间，也是老少传授玩灯技巧的重要阶段，扎灯时是不允许结婚女性靠近的。初四晚举行祭灯神和出灯仪式。祭灯神，是正月玩“灯”最重要的祭祀活动。全村男女老幼都要参加。祭灯仪式一般在祠堂举行，没有祠堂的村寨，则在村委会举行。灯要面对大堂上的神龛，神龛前放一八仙桌，桌上摆放着各种祭品，如刀头、符、酒、纸钱，还有三炷香。司礼大声宣告：“出灯了”，玩灯人便举起手中的灯，随着灯首（又叫灯头儿）的嘱咐开始祭灯神。这时，灯首点燃香纸，对灯神行三跪九叩之礼，口中念念有词。这些话语，大都是求灯神保佑玩灯平安、全村人平安以及在新的一年中不要有疾病和灾难等等。同时，堂上的各种灯也对灯神跪拜。在祭灯神时，旁人不得喧哗。当司礼宣布“鸣炮”后，一阵鞭炮声中，祭祀结束，意味着正式出灯了。龙灯、

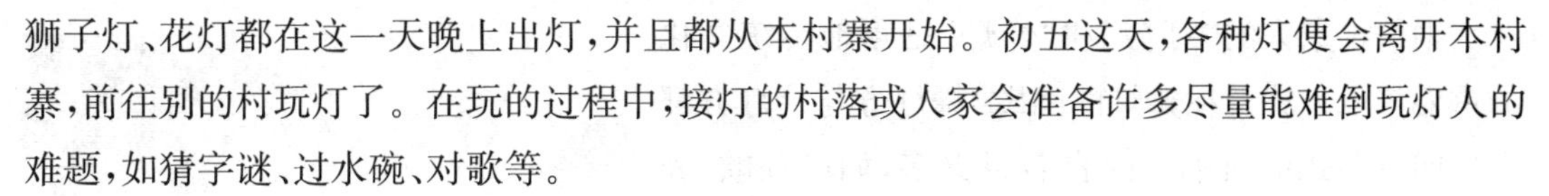

狮子灯、花灯都在这一天晚上出灯，并且都从本村寨开始。初五这天，各种灯便会离开本村寨，前往别的村玩灯了。在玩的过程中，接灯的村落或人家会准备许多尽量能难倒玩灯人的难题，如猜字谜、过水碗、对歌等。

正月十四这一天，民间称为县城观灯，也是各个灯队展示自身才艺的最好时机。各种灯纷纷赶往县城，参加灯会游行或十四夜的全县灯会表演。城里以街道为单位，农村以行政区划为单位，组织各种彩车。彩车上扎各种民俗故事，如八仙过海、大闹天宫、仙女送福、风调雨顺等，以及儒、道、释各家故事。各地的灯队则跟在彩车后面表演各式各样的灯技。龙灯如滚龙、盘龙等，狮子如抢宝、登球、打滚等，花灯则更多表演民俗生活和滑稽故事。这些都在城里的几条主要大街上举行。到晚上，常常会不自觉地聚成花灯、狮子灯和龙灯三个表演区。民国以前，县政府还经常在正月十四这一晚举行各种灯的表演比赛。彩头钱，一般由城里的商家捐助，让各支表演队争抢。得头彩者，下一年将会在各村中受到最好的礼遇，并将得到更多的“奉献”。

德江土家花灯和狮子灯的表演到正月十四晚上就结束了，正月十五晚上则只是龙灯的天下。“炸龙”把德江土家春节“耍灯”灯会推向了高潮，不论是“耍灯”的人，还是看灯的人，都参与到这接近疯狂的狂欢活动中。这一曾经流行于黔东北的“疯狂的民俗”，现只保留在德江县城和少数乡村中，以及松桃苗族自治县西南部的苗族村寨之中，成了黔东北高原上一种独特的民俗亮点。德江土家“炸龙”习俗，较完好地保存了土家族地区原生态的炸龙祈年的民风民俗。

德江土家人把腊月三十与正月初一称为过“小年”，把正月十四和十五两天称为过“大年”。正月十四如除夕一样要吃“大年”夜饭，正月十五上午要吃“年饭”。吃过“年饭”，人们便纷纷进城，参加晚上“炸龙灯”活动。

傍晚，各个龙灯队把龙灯上的“龙皮”取下，只留下竹和纸扎的龙头、龙尾和一副龙骨；“耍灯”人身上则只穿一条遮羞的短裤衩，头上包一头巾，备上足够的烧酒，在玩的过程中忘情地喝酒，尽情地“享受”炸龙灯的快感。看灯的人，则早早把准备好的土制烟花和鞭炮绑在长长的竹竿上，在自家门口等着一条条龙灯经过。乡里人，城里人，都参与炸龙。只不过土制的烟花常常为商家和城里的居民准备，家境好的和商家一般都要准备几十筒甚至数百筒烟花；鞭炮则多少不论，一般都要准备好几十盘，甚至上万元的鞭炮。

只待龙灯一来，人们便点燃鞭炮，追着龙炸，无数的烟火在龙与人的身上、身边、空中和地上爆炸着，晶莹的火花从龙头至龙尾，从人的头上至人的肩上、手臂、后背上不停地滚落。放烟花的把烟花对着玩龙的人燃放，“耍龙”的人也拼命地往烟花里钻，希望更多的烟花能从自己身上滚落。因为土家人认为被炸后能驱除身上晦气。

正月十六，各灯的灯首把所有玩灯的人召集到一起聚餐饮宴，分配所得彩头。傍晚，人们抬着灯骨来到河滩僻静处“化灯”，举行祭灯神仪式后，便把除龙皮、狮子皮、花灯的服装外的所有灯具烧掉，正月的灯会至此结束。龙皮、狮子皮和服装由灯首收好以便来年使用。

铜仁土家人的"灯会"和"炸灯"是当地传统文化的重要传承方式。在舞灯的间歇，舞灯方与接灯方都有一问一答式的对唱。内容名目繁多，如孝顺歌、和睦歌、英雄人物的传说和历史故事、百家姓的起源，以及各种神话故事。这些歌词通俗易懂，再加上滑稽、讽刺的表演，不自觉地让在场的人受到教育，民族的历史和文化、生产生活知识和经验就在这样的活动中不自觉地传承到年轻的一代。这样年复一年的活动，不断地重复着同样的场景，又不断地更新着人类的知识，人类的各种文明成果，也就这样一代一代地继承了下来。

2. 其他节日习俗

端午节习俗：铜仁土家人称端午为端阳，是铜仁土家人仅次于年节的一个节日。铜仁土家人的端午分两次过：五月初五过小端午，五月十五过大端午。无论是小端午还是大端午，土家人皆要推豆腐、包粽子，"裹角黍，相馈遗"。从五月初五到十五期间，土家人还要接出嫁的女儿回家"过端午"，故而有"有心拜年，端午不迟"的说法。小端午这天土家人家家户户都要趁露水未干时，上山"采药苗治药饵"，并用采来的各种草药煎"百草汤"洗澡浴身，以健身除病；还要绑"百草把"挂于门上。在小端午这天土家人要"人佩五色寿丝，饮蒲酒"，家中"集雄黄"以驱邪除病，诚如铜仁土家人的端午对联所说："艾叶如旗招百福，菖蒲似剑纳千祥"。

端午竞龙舟在明清时期已成为铜仁土家族端午文化中的重要内容，"沅河有龙舟竞渡之戏"，清代人张素用诗记下了当时的壮观景象："一棹沧江上，铜岩日夜浮。亭台疑蜃气，金鼓下龙舟。画桨分双翼，朱旗据上流。水平无激浪，浦远不惊鸥。"

中秋：中秋节是中华民族重要的节日之一，铜仁土家族也不例外。在明代时铜仁土家族地区就已经形成"中秋治肴馔，市瓜饼；月下开筵，谓之赏月"的习俗。至清代时，土家人除了宴饮赏月以为娱乐的习俗之外，还赋予了中秋节"摘瓜送艰嗣者"的习俗，即八月十五晚上，人们去到瓜地中偷摘一大瓜，送到无子嗣人的家中，以祈求无嗣之人早生儿女。在沿河土家人中还流传着偷瓜的传说：很久以前，土家山寨中有一对叫春牛和云芝的夫妻，中年无嗣，村中人都很同情他俩。有一年中秋节时，村中几个媳妇在一个瓜地里偷了一个冬瓜，用红布包成一婴儿样，抱到春牛家去，说："我们在寨口拣了一个孩子，特意来问你要不要。"两口子高兴极了，可解开红布一看，原来是个大冬瓜。二人更加伤心。可正当二人欲离开时，冬瓜慢慢地裂开一道缝，里面爬出了一大胖男孩。二人欣喜若狂，此后再也不孤独了。此事渐渐在土家山区传开了。从此，每年八月十五，土家人皆要去瓜地里偷瓜送给自己的亲朋好友，特别是家中无嗣的人家。接瓜之人则要办酒宴招待。

中秋节又正是铜仁土家山区新谷成熟的时节，因而土家人在中秋节还时兴"打糍粑"过中秋。土家俗语："中秋不打粑，老虎咬他妈"。虽无法考证此说源自何典故，但也反映了土

家人对中秋打糍粑过节的重视。

重阳节：土家俗称“九九节”，早在明代时就已经成为铜仁土家人的主要节日之一。在这一天除了“饮茱萸，作阳食，登高，会饮，赏菊花”外，还要专门酿造美酒，名为“重阳酒”。

六、铜仁土家族的风情习俗

民族风情习俗是特定社会文化区域内通过一代又一代形成的人们共同遵守的行为模式或规范，是各民族文化的重要组成部分。铜仁土家族人民在历史的长河中，形成了古朴独特、源远流长的土家风情习俗，如婚礼习俗、丧葬习俗、傩戏歌舞、儿童游戏等，丰富了本民族人民的生活和精神文化。

1. 婚礼习俗

铜仁土家人传统婚礼，一般需经过“头媒”“二媒”“递书单”“下骋”“讨庚”“迎娶”等环节，而最隆重的则是“迎娶”环节，其内容主要为“上头”“哭嫁”“砍路”“亮彩”“过礼”“发轿”“送亲”“合卺”“庙见”等。

上头：对土家待嫁女孩行成人礼。在双方所定婚期的前七天（也有前三天的），女家要为出嫁的女孩“卜吉”时“笄之”。即由女孩母亲或嫡亲婶母为待出嫁的女孩“开面”，即用麻线绞去女孩面部、颈部、手臂上的细绒毛，故又称“开脸”；然后为其“梳髻”，俗称梳“高巴转儿”。母亲一般要从自己头上取下的一根银簪子插于女孩的头上，以示祝福，然后为女孩包上白帕子。

哭嫁：行过“纳笄”礼后，铜仁土家出嫁女孩便开始进入哭嫁阶段。土家族姑娘在出嫁前，通常以哭代歌“哭嫁”。在长期的过程中，土家人形成了自己独特的“哭嫁歌”。哭的内容主要是诉说自己的“不幸遭遇”和与亲人的惜别之情，以诉父母、长辈的养育之恩、关爱之情，叙兄弟姐妹的手足之情，朋友亲人友爱之情及自己孤立无助、难舍难分之情。一般认为，哭嫁是源自于古代妇女婚姻的不自由和对自己亲人的眷恋不舍。美丽的土家族姑娘用哭嫁的歌声，来控诉罪恶的婚姻制度。而现在，婚姻自由了，土家族哭嫁，大多已经只是一种文化习俗的传承，也表达了对亲情、友情的依恋。按照习俗，姑娘要哭唱七天到半月，最多的要哭唱一个月，直到姑娘的声音哭嘶哑为止。一般是第一天哭父母，第二天哭祖先，第三天哭兄弟哥嫂，第四天哭姐妹，第五天哭族人与寨邻，第六天哭客人与亲人，第七天，即出嫁日，哭辞祖宗与哭辞父母。在哭嫁的过程中，土家女性一般要陪哭。哭有规矩：母女哭，姑侄哭，姊妹哭，舅甥哭，姑嫂哭，骂媒人……哭嫁歌一般为即景所创，见娘哭娘，见婶哭婶，贴切生动，哀转婉约，令人生情。哭有曲调，抑扬顿挫，是一门难度很大的哭唱结合的艺术。嫁娘必须在此前秘密求师练习。

土家姑娘在接到男方通报结婚的日子前十天半月，就不再出门做活。先是在吊脚楼闺房架一方桌，置茶十碗，邀亲邻九女依次围坐，哭起嫁歌来。土家族姑娘哭嫁有一种独特的形式，叫做陪十姊妹。出嫁之前，爹娘邀请亲邻中的未婚姑娘九人，连嫁娘共十人围席而坐，通宵歌唱。嫁娘居中，叫“包席”，右女为“安席”，左女为“收席”。嫁娘起声，“安席”接腔，依次哭去，不分昼夜。

首先由嫁娘哭“十摆”，嫁娘哭“一摆”，厨师在桌上摆一样菜，摆完后，其余九姊妹轮次哭，最后又由嫁娘哭“十收”，厨师再一样一样将酒菜收进，菜收完，陪十姊妹活动即告结束。

哭嫁的歌词内容很多，有哭祖宗之德，爹娘之恩，姐妹之谊，兄嫂之贤，故土之情等等，也有回忆母女情，诉说分别苦，感谢养育恩，托兄嫂照顾年迈双亲，请教为人处世道理等。有时也骂媒人。陪哭多是难分难舍的缠绵之词。

按习俗，婚礼前后哭嫁的过程分为三个阶段，即过礼哭、娶亲哭和发亲哭，谓之“新娘三哭”。

过礼哭：在结婚的前一天，男方请媒人和掌礼先生（俗称路总管）领着帮忙的人带上早已准备好的礼物，包括新娘的衣物、首饰，给女方家的全猪全羊或一方一肘（一块条肉、一个长猪蹄）以及其他的物资到女方家过礼。当过礼的队伍即将到达女方家，在听到鞭炮、唢呐起鸣时，新娘及陪哭的姐妹们便开始第一次哭嫁。这时哭的内容多是对父母养育之恩的感激、对亲人们难舍难分之情谊的哭诉。诸如：“我的爹呀我的娘。辛辛苦苦养一场，刚刚长到十七八，就要离娘到婆家，爹娘恩情怎报答。”“我的姐呀我的妹，姐妹从小同床睡，明日就要两分离，几时又才到一起”。

娶亲哭：迎亲的队伍和花轿等到来时，新娘和陪哭的人一起哭。这时除了哭父母的恩德、教诲和亲情外，也有哭嫁妆、哭媒人、怨亲人的。如“我的老子我的爹，家里家外劳累些，女儿就要出嫁走，嫁妆多少由你给，给的多了把不起，给的少了别人说，难为爹妈受搓磨”。体现了一个懂事的姑娘对父母的体谅和关爱。“女儿离家把嫁出，今日出嫁心不服，一恨媒人心刮毒，贪杯贪财吃鱼肉；二怨爹妈心太粗，专听媒人说好处，女儿爱的（你）偏不嫁，不看儿郎看家屋；三怨哥哥不做主，不念妹妹亲骨肉，好花不栽向阳地，专栽砂岩背阴土。”这是对旧社会“父母之命，媒妁之言”婚姻制度的控诉。其言词之尖刻、比喻之形象，充分表现了土家姑娘的聪明才智和一个弱女子对不合理制度的不满却无奈的心情。

发亲哭：娶亲的人在新娘家吃毕酒宴，经双方总管协商一致，准备迎新娘上轿，正式发亲（即迎娶新娘）前的一场哭，也是三哭中最隆重，最壮观的哭嫁。骨肉之情、别离之痛，纵有千言语万语言也难以言表，亲人们便以内容丰富的哭嫁来表达。这时哭的人员除新娘外，有母亲、伯母、婶娘、姑妈、舅娘、姐、妹、嫂子等一起哭，前来贺喜的满堂客人无不为之动情。哭嫁歌“十月怀胎”是哭诉母亲怀胎之苦、养育之艰辛的，其感情之真挚，听了令人潸然泪下；“新娘十哭”更是一首历数父、母、兄、嫂、弟、妹、叔、伯、舅娘等情谊的好歌。“一哭我的妈把我养大，女大就要到婆家；二哭我的爹当家劳累些，嫁妆多少由你给；三哭我的哥，兄妹也不多，正头七月要接我；四哭我的嫂，待妹实在好，上敬老来下敬小；五哭我的妹，从小一头睡，不知几时能相会……九哭天哭亮，声声哭爹娘，哭干眼泪痛断肠。十哭天已明，含泪别亲人，吹吹打打轿出门。”此外还有“十劝姐”“五更寒”等内容。

发亲哭在众人的劝导下，适可而止。而后，在总管的“发亲”的一声令下，伴着长号、大锣和唢呐的奏鸣(不兴击鼓、放鞭炮)，在众人的簇拥下由兄长背着新娘送上花轿，哭嫁便圆满结束。亲友们目送抬有新娘的花轿和浩浩荡荡的娶亲队伍渐渐远去。

砍路：男方在婚期前两三天，由媒人带着男家安排的几个或数十个男性，带上香纸礼物和柴刀，在去女家的路上把结婚经过的道路清理宽敞方便。到女家中，行过礼后，再次过问女方对男方还有何要求后便回。其目的一是保证双方准备充分，二是保证婚路顺畅。

亮彩：在结婚的头一天，女家所有的亲人齐聚家中，把陪嫁的所有礼物如被子、枕头、衣物、米柜等一应陪嫁品皆放置于堂屋之中，称为“亮彩”或“亮嫁妆”。每件嫁妆上都要写上堂号封条，亲友送的则要写上送礼人的姓名，一起展亮。并大宴宾客。

过礼：男方迎亲队伍吹着唢呐，敲着锣鼓，抬着彩礼和接亲花轿，来到女家过礼。过礼有“拦门礼”“摆礼”“哭礼”“交礼”等过程。在午夜时，男方礼房从园坝中开始行三跪九拜之礼来于大门前时，女家要关上大门，在门口摆一张八仙桌拦门，桌上燃烛点香，摆三只酒杯。女方执事(礼房)要来与男方礼房先生行“拦门礼”。其过程中皆用唱白结合的“四言八句”歌词，内容为讲说土家婚姻的礼仪历史和土家人的历史为主。在女方执事清点梳头油罐、报晓鸡、露水裙、蒙帕、北亲布等“六礼”三“茶”后，开户大门迎男家礼房进门。如两家很近，则是于午夜时迎所有迎亲队伍进门。进门后，男方礼房则要把男方带来的所有礼物摆放于女家堂屋之中亮礼，其过程如烧香仪式中的摆礼仪式一样。男家摆上所有的礼物后，“新人儿”(土家人对出嫁新娘子的俗称)要出来哭骂媒人、哭骂礼房和哭骂礼物，称为“哭礼”。这是女家婚礼的高潮阶段。“新人儿”要展示自己的聪明才智，要哭骂媒人把自己从一个米箩中送到了糠箩中；哭骂礼房带人来抢人；哭骂男家送的礼物不像样，样子又小，数量又少。总之，皆尽其所能表达的语言来挖苦媒人、礼房和每一样礼物。这过程往往引得客人哄堂大笑。最后男方礼房呈上带来的烟酒、花烛、香、纸和两个“红包”及所有礼物的清单，称为“交礼”。这时鞭炮、土号齐鸣，男方礼房“三拜九叩”向女家亲友作揖请安。也有“先期数日，择吉纳币，谓之‘过礼’”，但大多数是在迎娶时“过礼”。

男家所派接亲之人俗称“夫子”或“夫子梆梆”，女家以九大碗“酸菜”待之，晚上则安排其“滚草窝”休息。只有媒人和礼房被视为上宾。

发轿：第二天蒙蒙亮时，男方礼房请求发轿。土家人希望，“新人儿”从娘家到婆家将会越走越光明，越走越亮堂，日子越过越好。抬轿人将花轿抬在大门外的“吞口”正中间，轿门向内。此时，土老师咬破鸡冠，用其血退轿煞，祭轿神。祭毕，在轿内铺上坐垫，等待新娘上轿。“新人儿”身穿露水衣裙，头戴蒙帕，手持红伞，由其两个女性亲人搀扶至堂屋内，行拜辞天地、祖宗之礼，再踩四方斗，土家人称为“辞堂礼”。再由哥哥肩搭背亲布背新娘上轿。如果不用花轿，则由两个“接亲婆”从其哥哥身上抱下，一人接过红伞撑开打在“新人儿”头上出屋檐。同时礼炮齐鸣，“新人儿”出门。新人出门后，不能四处张望，更不能回头看，只能眼盯路面向前行走。

接亲队伍来到男家村寨前的路上，还会有一些“颠轿”、“过桥”、村口“拦路”等习俗。在“新人儿”离开娘家后，所有抬嫁妆的人则赶到前面，来到村落前的桥上或村口，把路拦断，停下不走，而“新人儿”则必须赶吉时进门，新人的哥哥则要上前向每一位“夫子”送上一份小小的礼物，如一杯酒、一支烟或一个包有一元二角的小红包，以示感谢。

来到男家门口，两个“接亲婆”用米筛端七星灯放于大门槛下，新郎着土家盛装扶新娘下轿，新娘从灯上跨过进入堂屋，在伴娘的搀扶下与新郎一起向神龛祖先拜揖。堂屋神龛上点一对大红花烛，三支福禄寿大香，八仙桌上摆着祭祖的供品，地上放着折叠的新铺盖(被子)。在一阵唢呐声、鞭炮声、锣鼓声中，一对“新人儿”拜天地、拜祖先、拜父母、拜四方和众人之后，又在亲朋的喝彩中被送入洞房。

在“新人儿”进入洞房前，随花轿同来的木匠师傅要组装新床，叫“合床”。合床就绪后，要请村寨中一个丈夫健在、家庭和睦、儿女双全、声望较高的妇女铺床。铺床时，除了把“新人儿”陪嫁的所有床上用品全部放于床上“亮嫁妆”外，还要在床上放上鸡蛋、花生、核桃、糖果等“引窝蛋”，同时还要抱几个小孩子“滚床”，寓意“早生贵子”“有儿有女”。

合卺:“导入新房，行合卺礼”。铜仁土家人的合卺礼包括“新人儿”入洞房后的抢床、喝交杯酒与晚上闹洞房等习俗。铜仁土家人结婚喝交杯酒，发生在双双进入洞房，待新娘子脱去露水衣裙等，换好新装后举行。待新娘换好新盛装后，“接亲婆”和“送亲婆”两人会端上一茶盆的果蔬和香烛等，领着新郎进入洞房，关上房门(其他人不能待在房内)。“接亲婆”便把茶盆中的各种果蔬佳肴一一摆放于床前的一小方桌上，点上两支红蜡烛，斟上四杯美酒，双双祈祷神灵并祝福新人后，令二人对拜喝交杯酒。喝交杯酒时，先由新郎端起两杯，把其中一杯递给新娘，双双扣手而喝。喝完后，“接亲婆”与“送亲婆”要祝福二人“白头偕老”“互敬互爱”，然后再请新人在每一样果蔬中都要用筷子夹一口送到对方口中，同时再次祝福“早生贵子，儿女双全”等吉祥话。另外两杯则由新娘端起，把其中一杯递与新郎，后面的程序与前两杯一样。喝完交杯酒后，新娘要把剩余的果蔬送出洞房散发给未婚的客人，特别是小孩。闹洞房则是在晚上，土家人俗传“结婚三天不分老小”、“越闹越发，人财两旺”，实则也是原始群婚习俗的痕迹。

送亲:铜仁土家“新人儿”从娘家出门后，娘家人要安排几桌送亲的人，称为“送亲客”。送亲客，男性一般为“新人儿”的同姓叔伯兄弟，女性为姐妹婶嫂。土家人送亲习俗中尤重送亲客“当天去当天回，不留住男家”。土家风俗“新人进门，三天无老少”。即三天之内，男方家族中任何一男性皆可与“新人儿”任意开玩笑。由于土家人对女儿特别尊重，忌讳他人对自家姐妹婶嫂开玩笑的，故而认为，这天如果留住在男家，是一大耻辱。其次是送亲路上，只能走在接亲的人的后面。第三是男方要在堂屋设酒宴接待送亲客，并安排新郎的至亲作陪。

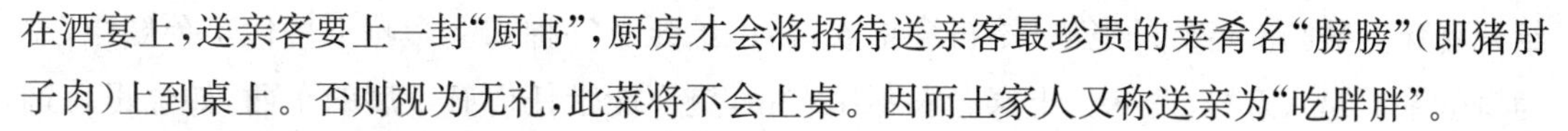

在酒宴上，送亲客要上一封“厨书”，厨房才会将招待送亲客最珍贵的菜肴名“膀膀”（即猪肘子肉）上到桌上。否则视为无礼，此菜将不会上桌。因而土家人又称送亲为“吃胖胖”。

待送走送亲客后，男家则要举行庙见大礼。

庙见：新娘于夫家堂屋神龛前祭告祖先，以表示婚姻已取得夫家祖先的同意。然后“依次拜舅姑，及三党舅姑，及夫之其功亲”，受拜的亲人则要送礼，如现金、彩（土家人送布帛，名其为“送彩”，彩上一般右上书“恭贺××新婚之喜”，中书“百年好合”、“白头偕老”等贺语，左下书“××贺”等，在新娘到时悬挂于门庭之前）、衣服等，同时祝福“新人儿”。

下厨：铜仁土家习俗中，新娘子嫁进男家后，三日内不能吃婆家的饭食。因而新娘在娘家时要准备好三天的吃食，放于嫁妆中一起送来。第三天清晨，新娘早起准备一家人的饭菜，并于食前跪敬公婆清茶一杯，改口称爹妈。此时公婆则要为媳妇另取小名，以别于娘家所用的小名。特别是沿河一带的土家人忌讳公婆及夫家之人称其娘家小名，认为娘家所取小名乃生父生母所叫，嫁入夫家后，公婆为之取名，则意味着公婆也把自己视为自家的女儿一样看待。此后，夫家之人则视其如同自己的姐妹婶嫂，也不能有任何不礼的言行。

回门与谢媒：铜仁土家人在举行婚礼三天或一个月后，新娘“携婿归宁，谓之回门”。回门时，新郎当天返家，新娘则留住娘家数日后，由新郎家弟弟妹妹再去接回，于家中举行谢媒宴。铜仁土家婚礼至此基本完成，人生便进入了新的阶段。

铜仁土家人还保留了一种古老的习俗，即在结婚后的第一个春节，土家媳妇必须在娘家过年的习俗。在这年的腊月二十七八这两天，娘家会派人去女婿家把女儿接回家过年。女婿则在正月初一到岳父母家拜年。几天后，夫妻双双返回自己家中。

2. 丧葬与祭祖习俗

丧葬习俗：铜仁土家族丧葬与祭祀习俗典型地反映了土家人浓郁的祖先崇拜、万物有灵的观念。很早以前，土家人实行火葬、悬棺葬，“改土归流”后渐多土葬。

送终：铜仁土家人讲究不能死在外面，将死之人必须回到自己的家中。父母病危时必须在自己家里，如果不是死于自家屋中，其尸则不能进屋停放，只能停放于大门外的吞口处。而且死时自己的子女与亲人必须在身边，称为“送终”，儿子必须扶起老人坐着落气，还要听老人的封赠语，如对儿子说“当大事者，成大业，一生顺畅”，对孙辈却说“读书带顶子，考状元，早成才立家自治”之类，土家人视老人的封赠为至宝。沿河土家族自治县的丧家，待老人一断气，立即放一串爆竹，妇女随即号丧，这一是向寨人报丧，左邻右舍的人就要前往帮忙，二是对死者的哀吊、不舍。同时煮一碗米饭（叫落气饭）供在尸体前，插上香、烛，烧断气前纸。家人要看纸灰图案，若是字形，死者已投生为男性，若是花纹为女性。接着将死者头脚对换个位置，叫“转身”即还生之意。在脸上盖张白纸或黄纸，为死者剃头或梳理头发。因而，当父母病重之时，儿、媳、女、女婿等至亲一般都要千方百计赶回家中，以待亲人离去。

哭丧：父母死时，家中之人皆跪于死者床前，大声号哭，谓之哭丧。土家人认为，生时要干净，死后也要干净，因而在人死后，家人必须要用柏、树叶所煎之水为其洗澡。洗净后，再给死者穿上早已准备好的老衣(不得穿棉衣,传说给死者穿棉衣会影响下一代子孙健康,意为身软站不起)、寿鞋、寿袜。土家老衣不用衣扣,更不能带任何有金属的东西,如金银首饰等,因而衣扣必须换为棉线或麻线。所穿老衣为三套或五套,只能用奇数不能用偶数,而且要干净没有破损。然后再在尸身上覆盖土家人所称之“老被”,其数量也只能是奇数。穿好后将死者抬到堂屋按男左女右靠边处,头朝香盒,脚朝大门停放,尸体下点着“地灯”,又叫“长明灯”,须用本地灯芯草混桐油点灯,中途切忌熄灭。此后,每逢客人来吊祭,亲人皆要到灵前哭丧。

开路:为死者穿好衣后,即请土老师为死者寻找合适的至墓穴之路及墓穴,以使亡者的灵魂能归其位而顺其路归天。由于受佛教文化的影响,土家人也崇信人死后是回到了西方极乐世界,故也称为其打开通往西方极乐世界之路。在开路的同时,还要沿途丢下买路钱,即土家自制的一种纸钱。

安灵:为死者设灵位。土家人认为人死后,灵魂四散,必须把尸体抬进堂屋之中安放,头前脚后,男性放于左侧中柱之下,女性则放于右侧中柱之下,并在堂屋正中为其设灵位以招聚魂魄。

治棺:请木匠师傅为死者打制棺材,并用漆漆好,抬进堂屋灵位之后安放。

开吊:土家人俗称“吊孝”或“办孝酒”。亲友于这天都要“具香楮”来“吃酒”。娘舅族人和女婿族人则要“牵羊子”来吊孝,富者也用猪来“上祭”。来吊孝的亲人一般要送彩礼。

开孝:土家俗称“开孝帕”,即丧家为每位来吊孝的亲友“剪白布以缠头,曰开孝”。如果家庭财力不足,则只为嫡亲开孝。

升棺:把死者放于棺材之中。在思南、印江、江口、铜仁一带的土家人常于棺木准备好后就“举而入棺”;而在德江、沿河一带的土家人则于出殡前一夜的午时入棺。土家人在死者入殓时,由亲属进行,且倍加细心,不能有杂物、灰尘等掉进棺内,尤忌铁器之类,就是棺木也不能用钉类钉,只能用棺木之榫合龙,再用漆泥封口。在升棺时,所有亲朋好友皆要“集视”,尤其是出嫁的女儿,则要围棺号哭。但却忌讳有眼泪掉入棺内。

闹丧歌、跳丧舞:请阴阳先生为死者做道场。“闹丧歌”主要内容有“劝孝歌”、“盘歌”、“庚歌”、“叙事歌”等,主要是歌颂死者,安慰生者和教育后人,其内容从民族迁徙到社会现实,从历史人物到山川风情,从传说故事到猜谜打趣,从追述父母的养育之恩到为人处世,无所不涉及。跳丧舞,又叫打绕棺,是土家人集鼓乐、唱、舞与各类魔术和杂技于一体祭祀表演仪式。跳丧舞的唱词唱腔,掺杂了大量民歌。唱词多为死者生前成家立业、养儿育女、待人处世之道。若死者是男性,则偏重于“勤苦劳动”“围山追猎”“孝敬父母”等;若死者是女性,则偏重“操持家务”“纺纱织布”等内容。跳丧的舞蹈动作,则多表现为渔猎劳作等生产活动和军事活动,如播种、栽秧、薅草、收割、引弓带箭、舞刀弄剑等。思南土家族跳丧舞的形象性动作是模拟动物的动作,如“猛虎下山”“牛擦痒”“犀牛望月”“蜘蛛牵丝”“螺丝结顶”“游龙戏水”“金猴偷桃”“凤凰展翅”“燕儿衔泥”等,其动作模拟性强,生活气息浓郁。

抬丧:出殡。首先,请抬灵柩的"八大行"吃早餐,即抬出一甑饭放在院坝,摆上几盆肉、豆腐之类。"八大行"吃早餐,不准用筷子,一律喝大碗酒,手抓饭、抓菜吃。吃早餐不准闹出声响。用餐后,接着捆绑棺材,棺材上用床单披盖,上挺立雄鸡一只,花碗一只。土老师手提雄鸡祭灵,然后打碎花碗,谓之"发丧"(在拂晓前举行,一般是在将死者下葬之后才天亮为宜,意即死者平安"上路")。然后,由道士发引,一人扛望山钱(按死者年龄,用白皮纸一岁一张做成长钱),执火把开路,棺前一人丢纸钱于送殡的路上,谓之丢"买路钱"(相传送殡上山,沿途有饿鬼阻路,故丢纸钱于路途,施舍于众饿鬼)。路途中棺材不能停下,更不能靠地。故出殡时,往往需要较多的男子轮流抬丧。当到达下葬地后,众人小心翼翼地将棺材放入事先挖好的坑中,然后再掩盖上土,筑成长方形墓状,最后插上望山钱、旗笼幡伞、花圈。同时,燃放鞭炮。

送亮:在死者安葬后的前三天,其家人必须用稻草编制一个大的火把,在死者的坟前烧,还需要放鞭炮,认为死者在刚到的地方还没得光亮,也有贺喜新居之意。

烧七:从安葬的当天起,孝家要连续给坟上送三夜的火烟包。灵牌抬回家后,设灵堂,要供七七四十九天,每到七天要设馔烧"七",至最后"七"才撤灵。孝子在"七七"之内不能剃头,三年内过春节和喜庆不得贴红对联。

"挂社"祭祖习俗:在亲人死后三年内于春社日之前祭新坟,铜仁土家人名其为"挂社",而且"新坟不过社"。就是说,刚入葬三年内的坟,挂社必须在春社日之前举办。在春社日前一周,铜仁土家人要为刚死去的亲人挂社。其习俗为,主家采办适量的野葱和野蒿,洗净切碎,揉挤去其汁,炒干后加以青油、腊肉再炒,放于一边;然后把一定比例的糯米和硬米浸泡透心可揉碎时,去水加入炒好的腊肉野蔬拌匀,上甑蒸熟即可。在定下的"挂社"日,主家所有亲朋好友,抬上社饭及准备好的各种菜肴,带上香、纸、爆竹、清明纸及祭祀用品;客人则以带鲜花、爆竹、纸钱为主,去到新坟祭扫。祭毕"藉草团坐以馂其余"而归。

正月初一祭祖习俗:在每年的正月初一,吃过年早饭后,全家老少便去到祖茔墓地,对所有的祖先坟墓一一进行祭扫、礼拜。这一天,全家老少皆要拿上镰刀、锄头和筠兜,背上爆竹,带上香、纸一起去到各代祖坟之上,祭祀祖先。因而在这一天,你可见到在土家山乡之中,各山各地皆鞭炮阵阵,烟雾满天。

清明节习俗:铜仁土家人谓之"挂清",即在清明前后几天内,剪一些白纸标,土家人名其为"清明纸",然后挂在每个祖墓的坟头上就可以了。

中元节:俗称"七月半",土家人早在原始社会时期就产生了祖先崇拜。相信死了的祖先,特别是近三代祖先都会回到家中来享受家人的供祭,故而在每家的神龛上都要列出三代祖先的灵位和列代祖先总牌位,以示敬重。在汉族的中元节传入后,土家人也把中元节作为自己祖先回家来享受人们祭祀的节日,因而有了"七月半,鬼乱窜"之说。但土家人所过的"七月半"并不是农历七月十五,而是七月十二或十三。铜仁土家人在这一天要烧月半纸祭祖先。人们不出远门,不上高山,不涉深水。在家里,禁止高声喧哗,禁止吹笛打哨。夜晚一般不出门，更不得呼叫家人的名字。多数人家都是早早休息，只留下男主人煮些白米稀饭，名叫“阳浆”，夜深人静之后，带上香纸，悄悄到寨外的大路交叉口，点上香纸，泼掉“阳浆”，所以又叫“泼食”，也称“水饭”，皆为喂鬼之食。离开时不能往后看，更不能从胯下往后看，据说那样会看见众鬼抢食，非常吓人。

七、铜仁土家族人的歌舞戏剧

铜仁土家族歌舞戏剧题材广泛，内容丰富，天文地理、生产知识、故事传说、风土习俗、伦理道德等，几乎无所不包。现最具特色和盛名的有思南花灯、德江傩堂戏与舞龙、沿河土家山歌与“肉莲花”、印江土家长号唢呐与摆手舞、江口金钱杆等。

思南花灯：一项具有土家地方特色的民间歌舞艺术。花灯演唱的内容多是土家族人民群众的生活内容，音乐轻快，悦耳动听，动作优美，生动形象，有浓厚的乡土气息和劳动生活特点。表演形式有双人舞与多人舞之分。双人舞的表演者为一旦一丑，大多称为“幺妹”、“干哥”。多人舞，则人数不限，男女对称，也可全部为女生。

德江傩堂戏：世界上保存最完整、最原始的剧种，是一种佩戴面具演出的带有宗教色彩并具有研究价值和观赏价值的民族戏剧雏形，被誉为“中国戏剧活化石”。“世界傩戏在中国，中国傩戏在贵州，贵州傩戏在德江。”德江傩堂戏分为茅山教和师娘教两派。表演的主要形式与内容有“冲傩还愿”、“酬神娱人”，紧紧围绕神、鬼、人这一轴心开展活动，因而出现“傩祭”、“傩戏”、“傩技”表演形式和傩面具、法器、傩服饰等道具。神案和开坛、开洞、闭坛活动森严、神秘、肃穆，而又娱神娱人；傩戏表演动作夸张、豪放、变化性强、旋转幅度大，有“踩八卦”、“踩九州”之舞步；唱腔质朴，语言诙谐、风趣；音乐独特、内容丰富；服饰古朴简单，有头扎、法衣、法裙；面具形态怪异、夸张、滑稽幽默。表演时又有半堂戏 12 个面具和全堂戏 24 个面具之分。表演所使用的法器大小尺寸、图案、质地规定严格、富有象征意义。傩技表演中的开红山、上刀梯、刹铧、钉鸡等绝技，神秘而又神奇。

沿河土家山歌：涉及的内容十分广泛，衣食住行、喜怒哀乐都可入歌，内涵丰富，形式多样，既有叙事性又有抒情性，几乎覆盖了当地生产、生活的方方面面。主要分以下几种类型：一是调剂型。调剂型山歌是土家人在劳动过程中感觉疲劳、情绪低落时所唱，目的是调剂劳逸、振作精神，调动和激发劳动积极性。对在田间地头劳作的人们来说，是汇聚力量的号角和释放重压的手段。最典型的有《栽秧歌》，土家人在田里劳作之时，根据各自所处的具体情景，触景生情，有感而发，唱腔高亢粗放，直抒胸臆，唱词纳方言土语于其中，简洁朴实，颇具幽默、诙谐意味。二是自娱型。自娱型山歌类似自言自语，不一定要有听众，目的是消遣自娱。最突出的有《扯谎歌》，其歌词内容都是反常理的，但诙谐有趣，令人回味。三是调笑型。调笑型山歌大多是对异性的调侃、调情、挑逗，有浓郁的生活气息，一般是男子占主动地位。最典型的有《这山没得那山高》，其曲调欢快，唱腔高亢，独具抒情韵味，歌词以调侃逗趣为主，语言朴实大方、饶有风趣。四是对唱型。对唱型山歌又叫问答歌、盘歌，以"对"为主，一问一答，讲究"说得赢问得输"，这类山歌的突出特征是融谜语入歌中，故土家人有"盘根生"之说，即刨根问底的意思。最突出的是《盘歌》，多数以日常生活中的食物、用具为题材入歌，唱题常常让人产生歧义，联想万千，通过唱答揭开谜底，妙趣横生。此外还有咏景型、劝诫型等等。

沿河"肉莲花"：又叫"莲花十八响"，是沿河传统的男性体育舞蹈。基本动作有"上九响""下九响"之分，固而又被称为"莲花十八响"。"肉莲花"作为一种自娱性的舞蹈，表演时一般要求拍打节奏统一，动作协调，不计人数多少，不受场地限制，茶余饭后，田间地头，都能自由自在地进行。无论春夏秋冬，表演时都脱光上衣，亮着臂膀，叉开五指，用力拍打身上的每块肌肉和关节，一是表现自己体格健壮，二是用这种拍打肉体的清脆的有节奏的声音抒发心中欢乐奔放的感情。特别是在丰收的季节，由于心情舒畅，常常用"肉莲花"这种舞蹈形式来表达喜悦的心情。自上个世纪末以来，沿河"肉莲花"这一民间体育舞蹈逐步走上舞台并多次获奖。

印江土家长号唢呐：表现百姓喜怒哀乐情绪，营造和渲染气氛的吹打乐曲。印江土家长号唢呐吹奏艺术，具有浓郁的民族特色和乡土气息。长号唢呐乐曲常以锣、鼓、钹、笛子、二胡、尺口(类似鼓板)配合演奏，八人为一拨或一堂，称为八音师或八仙师。唢呐清脆圆滑，长号浑厚低沉，交错使用，相得益彰。其表演形式有双人演奏、四人演奏，有单钹演奏、双钹演奏；可以坐堂表演，也能行进表演，灵活性强，不受场地、时间、气候的限制。在民族民间节日、做斋、办道场、祭祖、祭土老师、接亲、祝寿、迁居、建房上梁彩门、朝山、民俗活动、大型祭事活动等，都以请有八音师为荣，以示隆重热闹和富有。演奏礼仪非常讲究，禁忌较为严格。八音师受请，除丧事外，经过的村寨都要吹奏。每从事一堂吹奏。主家先给八音师挂红，以鞭炮迎送。摆上好的烟、酒、茶、糖和有象征意义的毛盖菜(形似唢呐口)、笛子肉等佳肴款待。喜事结束，八音师走到主家门口回头边吹边行礼，向主家道谢。喜事方面，长号唢呐都"吹进不吹出"，表示把福禄寿喜为主家吹进来。丧事时“吹出不吹进”表示把邪瘟吹走。故有“令牌不乱打，唢呐不乱吹”之说。

印江土家摆手舞：土家族最具有代表性的民间舞蹈，反映了土家族先民狩猎、迁徙、生产和生活情况。相传明朝倭寇猖獗，横行无忌。为保卫家乡，抵御侵略，印江团龙土家人开赴前线，浴血奋战，抵抗倭寇。为纪念在抗倭战斗中流血牺牲的英魂，每年单月土家先民就举行摆手舞活动。摆手舞分大摆手和小摆手，并融入了花灯、龙灯、傩舞、茅古斯舞、八卦铜铃舞、跑马舞、劳作舞和农事信仰等内容于其中。在印江，摆手舞则变成了“印江花灯”，表演粗犷而风趣，或两人对唱，边唱边跳，活泼洒脱；或几人领唱，众人和声齐舞，热闹非常。近年来，摆手舞还进入了印江小学的体育教材。

江口金钱杆：又名霸王鞭、赶山鞭、“莲花闹”，是江口县及周边地区的劳动人民在长期的生产生活中创造、传承下来的一种特殊的土家民族民间舞蹈。相传在秦末楚汉战争时期，西楚霸王项羽武艺超群，善于使鞭，深得百姓崇拜。项羽死后，荆楚之地的百姓为纪念他，便模仿其舞鞭的形象来展示自己的威武和勇敢。经过不断传承发展，更多地演变为歌颂幸福的生活和甜蜜的爱情。江口土家族群众制作的金钱杆长 80 厘米左右，用紫竹配上古铜币制成，两头削凿穿孔，横扯，顺挂着两串小钱，形成交叉的十字架，以便舞蹈时拍打，互相冲击，产生出多种声响，与唱歌的节拍韵脚合拍，杆的两端还系着红绳飘带，随舞姿飞扬，别有风趣。打金钱杆时，边打边跳边唱，男女对视表演舞蹈，或一前一后，或一左一右唱跳，堪称“中国南方二人转”。

八、铜仁土家族的语言特点

铜仁土家族过去有自己完整的语言，其土家族语词汇大量存在于当地的地名、称谓和方言土语之中，而且特征明显。特别是语音方面，有[æ]音，没有“ian”音；发音时没有平舌和翘舌之分，也没有前鼻音和后鼻音的区别；存在 p 和 b、g 和 j 的混用；常在名词后加“r”音，即儿化音特重；在“an”和“en”前常加“ŋ”音；入声较多等。这些都构成了铜仁土家族的语言特点。

1. 铜仁土家称谓与地名中的土家语言特点

铜仁土家族由于历史上长期与汉民族的杂居交往，以及民族性格的开放、宽容精神，加上明王朝在少数民族地区推行“汉化政策”，使土家族与汉民族及杂居和各民族的融合程度相当高。铜仁土家族语言，逐渐被汉语言所取代，今天了解和研究该民族的语言特点，大多只能从部分残存地名和称谓之中去寻找了。

1943 年，贺龙带领红三军进入沿河，在沿河、印江、德江、松桃、酉阳、秀山一带建立黔东革命根据地。黔东特区第一次工农兵苏维埃代表大会作出了《关于苗族问题决议》。当时建立的一百多个区乡苏维埃政府的地方，主要是土家族聚居区（有一部分是苗族聚居区）。也就是说，红军把土家族当成了苗族。恢复铜仁土家族成分第一人——田心桃就是湖南当年以苗族代表推选进京的。红军为何将土家群众当苗族，除了当地人服装奇异这个原因外，更多的还是铜仁土家族汉语言中保留了大量本民族的语言特征，红军大多听不懂。

如吃饭，土家语言称为“qī māng māng”（期牤牤）或者“kí māng māng”。

手，称为“xiǔ”（朽）

裤子，称为“zhōng yī”（中衣）

头，称为“tiú”

修路，称为“shōu lù”（收路）

豆腐，称为“diù fù”

跑，称“tiáo”（迢）

“楼上兜兜头有几颗豆豆”，土家语言说成“liú hàng diū diū tiú yǒu jǐ kuǒ diù diù”。这样的地方语，红军是无论如何也听不懂的。

在称谓上，铜仁沿河土家族自治县的不少地方还保留着自己的特色。比如：父亲，有的叫“diē”（爹），有的叫“嗲嗲”“diā diā”，或者“dà dà”（大大），或者“bæ bæ”（伯伯）、“yá”等多种叫法。

母亲，有 mā（妈）、mǔ（母）、niáng（娘）等多种叫法

父之兄，有 bæ bæ（伯伯、大伯、二伯）、dà dié（大爹）

父之弟，有 yé（爷）、dà yé（大爷）、er yé（二爷）、sai yé（三爷）、yao yé（幺爷）等称法。

父之姐妹，一律叫 niāng（“孃”，阴平声）

祖母的姐妹：已婚的称 guō puó（姑婆），未婚的亦称 niāng

岳父，一般称 qīng yé（亲爷）或佬丈人

外公外婆，一般称 gā gōng（嘎公）gā pō（嘎婆）

这些称谓，有的因语言融合，同汉语差不多，有的同汉语称谓差别较大，具有明显的土家区域特色。

就地名方面，因为世代这样叫，比较而言受外来语影响相对较小。但由于后来记录地名皆用汉字，译名记音有些出现了讹传，以致许多地名如果从汉字字面来解释，让人莫名其妙。著名的土家族语言学家叶德书和向熙勤曾到黔东土家族地区进行语言调查，著有《中国土家族地名考订》（民族出版社，2001 年）。在这本书中，作者对黔东的沿河土家族自治县、印江土家族苗族自治县、德江县、思南县、铜仁市和江口县的 263 个土家族地名进行了考订。这本书将土家族地区一些用汉语根本解释不通的地名用土家语说通了，也回答了铜仁土家族历史上有无语言的问题。比如，沿河的沙子镇，镇所在地既没有河，更十分缺水，何来沙子？原来，在土家语中，“沙子”就是李子的意思，沙子镇盛产有名的空心李。这样一说就让人心

服口服了。胡锦涛同志曾到过并指明"靠山吃山，坐山养山，多种树，走人与自然和谐的路子"的十二盘村，也非盘山路而名，土家语"十二盘"就是猴子常住的地方。用土家语解释，印江的"峨岭"是蛇多的地方，"沙子坡"是盛产李子的地方，"朗溪"是出产通脱木的地方；德江的"望牌"是因乌江中的石头像趴着的水牛而得名，"南客寨"是远方客人的寨子；思南的"思林"是种水稻的地方，"合朋溪"就是大水沟；"磨石溪"是产布的地方；铜仁的"施滩"是因马桑树而得名，"骂龙溪"取名于此地曾养蜂很多，"木弄"的土家语是竹子多的地方；江口的"上木硕""下木硕"，土家语就是"上客寨""下客寨"，"云舍"就是猴子出没喝水的地方。沿河有一个地名叫"马路头"，那地方根本没有马路，在古代也不是什么必经之途。经请教叶德书教授和向熙勤主席，再访土家老人得知，当年叫马路头的地方养蜂很多，很多岩边和大树下都有蜂桶。每年招蜂子的人都去那地方招蜜蜂，有时放一个空蜂桶在那里，过一段时间就会有蜜蜂住进去。故称马路头，即养蜂之所。

从这些称谓与地名的例子可以看出，铜仁土家族汉语言中保留了大量土家语言词汇和发音特征。

2. 铜仁土家族方言

土家族方言是土家族特有的民族语言，属汉藏语系藏缅语族，语支的归属尚未确定。文字资料很少，由于与汉族杂居后，汉族语言逐渐成为各民族间共同的交际工具。现在除少数地方外，土家族语言已逐渐消失。在历史上，沿河土家族自治县曾广泛使用土家方言，兹列举如下：

一字方言："咂"——喝；"搞"——吃；"匀"——分；"耍"——玩。

二字方言："少午"——午饭、中午饭；"火色"——扎实、厉害、能干、钢性好、不好对付；"稀客"——很久未见面的客人；"醒事"——懂事、成熟；"认红"——主动承担某过错；"答白"——答应、理睬；"男客"——丈夫；"女客""堂客"——妻子、老婆；"哈数"——本事、把握、心中有数；"搞头"——板眼；"整酒"——喜事请客；"礼新"——规矩；"过门"——见面；"哒打"——摔跤；"喝烟"——休息；"背失"——倒霉、运气不好；"殃酸"——装模作样；"奈逮"——脏；"利索"——干净；"格外"——见怪；"廓人"——团结人；"过中"——吃中餐；"消夜"——半夜吃东西；"打发"——(1) 消磨时间，(2) 长辈给晚辈馈赠钱物；"失隔"——出灾祸；"合式"——相配、相好；"廓尺"——丈量尺寸；"搬劲"——较量，比一比；"拢堆"——在一起，集中；"摆长(chang)"——讲故事；"散伙"——分开，结束；"扯淡"——管闲事；"对爪"——面对面；"亲家"——结婚男、女方父亲互称；"老手"——经验丰富；"显眼"——明显；"赏新"——首次享受；"差火"——做事不可靠；"本分"——老实；"索性"——干脆；"要得"——可以；"后生"——年轻人；"殃疲"——打不起精神；"摩疲"——动作慢；"溜唰"——动作快；"那门"——怎么；"眼红"——怕别人超过自己；"打裹""打绞"——纠缠在一起；"嘎式""驾麦"——开始；"高头""皮上"——上面；"绞伙""扯伙"——共同，共用；"扯皮""搞筋""割裂"——闹不团结；"扯能""耍疱"——骄傲，出风头；"煽经""煽调(diao)子"——出点子；

"吹牛""日白"——聊天。

三字方言:"哈咯咂"——惊喜,惊叹;"搞拐哒"——糟糕;"哒扑趴"——面朝地倒下;"仰翻叉"——背朝地倒下;"掉底子"——不争气,没出息;"打平伙"——共同享受;"郎场儿"——地方;"混混儿"——游手好闲的人;"绷面子"——想尽办法为人;"殃长(chang)伙"——令人失望;"细娃儿"——小孩、未成年人;"鬼名堂"——办法、花样;"搞拐地"——不好交代;"挨哈着"——等一会儿;"二黄腔"——不懂道理的人;"低嘎儿"——分量少;"短阳寿"——不得好死;"精角儿"——聪明的人;"扁担挑"——老姨(一);"特宝儿"——爱出风头的人;"吹牛角"——打鼾;"烟袋话"——俏皮话;"日古子"——不正经的人;"白搞哒"——前功尽弃;"莫打茬(cha)—"——别分散注意力;"躲猫儿"——捉迷藏;"殃劲儿"——消退,没有希望;"港港儿"——一会儿;"男客家"——已婚男人;"姑娘客"——已婚女人;"矮打杵"——身材矮小的人;"昨儿锅儿、今儿锅儿、明儿锅儿……"——昨天、今天、明天;"江岔子","江蹬子"—阶梯,石阶。

四字方言:"咂伙儿的"——惊奇;"打董董儿"——裸体;"白痴纳卡"——脸上颜色不好;"要不要得"—可不可以;"格里逢外"—与众不同;"正儿八经"——认真;"歪打正着"——得心应手;"见子打子"——见机行事,做事主动;"吃么荷儿"——白吃,贪占便宜;"尖尖老壳"——狡猾的人;"扯混老儿"——做梦;"蛋不纳岔"——无关紧要;"一哈哈儿"——一会儿;"钻牛角尖"——钻空子;"黄毛丫头"——即将成人的女孩;"扯锅巴蛋""扯野葛藤"——管闲事;"那门开交""怎么得了"——收不了场。

五字方言:"砍脑壳死的"——没有好下场;"打窝屎主意"——想歪点子;"死无乱时用"——不聪明;"相今魔方儿"——千方百计想办法。

第二节　铜仁苗族文化

铜仁苗族主要分布在松桃、思南、铜仁、江口、印江、石阡等地,约有49.93万人。苗族源于炎、黄、蚩时代居住在黄河流域及长江流域部分地区以蚩尤为首的"九黎"集团。蚩尤是海内外苗族人民一致公认的人文始祖。不同的历史时期对苗族有不同的称谓。尧、舜、禹时代,称苗族先民为"三苗"或"有苗""苗民"。周称"茅"或"髦"。秦、汉时期称苗族为"武陵蛮""五溪蛮""盘瓠蛮"等。唐、宋时期称"苗蛮""蛮夷"等。元、明、清及中华民国时期,一直沿袭"苗""蛮""夷""土苗""土蛮""土人"等称谓。其中明、清时期,因苗族居住分散,服饰繁多,有些文献又以服饰、地域、职业、归顺与否等对苗族冠以"红苗""花苗""青苗""黑苗""喇叭苗""九股苗""短裙苗""高坡苗""平坝苗""打铁苗""生苗""熟苗"等称谓。境内苗族大部分因"衣带尚红"而被称为"红苗"或"赤苗"。一部分被称为短裙苗。铜仁境内的苗族自称为gheax xongb(近音:仡熊)和ncoud(近音:楚)。新中国成立后,中央人民政府根据苗族人民的意愿,将族称统一为苗族。市内苗族大约有30万人还保持有完整的苗族语言和穿戴传统的苗族服饰。

一、语言文字

铜仁苗族语言,属汉藏语系苗瑶语族苗语支,为东部方言(即湘西方言)。操这个方言的有湘西自治州、松桃自治县、鄂西自治州的恩施、宣恩、来凤、咸丰和四川的酉阳、秀山、彭水以及广西的南丹、都安等县的苗族群众,约180万人。铜仁苗族语言基本是一致的,只是腔调略有坡东坡西的区别,坡东偏带浊音,坡西偏带清音。

苗族历史上曾有自己的文字,但由于长期处于被迫迁徙、辗转流离、受压迫、受奴役的历史地位,苗族文字没有保存下来。因此,对有关苗族人民生活、生产的经验以及自然社会发生的事件,只有口传心记或编成歌词代代相传。民国时期,盘石乡沃梨坪龙绍华先生(苗族)曾用国际音标编写东部方言的苗文课本,长坪乡石家寨耶稣教徒石清泉先生为了便于到苗族地区传播福音,曾与郑牧师(美国)运用英文将苗族生活中常用的语言写成手抄本,由于历史条件的局限,都没有得到推广。1934年,红三军建立的黔东特区革命委员会在第一次工农兵苏维埃代表大会上通过的《关于苗族问题决议》中,明确地提出了苗族的文字问题,可是由于没有专业人才的创作而未见之于行动。新中国成立后,党中央根据马列主义的民族理论制订出民族平等的民族政策,苗族的文字创造问题才被列入议事日程而付诸行动。

1955年由中国科学院、中央民族学院以及有关省、自治区共同组织700人的民族语言调查组,分5个中队、35个组,对湖南、湖北、广东、广西、贵州、云南、四川等7个省区进行苗语调查。1956年,在贵阳召开苗族语言文字讨论会,决定用拉丁字母创造苗文草案,在语言类别上分为东部方言(湘西方言)、中部方言(黔东方言)、西部方言(黔西、川滇方言)三个方言区。1958年,松桃在盘信、世昌进行苗文试点教学。县委、县政府很重视,为了推行苗文,成立了"推行苗文工作领导小组",县长亲自担任组长。随后,在15个乡镇的289个苗族聚居村寨进行苗文教学。从此,苗族人民结束了无文字的时代。在极"左"的思想路线影响和"文化大革命"的十年中,苗文推行工作被迫停止。直到1978年十一届三中全会召开之后,党的民族政策重放光彩。1982年3月,松桃重新进行苗文推行工作,拨专款培训苗文教师286人,开办农村夜校苗文学习班265个,学员11810人。1984年4月,创办苗文报,先后共办6期。到1985年底,全县已有4168人能用苗文记录、写字、写信、整理古歌古词。之后,根据取得的经验,在民族地区大力推广应用苗文,在小学实行苗文和汉文双语教学。全县15个苗族聚居乡镇,都开设了双语教学班,苗族学生可以用自己的文字记述自己的事情了。

二、苗歌

苗歌是苗族口头文学中最重要而且艺术性最强的一部分,苗语谓之"莎"(Sead)。苗歌的格律、音韵、尾音、遣词造句等都有定律,内容丰富多彩。在苗族地区,苗族男女老少都会唱歌，而且都爱唱歌。无论何时何地，有人便有歌声。因而，苗歌成了苗族人民生活中的重要交际传媒。苗族人民善于触景生情、随编随唱、遇事而歌。歌唱范围很广泛，有叙述开天辟地、人类起源、部落迁徙的；有揭露与鞭挞历代反动统治阶级的；有歌颂和赞美新社会与新生活的；有反映生产劳动与开亲结义的……大凡自然风光、日常生活的交际往来、红白喜事、喜怒哀乐、悲欢离合、甚至家庭琐事等皆可入歌。另外还有新民歌，亦称政策歌，主要是歌唱时事，内容有辛辣讽刺国民党时期贪官污吏的，有歌颂共产党、歌颂社会主义建设、歌颂幸福生活的。

1. 苗歌的形式

苗歌的形式，袭用古法，一般为七言一句。一句歌，苗语谓 ad zhoud sead(汉音:阿豆莎。意为一朵诗歌)；一言歌，苗语谓之 ad led sead(汉音:阿耐莎。意为一粒诗歌)。一个咏唱段叫“阿盒莎”(ad hox sead)或“阿台莎”(ad teax sead)。通常，一个咏唱句由两句组成或三句组成。一首苗歌由两盒或两盒以上组成。两句组成一个咏唱句的叫“两角莎”(Liangs jox sead)或“两角架”，三句组成的叫“三角莎”(sand jox sead)或“三角架”。以此类推其他角数的苗歌名，有四角、六角、八角等，但四角以上的苗歌演唱难度大，大多成了保存的资料，只有两角、三角的歌最为常见。

从表现形式看，松桃苗歌分为“黛莎”与“冥莎”两大类，又称“莎嘎楚”与“莎吉标”。

“黛莎”的内容大致有:劳动生产歌，自然风景歌，情歌(包括初会歌、赞美歌、求爱歌、送别歌、思念歌、明誓歌、私奔歌、恩爱歌等)。一般而言，这类歌只宜于野外演唱，原因主要是歌中的某些内容是表达爱情生活的，老人或姑娘姊妹们听了难免有些难为情。

“冥莎”的内容大致有:古歌，叙事歌，风俗歌(包括祭祖礼仪歌、民族节日歌、婚嫁歌、贺喜歌等)，酒饭歌，丧葬歌，谜语歌，童谣歌等。“冥莎”多在室内演唱。

苗歌的篇幅有长有短，短的以四句、六句、八句或十多句为一首，长的以几十句、几百句甚至几千句为一首。这两种不同类别的歌，其演唱内容、演唱场合虽有区别，但表现形式却基本一致，不同的只是在风格特点上略有差异:“冥莎”较庄严、深沉、细腻、委婉；而“黛莎”却比较粗犷、高亢、明亮、甜美，尤其是登高望远以歌抒怀时，更是空谷回荡、天鸟惊飞。因此，人们将这两者谓之“平腔”与“高腔”。

2. 唱词的结构和韵脚

松桃苗歌结构严谨，工整对称，韵脚别致，酷似汉文学中的七言绝句。短歌如此，几十句以上的长歌亦如此，更有如汉文学中的七言长律，只是音律关系较之七言长律稍宽松些，因而无论念与唱均朗朗上口。基本规律是单句押单句，双句押双句，称之为“双押”。无论长短，两角架苗歌首段中的两个尾韵，就是这首歌词的基韵。这个基韵中的两韵如影随形，黏附到底，直至整首歌结束。

此外，每首歌还均以“两翻”以上的基韵进行反复演唱，有几个基韵便称为几翻。两翻的具体手法是以不同的韵脚变化重述同一内容，用于深化主题，丰富歌词内容，同时还可以增强记忆。

三、风俗习惯

1. 服饰

铜仁苗族的风俗习惯很有独特性。首先从穿着的服饰来看，颜色多尚青蓝或月白，男女都穿长衣满襟。女装的领口、袖口、下摆和裤管下端，多镶上色彩艳丽的兰干和精美的刺绣。另外还有由头饰、耳坠、项圈、护肩、手镯、戒指和银质围腰带等数十样银饰品。《松桃厅志》记载苗族的装束是：“……青布裹头，衣尚青短，仅齐膝、男著裤、女著裙。裙多至数匝百褶，翩跹甚风。富者以银丝作假髻，副以银笏，形仿雁翎，然冠于首”，从这一段记载来比较现在松桃苗族的服饰，尤其是妇女，已与原来的迥然不同了。建国后，在一些重大的祭祀仪式上，妇女还必须穿着花裙，否则将被视为一种亵渎先人的行为。

服饰属于一定的文化范畴，随着时代的不同而变化。建国六十多年来，铜仁苗族服饰也在发生着变化。男性穿工作服的日渐增多，跣足或穿草鞋的人几乎绝迹了。妇女头帕增大，银饰较之从前俭朴而素雅，但品种样式增多了。青年妇女的衣式，比之从前合身而且讲求线条美。不少人的服装已有冬夏之别。服饰上的刺绣图案，开始讲求透视、立体和比例。随着物质生活和精神生活水平的提高，她们正在为既富于时代感而又富于民族特色的美观大方的服饰，进行不断地增补和大胆的创新。

2. 待客

苗族是一个热情好客的民族。他们认为，客人看得起自己，才会来家里做客。有朋自远方来，无不倾其所有热情招待。这不仅只是对远方客人而言，近处亲邻的互相往来也是这样，无不待之以礼，热情周到。这种互相往来做客的情况比较普遍。在苗乡，凡婚丧嫁娶、生男育女、建造房屋都属大事，有亲戚关系的都必去祝贺，尤其是老人过世，寨人闻讯后便去安慰、帮忙，主人必须热情接待。苗族大多聚族而居，往往一家做客，都要邀约全寨陪同。被邀的人家，都把陪客视为一种荣耀。做客所带礼物，视主人请客的原因而定。婚丧嫁娶、建造新房，多带粮食；生儿育女，则以鸡、蛋等营养品为主。做客一方不需人人持礼，只要主客带礼就行了。所以，入秋之后在苗乡行走，常常会遇到一拨拨人，有男有女有老有少，随着礼品担，你来我往地穿行在山道上。大家分别到不同的村寨做客，处处呈现出笑语升平的欢乐景象。

做客是全族全寨的一种礼仪活动，待客同样是全宗族的事情。一家有事，全族相帮；一家有客，全寨相待，这是一种沿袭已久的习惯。请客第一个晚上的酒饭，由请客户自己独家承担，其余宗族共同或单独帮助承担以后的酒饭。所以，名义上是一家请客，实际上是全宗族的事。客人带去的礼物，由请客户收受。如果请客户的宗族均特别困难，请客户则自己承担全部费用。至于住宿，可分散到全寨搭住。苗族在喜庆场合和礼仪活动中，都安排歌手对歌。形式分为宾主之间、宾客之间的男女对唱。情歌是苗族对唱中不可缺少的内容，故对唱男女必须避免同姓。苗歌在苗族社会中具有较强的穿透力和吸引力，常常是歌声一起，听众云集。只要对唱一开始，做客的都会被那优美的歌声和美妙的歌词所陶醉。哪怕是数九寒天的长夜，歌手能唱多久，听众就能听多久。有的歌手一唱几个通宵，他的听众也会闭目合睛地相伴几个夜晚，所以，住宿不用主人过分担心。

3. 婚俗

"舅权婚姻"。贵州的另一些地方称为"回娘头"。外甥女儿被视为舅家当然的儿媳妇。舅家称外甥女儿为"能"，与对儿媳妇的称呼是一样的。过去常有这样的情况，如舅家看上了外甥女儿，不必先请媒说合，就可直接向女方家非正式地提出："这个姑娘我要做儿媳妇"。女方父母不仅不能责怪舅家无礼，而且得信守诺言。这虽是一个非正式的婚约，但它出于舅家之口，对外甥女儿的婚姻具有一定的约束力。当然，如果舅家最终决定要娶这个外甥女儿，还得通过媒妁的形式。不过这种形式和财礼，可以视舅家的家境酌情办理，女家不能像对"外人"那样苛求。如果舅家没有正式请媒说合，仍然可视为没有最后订婚，女家可让女儿与其他人订婚。但事前女方父母要征求家族的意见，特别要征得舅家的同意。这种婚姻制度显然是落后的、不合理的，也就遭到青年男女的反对，造成"奔回本家"的事件发生。

爱情是婚姻的基础。苗族青年男女对不合理的舅权婚姻进行勇敢的抗争，理应得到社会的支持。但是，舅权婚姻是一种特定社会的产物，一种传统压力，往往使那些同情儿女意愿的父母亲也爱莫能助。作为儿女，对父母的难处也是谅解的。她们知道如不顺从舅权婚姻的权力，父母无法开脱责任。若违心顺从，自己又得不到美满的婚姻。聪明的姑娘们于是想出了万全的反抗方法——先屈从出嫁。只要姑娘踏入舅家的门槛，习惯上就成为舅家的成员。而后再由舅家奔回家里，或奔去自己心中的对象家。这样父母既可推脱责任，女儿和自己的心上人也可达到终成眷属的夙愿。所以即便发生这种"奔回本家"的事件，父母及社会上并不过分苛责，很大一部分人甚至是同情的。

新中国建立以后，苗族人民在党的教育下，思想认识逐步提高。国家颁布现行的婚姻法后，更保障了男女青年婚姻的自主权不受侵犯。"舅权婚姻"已成往事，青年男女已经完全可以自由择偶了。

苗族青年男女的爱情一般是通过对山歌或托人来表达的。不过托人的为数不多。一对初次相识的青年男女，对歌开始是唱一些公式化的套歌，如见面歌等。男方唱到意欲深结、相交作伴侣的歌以后，女方就要唱歌盘查男方是否已有朋友或家室。倘若已经有了，女方就要劝男方不要见异思迁,应该好好珍惜别人的感情。男方则答唱道:自己家道不宽,人才不好,从来没有得到姑娘垂青。或者过去曾有过朋友,现在已被别人遗弃,目前自己身世孤零,孑然一身,希望得到女方的同情,答应自己的真挚请求。女方经过考查,见对方确无家室朋友,才表示同意对方的请求。这时女方唱:

我答应了你的请求,
我们成了伴侣,
往后我忙活路找你帮忙,
你的鞋子烂了我来缝补,
……

然后双方还要唱出表达自己得到良伴的喜悦和幸福的歌,并用歌词表示要把双方所唱的歌拴在一些不朽的物件上,如拴在梭罗树上或其他名山名城上,以示地久天长、忠贞不渝。

松桃苗族"情人节"。每年农历六月初六,是松桃苗族传统的情人节。相传两千年前,天宫有九个仙女下凡来到人间,在一个叫大枯树的地方,被苗家小伙和姑娘的优美情歌对唱所吸引,在苗族老阿妈的翻译和传授下,苗歌对唱让她们深深陶醉。当她们对老阿妈说出自己的身世后,老阿妈被吓晕了。老阿妈的突然晕倒让刚从天宫下来的仙女感到十分无助。这时,一个英俊帅气的苗家后生路过,并帮助救醒老阿妈。在目睹人世间人与人之间真诚、真情帮助的过程中,仙女们被苗族老阿妈和苗族后生的行为所感动,当天宫降下天书对他们私下人间进行警告后,年轻貌美的仙女们决然选择继续留在人间照顾因她们而遭遇不测的苗族老阿妈。在照顾老阿妈的过程中,仙女们通过情歌对唱的方式与苗家后生们相互产生了爱情。在她们彼此为各自的爱情到来高歌欢呼时,因触犯天规,被玉皇大帝贬为九条白龙,而与其对歌的九个小伙则被贬成九头模样丑陋的犀牛。后来,生活在这里的人们为了纪念他们因歌而爱的忠贞爱情,便把大枯树改为九龙,把九个苗族小伙生活的村子改为九牛塘,在他们相爱的地方栽了一片枫木树,供仙女和小伙们在对歌时遮阴纳凉,不久后,枫树长大了,仙女也变成了白鹤,繁衍自己的后代。人们于是在每年"六月六"举办祭祀活动。祭祀活动当天,七里八村群众都会不约而同聚集在这里,他们把家里的上好土特产、纯银首饰、家里好吃的东西都拿到这里进行交易,而身着苗族盛装的苗家小伙和姑娘们则三五成群,结伴对歌,互诉衷肠,表达彼此心中的爱慕,成年人则扶着老人带着孩子自由自在地购物和交换物品。从此,"六月六"便成了苗族的情人节,而长兴九龙,便是这种节日的发祥地。

在每年的"六月六",松桃长兴堡镇都举办"中国苗族情人节·长兴九龙'六月六'"大型庆典活动。这天的长兴堡镇九龙街上,处处人头攒动,彩旗招展,锣鼓声、唢呐声不绝于耳,秋千技艺、苗家联姻习俗、歌手对歌亭对歌、苗家拦路酒、迎宾唢呐、接亲轿等极具民族特色的习俗,吸引了众多宾客和游人,纷纷拿起相机,拍下这一盛况。

苗族的“掐手传情”。在松桃苗族群众中，男女青年有一种十分有趣的表达爱情的形式——掐手。这里的苗族青年男女，每逢过“四月八”“六月六”等传统节日以及平时赶边边场邂逅，如果男方对女方产生爱慕之情，但又不知女方态度如何，为了试探女方的态度，便悄悄走到女方背后，伸手轻轻地掐一下女方的小指。如果女方乘机也背过手轻轻掐一下男方的手，或者回眸一笑，递个会意的眼色，就表示接受了男方的情意，可以交往。如果不愿意，也不能当众拒绝，只能不理会，当众拒绝被认为不礼貌，没有教养。

男女青年通过掐手后，表示男女双方的心已经融合，算是定情了。以后就可以邀约相会，互吐衷情，直到双方能相互理解，达到爱情的高峰，就可以结婚了。

4. 节庆

松桃苗族的节庆很多。有些是统一的，如春节、元宵、清明、端午、七月半等。也有一些是带有地域性的，如北边的长兴镇讲究过社和六月六，东南部的牛郎和盘信镇讲究过四月八，县城附近讲究过端午。这些节庆，除上述地区的群众热烈庆祝外，其他地方的苗族群众有的也略作庆祝，有的则不作表示。庆祝的方式，是附近的男女老少尤其是青年人，身着盛装，三五成群，前去集会点游乐。有的地方舞狮，有的地方坐秋打毽，青年男女相互对歌斗艳，集镇商人摆设各类货摊。这一天比赶集还要热闹。

四月八是松桃苗族的传统喜庆节日，是苗族的祭祖节、英雄节、联欢节。人们自动聚集到预定的地点跳鼓舞，对山歌、舞花带、上刀梯、钻火圈……人数以万计，场面宏大而壮观，热闹异常。人们尽情歌舞以至通宵达旦。每年的“四月八”，松桃及周边县的苗族群众都要身着民族盛装，云集松桃县。他们吹响芦笙、箫笛，唱着山歌，跳着苗家舞蹈，欢度自己的传统节日。“四月八”的由来传说甚多，主要是为凭吊“四月八”古代苗族英雄，辈辈相传，而成习俗。苗族同胞家家户户都以吃乌米饭和芦笙歌舞等方式欢度这一节日，以悠扬的芦笙、箫笛和清脆嘹亮的苗家“飞歌”凭吊苗族英雄和祖先。1980 年，国家民族事务委员会认定“四月八”为苗族的传统节日。此后，“四月八”活动规模越来越大，成为展示苗族文化的重要形式。

松桃苗族四面鼓。四面花鼓主要流传于松桃县正大乡及其周边地区，有神鼓、年鼓、战鼓、情鼓、迎宾鼓、拦路鼓、叙事鼓等 80 余个鼓舞类型、120 多式动作套路。击鼓者自击自舞、众击众舞。四面花鼓历史悠久、保存完好，具有很高的研究价值和欣赏价值。该县正大乡瓦窑村是花鼓艺术的发源地,四面鼓则是瓦窑花鼓鼓中之王,表演人数最少有30人,场面气势磅礴,蔚为壮观。1994年,该乡被贵州省文化厅命名为“苗族花鼓艺术之乡”。

5. 葬俗

松桃苗族的葬俗一直保留着一些与其他民族迥然不同的习惯,形成独具的民族风格和特点。

松桃苗族葬仪采用木棺,实行土葬。在亲人病重的时候,所有的亲属子女以及寨邻老少,都主动聚到病者家,一同守护在病者床前。病者弥留之际,亲属就大声呼唤病者的名字,直至其停止呼吸为止。苗语叫Nantxand(汉音:南先),就是唤回生命的意思。这时寨内长者或有经验的人,不需聘请就会主动地站出来帮助主家张罗一些事务,如马上叫人去请苗巫来为死者祈祷等。被差遣的人,不管风雪晴雨,昼夜远近,一般都是义不容辞的。

巫师来了以后,对死者念了咒语。苗语叫Jiangt ghunb das(汉音:奖棍打),就是“解除死神”的意思。待巫师把“解除死神”的仪式举行完毕,一家老少方准哭泣。此前即使伤心,也只能吞声饮泣。因为习惯上认为,亲人哭声会惊跑死者的灵魂,使其得不到阴灵指引,寻找不到通向天国的道路,成为没有依归的孤魂。巫师“解除死神”以后,主事者又安排人去帮忙折取桃枝和菖蒲叶(折取的菖蒲叶,其叶尖必须是顺着水流方向的),置入锅内,加水煮温,用来为死者洗澡。洗澡是象征性的,用桃枝和菖蒲叶,由头而颈体,而下肢,不能乱序。洗澡要洗三次,每次用一盆水。第一、二盆水,只用净水即可。洗完后,必须把水倒在人踩不到的地方。第三盆水洗完后,要放置在隐蔽处所,等到死者上山入土后,这盆水还有别的用处。为死者洗澡时,祭司要高声叫喊死者的名字,并对死者作一些交代。如喊:“××,现在为你洗澡,把你洗得干干净净的,让你去到阴间。男的好认兄认弟,女的好认姐认妹……”。因为死者是刚离开人世的,他(她)的名字及音容笑貌大家都是非常熟悉的。骤然死了,生者似乎还有一种将信将疑的感觉,经这样提名道姓呼唤数声,好像进一步证实了死者和亲友们确已阴阳异路,心情感到分外悲伤。而祭司几声凄厉的呼唤,也能引起人们对死者的怀念,这比什么哀乐都更能催人泪下。

尸首停在中堂(俗称堂屋),头向右边的中柱,脚向左边的中柱。这个方向和位置是绝对不允许弄错的。死者一般是停放在一块铺着垫单的木板上。这块垫单要撕几条约三公分宽的布条存放起来,待死者入土后作招魂之用。还要用白布缝成一个鸡头形的所谓鸡枕,内装灶孔内的净灰,给死者作枕头。如果死者是男性,要为其剃头,包上头巾,在头巾正当脑门的地方缝上一小块红色布料或红丝绸,作为区别生死的标记。同时按男左女右的规则,在死者的一只手内放一叠“纸钱”,手心向上,另一只不拿“纸钱”的手则手心向下。用线为死者作裤带,线的根数,依据死者的年龄而定,一岁一根。另外还要用布缝上一个钱包,拴在死者的裤带上。如此这般装点完毕,只等适当时辰装棺入殓。

装棺时,要按照死者的年龄,以每岁一张白纸计算,把纸折成三角形或八字形,铺在棺底，而后连同垫单把死者放入棺内。为了防止死者入棺后四肢位置移动，必须用单数瓦片如一张或三、五张塞在死者的头部和肢体的两边。同时剪下死者家属（不拘男女老少）身上穿着的一小块衣角，一并装入棺内。而后盖上阴被，合上棺盖。这才把棺材顺着堂屋，头向神龛，脚向厅外停放起来。然后，才请道士“打绕棺”，一般是两三夜。在这段时间里，寨邻亲友多来与丧家做伴，远道亲友闻讯，亦要赶来吊丧。

出柩时，必须请祭司发丧。当一切出柩事宜准备就绪，祭司手持板斧，面朝厅外念祷词，突然大叫一声，用斧背将棺盖上的饭碗敲得粉碎——这就是发丧的信号。所有抬棺材的青壮年，随即发出一声吆喝，把棺材抬出堂屋，放在事先准备好的两张长凳上，以便捆上大杠，抬到墓穴。这时候，死者的舅父或舅家请的代表，腰挎篾箩，手拿一柄长把镰刀，站立于厅堂之外，勾住门枋。送丧队伍按舅家、死者亲属、棺材、乐队、亲友的顺序排列。抬棺队伍一路“喝威”着前行，不论上坡下坎、涉水过不得停止。死者亲属需不时转身下跪迎棺，听到抬棺队伍发出“达沙”“达鲁”的吆喝时，即及时拿出水果糖、酒散发。这种方式，主要是针对死者嫁出的女儿方。因而，送殡路上常常是高潮迭起。

来到墓地，祭司在坟穴里画上八卦，放上朱砂，才令众人徐徐将棺材放入墓穴。祭司又捧一碗生米，站在坟头上再作祈祷，让死者亲属背对着坟跪下，同时用双手向外略略摺起自己上衣的下摆，接受祭司祈祷后抛撒的白米。祭司祈祷完毕，亲属立即将盛有米粒的上衣下摆勒紧，起身向家中跑去。凡随棺上山的人返回时，须从主人厅堂门外事先摆好的米碗内抓几粒朝脑后撒去，同时将几粒放进嘴里而后吐掉，表示和死神断绝了牵连。

三五日后，择吉时请祭司主持招魂仪式，丧葬活动才算最后完成。

6. 禁忌

苗族禁忌项目繁多，不同地域略有区别。不仅祭祀活动有禁忌项目，生产、生活、节庆活动中也有不少的禁忌事项。例如：“三十夜”吃年饭忌讳泡汤，认为泡了汤后，来年会大雨不断，影响阳春生长；年初一忌挑水，忌吹火助燃，忌向外泼水，忌扫地，忌说不吉利的话，妇女忌做针线，早餐忌吃米饭，外出经营或谋事，忌首遇女人；正月和七月，忌讳孕妇坐堂屋门槛；妇女生儿育女未满月，忌从中堂过，也忌到别家串门；忌戴白帕、穿白鞋的人进入家堂；忌脚踩三脚；除家中长者外，忌旁人坐近“夯果”；田姓人家忌吃狗肉；请媒说婚时，忌途中遇死人或死动物；订婚筵席上忌打破碗盏；姑娘出嫁时忌和其他出嫁姑娘相遇，更不能与丧葬碰头；新娘进门忌从堂屋大门进，必须从火铺的小门进；新娘进屋时，新郎全家老小忌与新娘见面；新娘吃仪式饭时，其所坐板凳忌移动；在丧葬、祭祀方面，非正常死亡亲属忌抬进屋内；父母亡故闭殓时，子女及至亲不能将眼泪鼻涕掉入棺内，等等。

7. 建筑

苗族多居住在山区，山高林密，就地取材修筑民居，黄土墙黑瓦房和古香古色的吊脚楼便成为苗族民居的主要式样。黑瓦房通常分五柱四挂或四柱三挂，木质结构，两侧用竹子编封外糊泥墙。木板房上盖小青瓦，梁柱板壁全用桐油反复涂抹，风吹日晒，乌黑发亮。屋前砌有青石板小坪，搁置农具、风车等，屋前后栽有凤尾竹、枫香树或芭蕉林。进门跨过“虎口”是堂屋，正中埋有“龙宝”，堂上供有“家先”（祖先牌位）；左侧厢房筑有青石火塘，供炒菜煮饭，右侧厢房摆放家具；左右厢房靠后都摆有两张大床，外用青色蓝色土布大蚊帐罩住。帐内设有壁柜；主人家凡值钱的东西多藏在大蚊帐内。

苗家的吊脚楼飞檐翘角，三面有走廊，悬出木质栏杆。栏杆雕有万字格、喜字格、亚字格等象征吉祥如意的图案。悬柱有八棱形、四方形、下垂底端、常雕绣球、金瓜等形体。吊脚楼通常分两层，上下铺楼板，壁板油漆发光。楼上择通风向阳处开窗。窗棂花形千姿百态，有双凤朝阳、喜鹊闹海、狮子滚球等。吊脚楼的下层多作贮藏粮食的谷仓或摆放家具农具。楼上则为主人居室或客房。楼外长廊为妇女们绣花、挑纱、织锦、打花带、晾纱、晾衣的场所，和土家吊脚楼不同，苗家吊脚楼上楼的梯子一般设在屋内，而不像土家吊脚楼设在屋外。

不论是黑瓦房，或是吊脚楼，苗族民居都少不了青石火塘。火塘上悬有炕杆，挂满了熏黑的腊肉、野味。火塘中间立有生铁铸的三脚架。每当夜幕降临，劳作归来的苗人围着火塘煮饭炒菜，跳动的火苗映红一张张憨朴和善的笑脸，似一幅温馨、宁静的田园风光图。如遇亲朋好友来访串门，围着火塘饮酒放歌，唱一曲古老、煽情的山村野调，更是趣味无穷。苗族民居落成，通常要举行传统的“接龙”仪式消灾祈福。苗家的接龙可分为大型的村寨接龙和家庭接龙。两种活动仅是规模大小有别，其过程基本相同。“接龙”多在黎明时分进行，仪典隆重而热闹，新居的堂屋燃满灯烛，铺开大竹簟，摆好红、黄、黑、白、青五匹彩布、五色纸，闪亮的银饰，花绿的苗装……正堂遍插彩旗，旗下摆有“龙粑”、酒肉等祭品。庄严的祭台上摆有一只小花猪、一只小黑猪和一只大白公鸡。祭祀开始时，身着大红袍的苗巫一手舞铜铃，一手舞柳巾，绕祭坛狂跳，嘴里念念有词。充当“龙女”的女主人则着盛装，佩戴各种银饰静坐一旁。苗巫从龙的始祖唱到龙子龙孙，虔诚地代主人向龙神祈祷……祭龙仪式完毕后，众人便抬着女主人，扯起五彩布，跟着苗巫去小溪或水井边接龙。走的线路一般是东方道上去西方道上归。因为按照苗家的习俗，接龙只接东方的青龙、西方的白龙或北方的黑龙，而南方的赤龙和中方的黄龙这两条龙是不接的，这古老的禁忌深印着历史的沉重烙印，使人不禁联想起远古发生在中原蚩尤与炎帝、黄帝那场争夺土地的战争。苗巫在水井或溪流、河谷取回一壶“龙水”交盛装的女主人提回家，众人吹吹打打，一路遍插五彩旗，簇拥相随。女主人一路叩拜回到新居，男主人远远点燃鞭炮、地铳相迎。苗巫提“龙水”绕屋行走三周，再跪拜“安龙”。安龙须用上好的瓷碗两只：一只盛满龙水，内放银粉朱砂在下，一只覆盖在上，深埋于正堂的地穴中，然后掩土，再用一青圆珠石封牢。这样就算把“龙”接回了家里，便可保佑家庭消灾去邪，年年五谷丰登、六畜兴旺。“龙宝”是苗家的命根子，是苗家的禁地，进苗家做客，你可得千万小心别拿脚去踩那圣洁的“龙宝”，否则会惹主人家生气的。

苗族吊脚楼具有深刻的文化内涵。吊脚楼除了具有其本身的特点、形式外，还有其深刻的文化内涵，即空间宇宙观念。这从苗族吊脚楼正梁中央普遍存在的神秘象征符号中就可见一斑。符号呈圆形，分内外两层，外圈为朱红或墨汁绘就，中心则用红色，如一“卵”形，整

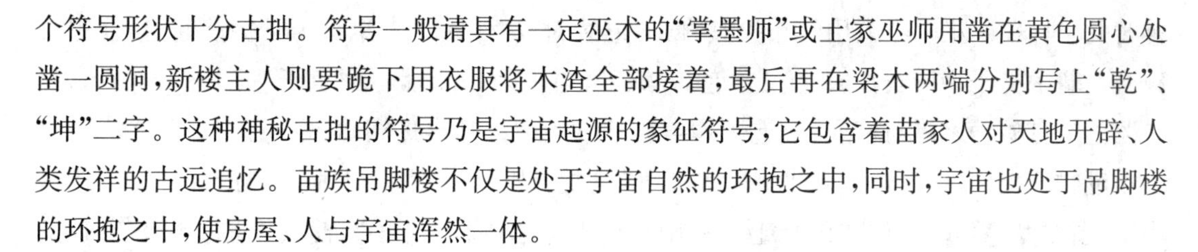

个符号形状十分古拙。符号一般请具有一定巫术的“掌墨师”或土家巫师用凿在黄色圆心处凿一圆洞，新楼主人则要跪下用衣服将木渣全部接着，最后再在梁木两端分别写上“乾”、“坤”二字。这种神秘古拙的符号乃是宇宙起源的象征符号，它包含着苗家人对天地开辟、人类发祥的古远追忆。苗族吊脚楼不仅是处于宇宙自然的环抱之中，同时，宇宙也处于吊脚楼的环抱之中，使房屋、人与宇宙浑然一体。

四、宗教信仰

1. 多神崇拜

铜仁苗族的宗教信仰，从教派来讲，主要有佛教、道教、基督教（天主教和伊斯兰教在建国前曾有过，现已不存在）。苗族宗教活动内容丰富，形式多样，至今留存了各个历史时期的宗教信仰形态。

（1）自然崇拜

自然崇拜习俗在所有民族早先阶段都曾存在过，其核心内容就是“万物有灵”，即认为自然界中万事万物都有神灵的意志和力量。苗族信仰中的自然崇拜习俗从远古时代一直延续至今，祭祀的对象常常是一些神化了的自然物。“赎魂咒”就有这样的祭辞“（天上飞过的）老鸦精、白鹤精、飞蛾精……（地上走过的）克麻（青蛙）精、老鼠精、藤精、树精、古竹木精……（水下游过的）河神水怪、地脉龙神……”。生活中，苗族崇拜自然的习俗与禁忌项目多得不计其数：进山打猎要先敬奉山神、土地，从自然溶洞旁路过不能喊同行者的名字，否则被洞神摄去魂魄；村前寨后的大树古藤不能随意砍伐，否则会给村寨及砍伐者本人带来灾祸；小孩多病，须拜寄于大树、巨石、水井、山塘、道路甚至牛栏、猪圈、鸡窝、鸭棚等自然物，请这些自然物做小孩的保爷，保佑小孩健康成长。苗族自然崇拜中的众多鬼怪精灵都是互不干涉的集团、单元或个体，它们没有显著的大小、尊卑、等级之分，与人类的关系也基本上是互不干涉。只要人不故意惹它们，它们就不会主动降祸于人。所以，人对待这些自然神灵常常是敬而远之，万不得已才与其交涉，以财物、诚心取其宽容与保佑，达到趋利避害的目的。苗族这种自然神灵建构的思维方式，来源于苗族远古时代的社会结构和生活方式。表现自然崇拜习俗的祭祀活动种类也就比较多，如“打洞求雨”——凡久旱无雨，苗族民众要以村为单位求雨祭祀。打洞是请求洞神雷公降雨的活动。此前，先要“闹洞”。由村中一胆大雄壮的男子，头戴烂斗笠，背披颠倒过来的棕毛蓑衣（这种装束使洞神害怕），手提一铲鸡粪来到石洞边（所选石洞一般应是被当地人认为凶恶的洞），将鸡粪撒在洞口内。据说，洞神性好干净，最忌鸡粪，只得请其好友雷公降雨以冲洗。如果以恶作剧的方式“闹洞”还达不到降雨目的，则要打洞求雨。全寨甚至相邻村寨按户依次捐米，延请巫师至寨中某户人家屋外扎一雨台。雨台由一张八仙桌构成，桌上供雷神、五方、龙神、三园洞主等神灵的牌位。另摆净水一碗、供品若干。届时，杀羊一只煮熟与米粑、豆腐一同祭神。同时，选一忠厚男子作为“童子”，巫师以黑布蒙其头，然后在锣鼓敲击伴奏声中对该男子“作法”。不一会儿，该男子浑身发抖，神智几乎昏迷。巫师令人用红布拴其腰部，继续对其"作法"，直至该男子突然起身，往屋外狂奔。寨中男子手持农具、鸟枪、土炮、鞭炮等，与巫师一起，跟着"童子"向某一石洞出发。一路上喊打喊冲之声与鞭炮、土炮爆炸声震耳欲聋。巫师走进洞口，发现鱼、螃蟹之类的水生小动物便捉住，以牛角关起来，称为"捉龙"。捉到"龙"之后，众人偃旗息鼓往回赶。用一小陶缸将"龙"养起来，放在雨台上。巫师用台上净水喷向"童子"，使其恢复神智，名曰"退车"。一番祭祀之后，连同供品、米饭外加蔬菜等，以盆盛装，分成若干组，于空旷处，众人自由组合，将食物全部吃掉，巫师亦带走香米利市转回家去。此后某日降雨，众人捐资购买肥猪一头宰杀，并备办其他供品，请巫师举行祭祀，酬谢雷公、雨神、洞主。然后将先前关在陶缸中的动物放掉，名曰"放龙"，最后拆掉雨台，整个打洞求雨活动结束。

(2) 图腾崇拜

龙在苗族人民心目中一直是保护神，既是全民族的保护神，也是一个村寨、一个宗族、一个家族甚至某个具体的人的保护神。在苗族家族里，龙不是虚无缥缈、盛气凌人的象征性神灵，而是与苗族人民生产、生活紧密相关的神秘力量的化身。松桃坡东坡西各地常常举行"Reax rongb"(汉音：然绒，意为"挽留龙神")活动。活动之前先要请巫师在寨内举行驱逐邪魔的仪式，称为"扫寨"。挽留龙神活动有独家举行或全寨甚至数寨联合举行等情况。人们根据某些迹象，认为龙神有他迁之意，就要用一头猪、一只鸡及其他供品设祭以挽留龙神。祭祀活动举行之前，主人要邀请年轻貌美的姑娘、少妇十二人作陪祭人，受邀请者则以此为荣。届时，众多陪祭人身著盛装入场，共同用手托起一条长约七、八丈象征龙神的白布或丝绸，在主家堂屋内分排站定。巫师对着一男子作法，该男子达到如痴如醉的状态后，就会手持桃木钩向外冲去，沿河堤、田埂寻找"龙神"；巫师、陪祭人跟随该男子来到野外"找龙"。此后，男子会在井边或河边停下来，指示龙神的住所，姑娘们拿出事先准备好的小陶罐，依次在龙神所在的地方汲取清水。然后基本上按来时的队列，一手提水罐，一手托龙布，载歌载舞，表示已迎接龙神回家。

当姑娘们托着龙布回到村口时，主人要身着新衣，带着全村老幼，恭恭敬敬地迎接龙神。姑娘们将龙布托入祭场，在场人员接过龙布，将其缠绕在主家屋柱上，祭司念诵安龙祭辞，并将姑娘们带回的清水集中在一只陶罐里，在主家屋内挖一小坑，将盛水陶罐埋在坑内。据传，这就是龙神的安身之所。

(3) 祖先崇拜

历史上，苗族是一个经历过无数次大范围、远距离举族迁移的民族，饱受战争掠夺及生活环境恶劣之苦。颠沛流离的生活和充满敌意的环境，使得苗族以血缘为纽带的人际关系更加牢固，父子、夫妻、亲戚、宗族成员，往往是最可靠的依存力量。这种重视和依恋亲情的民族心理，总是对祖先充满怀念和崇敬。祖先活着的时候是本族的创业者，是宗族生存环境的开拓者。所以在祭祀祖先的时候总是一遍又一遍地追忆祖先开疆拓土的艰辛，带领全族人跋山涉水的劳顿。在苗族的信仰里，祖先神灵是最可靠的保护神。凡遇到家宅不安、子嗣

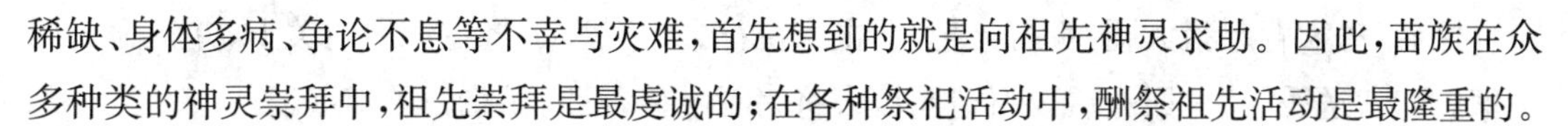

稀缺、身体多病、争论不息等不幸与灾难，首先想到的就是向祖先神灵求助。因此，苗族在众多种类的神灵崇拜中，祖先崇拜是最虔诚的；在各种祭祀活动中，酬祭祖先活动是最隆重的。

(4) 英雄崇拜

崇拜蚩尤：蚩尤，苗语称“Poub yous”（汉音：剖尤），意即尤祖公。在苗族人民的历史记忆中，蚩尤是一位战神，是一位英雄。祭师更奉蚩尤为发明和使用巫术的始祖，传说他是一位头戴铁三角、能呼风唤雨、撒豆成兵的天将。所以“冲傩”“打洞”“扫寨”等驱邪活动中，能够把铁三角烧得通红并戴在脖子上是法术最高的表现。通常，椎牛神柱上要捆两只水牛角，祭司家里的屋柱上常年挂着两只水牛角。“上刀梯”活动中的刀梯顶端通常要装上一把三尖叉，傩戏中开山面具的顶端也有两只似牛角又像铁叉的装饰部件。祭师刻意进行这种装饰的目的，是为了求得战神蚩尤的护佑，获得蚩尤的神力、法术。

崇敬亚宜、亚努：传说亚宜、亚努是凤凰龙塘河的两位苗族青年，见官军来到跳花场上抢苗族姑娘，二人就组织力量与官军激战，最后寡不敌众英勇就义。这一天恰好是四月初八，以后每年的这一天，苗族人民都要举行各式各样的活动，如打花鼓、上刀梯、舞狮子、玩龙、打秋千、唱苗歌等，以纪念这两位不朽的英雄。

崇敬龙张郎：松桃苗族民间有龙张郎学法的传说。龙张郎本姓龙，自幼父母双亡，由张姓人收养成人。因刻苦好学，有一身高超本领。某年，苗家人西迁来到遍地都是沙子的地方，突然一阵大风吹来，许多人的眼睛被沙子迷住，从此就看不到东西了。龙张郎为救乡亲，凭着自身的本领，踩着刀梯、刀桥，终于取得了月亮上的露水，治好了乡亲们的眼睛。为了纪念这位急公好义的英雄，每年六月初六，人们便举行各种各样的活动，尽情表达崇敬和怀念之情。

2. 祭祀活动

(1) 颇果

颇果是铜仁苗族最为虔诚的祭祖活动。“果”意为先祖、老人；“颇”的意思是供奉、祭祀。颇果前先要向祖先神许愿，称“许早愿”。然后选购头花、脊花、尾花、四蹄周正的猪进行喂养，并向祖先禀报此为祭猪。猪肥了便择日备办礼品通知舅家参加祭礼。届时，延请祭司至家中主持祭祀活动。祭司用树枝、竹片等扎成山洞状祭棚，将身着苗族古代衣饰的女始祖偶像安放于洞内。当晚，祭台上摆着简单供品，主家和舅父舅母面对面神情严肃地坐在祭台边，名曰“陪神”。祭司敲响“信冬”，唱诵请神祭辞。祭毕，将祭猪牵至祭台前交付神灵，曰“交牲”。

帮忙人员在主家院坝里钉上数根木桩，将祭猪头朝主家，四蹄捆在木桩上。舅爷双膝跪下，持木棒猛击三下（也可以是九下，六下轻三下重）将猪打死。众人帮着以火烧去蹄毛，弄净内脏，并由族中一德高望重者按规定程序将猪体分解成数份，除大腿（带尾后腿，给舅家）、小腿（无尾后腿，给祭司）等部分外，皆煮熟，陈列于祭台。祭师高声唱诵，追述祖先开疆拓土的艰辛。祭毕，将肉切碎，邀请客人及本寨大人小孩一同入席“陪神”吃饭，席间皆说吉利话。

之后，舅家背起猪大腿，手持火把，向主家祝福。走时反手将主家大门关上，并将火扔回主家，意为“送香火”。回去后要召请同族人将猪腿吃掉，不能私藏一星半点。

最后，祭师还要“送神”并给主家安家先，请祖先神灵保佑主家安康。

颇果全过程需两天一夜，全用苗语表达，气氛肃穆庄重，妇女及外人严禁入内，许多事项极为讲究。

(2) 朝傩

某人出行在外，回到家后四肢无力，食欲不振，甚至卧床不起，神志不清，便被认为是丢了魂，需请祭师朝傩急救，故又称“朝急救傩”。

其过程是：主家备办猪肉、雄鸡、米粑、豆腐、香米利市等，延请祭司至家，来主持祭祀活动。祭司在主家堂屋内用竹片、木条及剪纸品扎制一简单祭棚，将傩公傩母的木雕偶像穿上衣裳并供奉在祭棚内。祭棚用四张八仙桌拼合成一张供台，供品陈列于供台上；然后将分别称作“功曹文”、“通关牒”之类的文书焚烧，意为请四值功曹将情况通知神灵洞主。第二天清晨，选一忠厚男子，坐于供台前，以黑布蒙其头，祭司在激烈的锣鼓敲击声中对该男子“作法”。时而口中念念有词，时而向前喷洒凉水，时而对其比划字讳咒符，称作“降童子”。被称作“童子”的男子神志逐渐昏迷，浑身颤抖。众人用带桃木钩的红布拴住其腰，令人远远牵着。“童子”往外奔跑，祭师手持师刀、令牌等法器，率众人跟着“童子”向外进发。如果“童子”在什么地方停下，众人便挥舞手中农具朝地上刨挖，所得昆虫用红布包住，口中不断吆喝：“在这里！×××魂魄在这里！”一行人走走停停，直到“童子”筋疲力尽，不肯前行了，众人方扶着他往回走。

到了主家，扶“童子”坐定，祭司将先前在野外刨挖到的昆虫之类的东西一一递给“童子”辨认。大部分被扔掉，少部分被留下。被留下的昆虫就认定是病人的魂魄，须用草纸包好，连同米粒、茶叶放在患者枕下。祭司扶住傩母雕像，用卦占卜，向傩母询问病人何时康复。如果求不到吉祥卦象，祭司要向傩母苦苦乞求相助，请她拯救患者。若一直求不到所需卦象，证明傩母也无能为力，则病者无康复的希望。

辨认魂魄仪式结束，祭司要用所谓的“法术”让“童子”恢复神志，变成一个正常人，称作“退车”。最后拆除祭台，恭送傩神，朝傩活动结束。

(3) 还愿

松桃县仍在活跃的傩戏班子有近四十个，从业人员三百多人。祭司们平时参加农业劳动，遇有驱鬼祈福的巫事，则师徒一同前往，为主家酬神消灾。还傩愿的全过程所需时间为两天一夜，也有一天一夜或三天三夜。

按功能和祭祀目的来划分，苗族傩愿有求儿求女的“还求子愿”、为祈老人长寿的“还寿愿”、为祈求风调雨顺的“还五谷愿”、为求病人及早康复的“还平安愿”、为平息争讼的“还平头愿”、为小儿避过关煞的“还过关愿”等。这些愿戏的设祭、扮演方式和程序基本相同，只在个别细节和祭词上作一些变动。其大致情况是：

请水→扎灶→回奉→开坛→请师→发功曹→交猪羊→行堂接界→铺傩下盏→封傩→会兵架桥→开光点像→立五营→散花红→下马→讨卦→上表→开洞→(先锋)→(开山)→《金宝》→(师娘)→《黄河造船》→(算匠)→禳星赦土→(和尚)→和标→腾牧→(秦童八郎)→上熟→游愿→(游愿)→(土地)→(判官)→找八弟八兄→送神。

各个傩班都供奉傩公傩母两尊神像，但在整个傩祭活动中，傩公处于“不管事，只坐一边喝酒”(祭师语)的从属地位，而傩母在傩坛上“管全盘”。祭司要请主家的舅辈打着伞去请傩母为主家病人治病(冲大傩)；最大的供品(猪)和最精美的供品(鱼)均祭献于傩母座前(各种傩活动中的“交牲”、“上熟”仪式)。

松桃苗族傩活动“祭”的成分多而“戏”的成分少。由于“戏”的成分不多，演出过程所需道具就不多。面具只在正戏出现，有开山、先锋、算匠、土地、秦童、八郎、判官、和尚共八枚。有的傩班有一个歪嘴面具。在正戏中，师娘和铁匠两个角色没有面具，只用简易化妆出场演出。傩戏的其他道具有绺巾、马鞭、师刀、令牌、开山斧、方巾、剪刀、布娃娃、雨伞等，这些既是演出道具，又多是祭司的法器。由于傩班演员都是民间艺人，在演出折子戏过程中，傩戏的声、腔、板、调虽有一定的搭配规范，但由于傩艺承传以口传心授为主，各个演员(祭司)的文化素质参差不齐，演出时就没有按固定的唱腔调式和动作行为来执行。他们世世代代生息于傩巫文化的浓厚的氛围中，每一次感受傩活动，都能把握和领会傩文化内核神奇的韵味，超越外在形式本身而产生强烈的共鸣和完整趋一的审美感受。也因此，在农村举行“还傩愿”活动时，周围村寨的男女老少踊跃观看并积极参与，一台演出往往是演员、观众没有严格界线，台上唱台下应和，演员忙不过来时观众主动帮忙。因而，一堂“还傩愿戏”的表演过程，就是祭司(演员)、主家、观众共同完成酬谢神灵、驱除灾祸并以歌舞、说唱来娱神同时娱人的过程。

(4) 椎牛

苗语称 Nongx nieb(汉音：农涅)，意即吃牛，是梵净山东麓苗民最隆重、耗资最大的祭祖活动，祈求祖先保佑家道兴隆、人丁兴旺、五谷丰登。事先许愿，然后购一头毛发周正、脚蹄健壮的水牛作祭牛，择日持酒、礼报请舅父及亲友参加祭典。届时，亲友均带礼前来祝贺，舅父还带青壮若干人作椎牛刀手。

祭仪开始，主家堂屋内设供台，台上有猪肉、米粑、豆腐、酸鱼等供品，另有铁三脚、鼎罐等神器。主家户外院坝上立一雕有各种花饰的木柱，称“神柱”。将牛拴在柱上，留有一丈左右的绳索，使牛能自由地绕神柱奔跑。祭司领主家及帮忙人员在柱前一番虔诚祭祀，主家舅辈及带来的刀手依次入场，舅父三拜三揖后作椎牛示范动作，刀手们持刀对准牛身上由祭司特别圈定的部位(牛前胛右方)猛刺。若刺不准，后面的刀手夺刀复刺，直到水牛倒地。牛倒地前，众人上前扶住牛，将牛头倒向主家屋内以示大吉。次日，祭司在椎牛场内举行大型祭祀活动，场内帮手及其他人与祭司一道唱诵苗族《迁徙歌》，讲述开天辟地、洪水滔天、姐弟成亲、繁衍人类，以及苗族长途迁徙、开疆拓土，分成五宗六房十二支等历史。最后分祭肉，母舅妻舅各分得一只牛后腿，姑爷姐夫分得一只前腿，祭祀结束。

第三节　铜仁侗族文化

侗族是由古代百越人的一支"骆越"逐渐演变而来，于秦汉至隋唐时期逐步形成单一族群。在不同的历史时期，对侗族先民有不同的称谓。秦代称"黔中蛮"。汉代称"武陵蛮"或"五溪蛮"。魏晋南北朝称"僚"。唐代称"僚"的同时，又称"僚浒"或"乌浒"。宋代以后，境内侗族居民相继被称为"仡伶""仡佬""仡偻"等。到了明代，又有"峒人""硐人""洞人""洞蛮"等称呼。清代称为"洞苗""洞民""洞家""伶"等。侗族人民自称"干"(gaeml)，或"余"(jeml)，也有些地方被称为"金佬"(jeml laox)、"金铰"(jeml jaox)、"金坦"(jeml tanx)。汉族称之为"侗家"。中华人民共和国成立后，经过民族识别，这支有着共同地域、共同经济生活和共同文化习俗的人民共同体被国家正式认定为侗族。目前，铜仁市侗族主要分布在玉屏、万山、铜仁、江口、石阡等县(市、特区)，约有 37.68 万人，在全市少数民族中，侗族人口仅次于土家族和苗族，位居第三。铜仁市内侗语已经消失，现在普遍使用汉语作为交际工具。

一、文化艺术

侗族的文化艺术丰富多彩、有"诗的家乡，歌的海洋"之美誉。侗族诗歌的韵律严谨，题材广泛，情调健康明朗，比喻生动活泼。其中抒情诗歌优美细腻，真挚热情，叙事诗歌委婉曲折，含意深长，是侗族民间文学的一项极为珍贵的文化遗产。诗歌歌词多以人类起源、民族迁徙和生活习惯为题材，具有史料价值。以《珠郎娘嫫》《莽岁》《三郎五妹》等流传最广。音乐曲调既多又美。一领众和、多声合唱的"大歌"声音洪亮，气势磅礴，节奏自由。琵琶歌，因以琵琶或加"格以琴"(俗称牛罢腿)伴奏而得名，曲调欢快流畅，为侗族所特有。民间的故事传说，题材广泛，形式多样，情节曲折，引人入胜，表现手法富有浪漫性，体现了侗族人民丰富的想象力和追求光明、战胜邪恶的善良愿望。侗戏是由原有的叙事说唱发展起来的，始于19世纪初，相传是黎平侗族吴文彩(约1798—1845)所创。台步简单，动作纯朴，曲调唱腔多样。演唱时，用胡琴、"格以琴"伴奏，击锣钹鼓闹场，着侗装，不画脸谱，富有浓厚的民族色彩。侗族民间舞蹈，有"哆耶"、芦笙舞和舞龙、舞狮等。"哆耶"是群众性的集体歌舞，或男或女，彼此互相牵手搭肩，围成圆圈，边走边唱。芦笙舞是由舞者吹奏芦笙边吹边舞的集体舞蹈。乐器除上述外，还有侗笛、唢呐等。手工艺品有挑花、刺绣、彩绘、雕刻、剪纸、刻纸、藤编、竹编。刺绣是侗族妇女擅长的工艺，她们在服饰上刺绣各种图案花纹、人物、禽兽、花卉、草虫，形象生动，色彩绚丽而调和。银饰有颈圈、项链、手镯、耳环、戒指、银簪、银花。纺织品有侗锦、侗帕、侗布。先用靛染，后涂蛋白的"蛋布"，颜色鲜亮，为侗族特有衣料。

侗族擅长石木建筑，鼓楼、桥梁是其建筑艺术的结晶。鼓楼为木质结构，以榫头穿合，不

用铁钉。有三、五层以至十五层，呈 4 面或 6 面或 8 面倒水，高 4—5 丈，飞阁重檐，形如宝塔，巍峨壮观，是族姓或村寨标志，也是公众集会的议事场所。风雨桥是石墩木桥，长廊桥道，桥亭重瓴联阁，雄伟壮丽，以三江县的程阳桥最负盛名，已被列为国家重点保护文物。

万山侗族文化艺术奇葩——鼟锣

万山鼟锣，是侗族文化中目前最为独特、古老、保存最为完整的民族文化艺术之一。鼟锣盛行于万山区境内黄道、下溪、敖寨侗族乡，至今已有千年历史，1994 年黄道侗族乡被贵州省文化厅授予“鼟锣艺术之乡”。鼟锣以锣、鼓为主，辅之其他乐器和用具。侗乡人民在长期的风雨岁月中，共演练成闹年锣、喜庆锣、敬神还愿锣、辞诵锣、充锣、丧锣、“三锤锣”、“九锤锣”、“两头忙”、“三道齐”等 60 余种具有不同形式和曲调的鼟锣，而最具观赏价值和表演特色的是新春佳节鼟锣。村寨之间，少则数十人，多则上千人，黄毛孩童、古稀老人、青壮劳力、翩翩少女，载歌载舞，热闹非凡，委婉处柔媚万千，激越时锣鼓震天。北京的邓敏文研究员、杨进铨教授看后赞叹：“不愧为一枝奇葩，比西北的威风锣鼓还威风！”

二、风俗习惯

侗族人民大都穿自纺、自织、自染的侗布，喜青、紫、白、蓝色。男子装束，近城镇者与汉族无异，唯边远山区略有差别，穿右衽无领短衣，着管裤，围大头帕，有的头留顶发。妇女装束各地互有差别，有着管裤、衣镶托肩、钉银珠大扣、结辫盘头者；有衣长齐膝、襟边袖口裤脚有滚边或花边、挽盘发者；有着大襟衣、大裤管、束腰带、包头帕、挽头髻者；有着对襟衣、衬胸布、围褶裙、系围腰、着脚套或裹绑腿、髻插银椎者；有宽袖大襟、衣滚绣有龙凤花卉、长裙过膝，梳盘发者；也有着汉装者。她们一般都喜欢戴银饰。

侗族人民的饮食以大米为主要食物，平坝地区以粳米为主，山区则多食糯米，普遍喜食辣椒和酸味。自行加工的“醅鱼”“醅肉”，贮藏十数年不坏。用油茶待客，是侗族人民的一种好客习惯。侗族的村落依山傍水，以南部地区最富有特色。村头寨尾多蓄有古树，溪流上横跨“风雨桥”，寨中鱼塘四布。按族姓聚居，鼓楼耸立其间。住“干栏”房，楼上住人，楼下关养牲畜和堆置杂物。

“月也”，是这一村群众到另一村做客，并以吹芦笙或唱歌、唱戏为乐的社交活动。农闲斗牛，是集体娱乐之一。届时老少咸集，人山人海，欢声四起，锣鼓喧天，铁炮震动山谷。有外寨客人途经本寨，则阻之于寨边，以歌对答，谓之“塞寨门”。“行歌坐月”又称“行歌坐夜”，是青年男女进行社交和谈情说爱的通称。北部侗族地区称为“玩山”，青年男女在劳动之余，三五成群，相约在山坡上对唱情歌。南部侗族地区称“走寨”，或称“走姑娘”，晚上姑娘们结伴在屋里做针线活，客寨男青年携带乐器前来伴奏对唱，互相倾诉爱情，深情时男女互相“换记”（送礼物）定情，约为夫妻。三江县富禄等地侗族群众常于夏历3月3日或2月2日汇集于广坪上，用一特制火炮冲一铁环腾空而起，降落时，让大家抢夺，获得者受重奖，叫做“抢花炮”。

侗族婚姻为一夫一妻制。姑舅表婚较为流行，姨表兄妹和辈分不同的不能通婚。女子婚后有“坐家”（即“不落夫家”）的习俗。新中国成立前，侗族的社会基本单位是封建家长制的父系小家庭，妇女在社会和家庭中的地位低于男子，妇女禁触铜鼓；男人或长辈在楼下，不准上楼。侗族姑娘在婚后才能享受父母和自己积累的“私房”以及分得少量的“姑娘田”、“姑娘地”。男子继承家业，无继承人的可招赘养子。

丧葬一般同汉族，行土葬。个别地区还有停葬习俗，人死入殡后将棺材停放在郊外，等本族与死者同年同辈的都死亡以后，才一同择日安葬。

三、宗教信仰

朴实的侗族人民在与自然的斗争中，无法理解自然界的种种怪异现象，便产生了“灵魂不灭”、“万物有灵”的宗教信仰观念。玉屏侗家人的宗教信仰，就以祭祖敬神为主，秉承着这种观念。

敬观音民间佛教活动：在农历三月十九日、六月十九日、九月十九日观音菩萨生日（即观音菩萨出生、成道及出家的日子）时，都要备办糖果等物，朝山进香，供奉神佛、虔诚祈祷、祈福免灾、事后还愿。

做道场民间道教活动：多为敬神驱鬼等，道教徒多为居家道士。这类道士不在道观出家，居住在自己家里，专为亡人做道场。最为显见、较为普遍的道教活动，就是在丧事中的做道场等法事活动。

祭祖敬神：侗家人堂屋都设有供奉祖先的神龛，屋外有土地。逢农历初一、十五日要摆净茶、烧香纸，逢年过节，要以酒肉、糖果、油茶供奉；并敬奉财神、四官神、五谷神、灶神、土地神等，认为是这些神赐予和保佑了福禄寿禧、衣食住行。

看香：认为人畜生病是鬼神在捉弄，因而要请巫婆神汉“看香”卜卦，敬神送鬼。

烧蛋：人有病灾、诸事不顺等，长期不见好转，就要请巫婆“烧蛋（用鸡蛋）”卜卦，通过鸡蛋烧后的形状、图案及卦象，看是否鬼神在作怪，若是则驱鬼隔邪。

收吓（音 hè）：又叫“起吓”，当婴幼儿受到惊吓时，其抱者或身边的大人，当即在婴幼儿前额用力地连吻三下，吻一下并大声“呸”地吐一下口水，并说：“吓猫吓狗！没（方言音 mēi）吓到某某！”。若小孩受到惊吓后，常晚上睡不宁、白天精神不振，或生了病等，认为这是吓掉了魂魄，需要找人“收吓”，给孩子收回受惊的魂魄，小孩才能安宁。

洒水饭：也叫“泼水饭”，如梦见死人、猛然肚子痛等，侗家人认为是被死去的人念记，或是碰到了孤魂野鬼，要泼水饭给逝者和孤魂野鬼吃，祈求它们不要骚扰人们的生活，确保世间的平安。泼水饭就是在路口边烧些香纸，说些希望鬼别念记、别找麻烦、求保佑的话，然后转过身面朝家的方向，将一碗水饭（水泡的饭）用力向后泼洒在地上，送给那些孤魂野鬼。泼了水饭后就径直回家，别回头。

提火焰：人长期精神不振、多病等，认为是火焰低，常被鬼神捉祟，要请法师“提火焰”，就能避鬼邪。

掐掌：人遇上坎坷或者丢失钱财，认为是灾星所致，要请算命先生或巫婆神汉“掐掌”测凶吉、判去向。

拜寄：人取名时，要请算命先生测八字，如有金、木、水、火、土“五行”不全，就要用“拜寄”的方法来填补。除拜寄别人认寄爹、寄妈外，水井、古树、石崖等都是拜寄的对象。有的通过取名来补缺，缺什么补什么。有的则特意另取“狗”、“牛”等小名，贱喊贱养。

当天赌咒：人与人之间产生了矛盾纠纷，是非难辨时，就当着天地赌咒，认为只有天地公正，能惩治邪恶。

架桥求子：凡没有生育或只生女不生男的人家，认为命运不好，要“架桥”求福。一般用三根约五尺长（视沟的宽窄）的木棍，到有沟的地方，两头扎红布用木桩插稳固定，烧香纸，示为架桥修路、向众人赐福，这样就会生男育女、改变命运。

观音求子：若久婚不育，就要做双小布鞋，带着供品、香纸到观音庙，祈求观音菩萨赐子。

指路祈福：小孩“不乖（不健康）”多病或几代单传等，便在岔路口立指路牌，为行人提供方便，以此广积阴德，祈求多子多福或使小孩长命富贵，易养成人。

打傩鼓：在玉屏县的田坪等乡镇有“打傩鼓”的习俗。打傩鼓即驱傩，意思是驱逐疫疠之鬼，收回失散之魂。侗家人认为病人长久不愈，或健康人突然发病，是遇上了恶魔鬼怪，失散了魂魄，要请巫师到家打傩鼓捉鬼收魂。傩祭时，巫师穿戴着鬼神人兽、造型各异的服装面具，执戈扬盾，击鼓鸣金，狂跳狂舞，吹牛角，念咒语。然后咬破雄鸡冠，将血涂在病人额头上，随即引领众人奔赴荒野，寻捉一只昆虫回家，装好放在指定地方，并在病人床上或房门上张贴“符图”，即捉了鬼、驱了魔、收了魂，病人就会病愈康复。

放蛊：又叫“放鬼”，是针对指定对象或无指定对象下蛊，使中蛊者遭遇不幸或心身受损。放的蛊有施了蛊咒、蛊毒的毒虫动物蛊、植物蛊或食物蛊等。侗家人见到屋旁路边有不明物品，都避开不捡。相传放蛊人要定期放蛊，长期不放蛊出去，他自己就会中蛊。据说避蛊方法是，将疑似施了蛊咒的东西，拿来埋在人行走的十字路口，是蛊就会回到放蛊的人家里。

挂红：除喜事挂红外，侗家人在遇到触霉头的事、被人冤枉或未婚对象到对方家参加丧事等，事主都要为其挂红，以此为其赔礼、洗冤、冲喜。

宗教信仰禁忌：神龛是供奉祖先的最为神圣之处，一切凶器，如刀、斧，甚至绳子等，都不准放在上面。否则，是大不敬，会招致惩罚。村寨内举行重大祭祀期间，外人不许入寨，会用芭茅草结成十字形，挂在村寨路口作标志示之。有病人家在“送鬼”时，其家门外要插树枝等作标示，生人不能入内，认为外人进屋会带“鬼”进来，对病人不吉。误入为犯“冲克”，需赔偿钱、物给病人家，以作重新“赶鬼”之用。在敬神敬佛时，对祈祷所许的愿，如愿后一定要还愿，说是“许愿不还，再不灵验”。

第四节　铜仁仡佬族文化

铜仁仡佬族主要分布在石阡、思南、江口、松桃等县，共计 11.53 万人（第五次全国人口普查统计）。仡佬族源于古代“濮人”。传其祖先为竹王。仡佬族的他称大致分为“濮”、“僚”、“仡佬”几个阶段。商、周及春秋战国时期，濮人称“卜”或“百濮”。秦汉时期，“濮、僚”并称，又有“夷濮”“夷僚”的称谓。南北朝时期，越、濮统称为“僚”。隋唐时期，僚人经过长期的发展，逐渐形成“仡僚”。北宋陈彭年等修撰的《广韵》中，把“僚”解为“佬”。宋代，有“葛僚”“仡伶”“仡僚”“仡榄”“仡偻”等记载。朱辅《溪蛮丛笑》中第一次使用“仡佬”一词。明嘉靖《思南府志》称“僚仡”。明、清两代编纂的《石阡府志》记载：“苗民司曰仡佬”、“石阡北多有仡佬”。铜仁仡佬族在民间又有木仡佬、花仡佬、红仡佬、水仡佬、打铁仡佬、打牙仡佬等称谓。1953 年，经贵州各地仡佬族代表协商并经国务院同意，统一族称为仡佬族。铜仁仡佬族的语言已经消失，现在普遍使用汉语为交际工具。铜仁仡佬族的民族识别和恢复在 20 世纪 80 年代以后。

一、仡佬族节日祭祀

1.“除夕”祭祀

仡佬族是农耕民族，对一年一度的春节非常重视。为了除旧迎新，恭祝祖先神灵的赐福，预祝来年吉祥如意，仡佬族人对于除夕家祭非常讲究，远方游子也应时而归，合家团聚。

“冬至”一过，便进入了除夕祭祀的筹备期。杀自养自食的过年猪，要祭祖先、财神和四官神。要邀请附近的至亲好友来家吃“刨汤肉”。主要吃鲜嫩的肥肉片下锅、生猪血下火锅等。然后将猪肉加工腌制为猪头、腊肉、香肠等，以备过年料。

接近除夕，农村中便响起了舂碓、推磨、榨油、水碾交响曲。仡佬族人喜欢吃糯食，各家各户都要种一定的糯稻，专供春节打糍粑、煮甜米酒用。

打糯米糍粑，是将糯米蒸熟后，放在特制的木槽里由两个强劳力用粑杵对打，米成粑团，冷却后用水泡，慢慢烙着吃或煮甜米酒吃。

在石阡县五德、青阳一带，将糍粑制作直径约 5 寸，重约 2 至 3 斤的礼粑，用特制的粑印盖上红色图案，如牡丹、蝴蝶等，用作走亲戚拜年的礼品。还要制作一个直径约一尺的“粑王”，扭成十二个小的“月粑”。供在自家的“香火”（神龛）上。待到正月十五过大年取下察

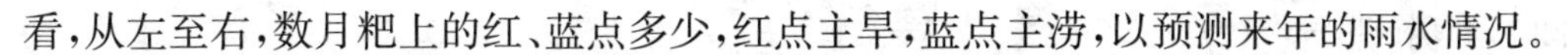

看，从左至右，数月粑上的红、蓝点多少，红点主旱，蓝点主涝，以预测来年的雨水情况。

在石阡县本庄、白沙、龙塘等乡镇，习惯用碓舂米粉，制作半黏半糯的“花甜粑”和“滚团粑”。还要专门蒸“雨水粑”，即将十二个滚团粑上用拇指各按一个窝，待粑蒸熟后观看，代表那个月的粑窝中积的汽水多，来年当月的雨水就丰沛；积的汽水少或无水，就会发生干旱，早作防备。

推绿豆粉过年，是石阡城乡的特有风俗。正月初一，仡佬人家只吃粑粑、汤圆、绿豆粉，不能吃米饭。

此外，还要煮甜米酒、做水白菜、推豆腐、油炸酥肉、豆腐果等。有的还要炒米制糖做麻饼等。

除夕要清扫房屋内外，重贴“香火”(神龛)、门神、对联、壁画，使之焕然一新。香火正中书贴“天地君亲师位”，其旁贴若干小红纸条，上书享受家祭的神佛仙长圣贤之位，本户高曾祖辈名讳及外祖考妣等。常见的神位有：玉皇大帝、观音大士、梓潼帝君、关圣帝君、孔圣仙师、灶王府君、福禄财神、四官大帝、太上老君、文昌帝君，有的还有五显灵官、神农仙师、鲁班仙师等。两边对联有：“敬神祭祖先正气，孝老尊师世代昌”等方面的内容。

香火台面上常供有一尊木质或瓷质的菩萨(如观音、梓潼、财神、魁星、关羽、老寿星等)；置有香炉、炉台、铁磬及未出灵的灵牌，坛神标记等物；香火下段书贴“镇宅土地神位”，大众对联有“土能生万物，地里出黄金”。

除夕祭祀先从土地神开始。主人夫妇将煮熟的猪头盛着，备上竹筷、菜刀和香烛纸钱，先在堂屋中祭“长生土地”。祭祀时先用菜刀将猪头横顺划破，有的要切一小块肉自己先尝，再插上两双竹筷，烧香化纸泼酒，默念：请土地公公、土地婆婆回家过年。接着，端着猪头酒礼遍祭土地庙，旧时城乡随处可见小小的土地庙或土地神龛。土地的名色也多，如猪栏土地、保寨土地、井口土地、桥梁土地、把坳土地、秧苗土地等。大概因为仡佬族是地盘业主，所以对土地神情有独钟，特重祭祀。如今土地庙没有，人们便在自家院子里一祭了事；同时祭祀“四官菩萨”，要烧“长钱”(四官钱)。没有杀年猪的人家，只得用脱毛的公鸡祭祀，鸡尾要留着两皮长毛。

堂屋正中摆设着丰盛的除夕家宴。主要忙于烧香化纸，鸣磬三五响，默念：请列祖列宗、四方神祇到家过年；鸣放鞭炮，合家老少吃团圆饭。

傍晚，要挑“金银水”，将水缸储满水。要给房前屋后的果木喂饭，用刀在树身砍一小口，边喂饭边念：“喂口饭、结成串；喂口肉、结成团”等。

入夜，要烧“迎新火”。火炕里的柴火、火盆里的炭火都要烧得很旺，以示来年事业兴旺。常言说“三十夜烧个大圪蔸、来年喂个大肥猪”。仡佬族常以“圪蔸”自喻，意为大树之根，古老之族。

一家人围火而坐，以守岁陪祖宗，享受天伦之乐。小孩子们向长辈磕头拜新年，长辈则要发给“压岁钱”。全家人要洗“封印脚”。洗脚不能洗到膝盖以上去，俗话说：脚洗翻山了，串门闯不到嘴(碰不着吃)。

有的地方吟诵“守岁诗”:“已闭财门莫乱敲,年年守岁以通宵。客来甜酒粑粑煮,恭喜一声运气高。”

2. 新年祭祀

正月初一,仡佬人家早上要放炮“开财门”。一般都要到祖坟去祭奠,称为“上亮”或“上灯”。远处的祖坟,可以在正月上半月之内去。

“立春”时节,有“春官”说春,“财神”送财,“梁山土地”表演等。如石阡县石固乡公鹅一带,有人装扮成傩堂戏中的“梁山土地”,穿长衣,戴面具,挨户进行表演,其形态滑稽,演唱幽默,比较受人欢迎。如他唱道:“土地土地,一年种四季,离了土地我,你吃狗屁!”“土地老者六十六,一口酒来一口肉”,“土地老者满一百,其有吃得做不得!”

正月初九至十五为灯节,城乡要玩龙灯、花灯、茶灯、狮子灯等。出灯时要举行“开光”仪式,参拜宗祠、庙堂;然后走村串寨,相互拜访、贺新春、开财门,祈求玉皇大帝、四海龙王保佑、风调雨顺、国泰民安。玩的龙灯有毛龙、捧捶龙、油籖饼龙、草把龙,要说“龙句子”若干,有的还要送龙宝、玩愿龙等。玩花灯也要分丝弦灯、闹闹灯和半打半拉,要兴“燃烛”、“谢茶”、“带五瘟”等。

正月十五过大年,皆备酒宴吃“送年饭”。要烧香化纸放鞭炮,礼送祖先和神祇。

3. 社日祭祀

一年之中有两个社日,两次祭祀“社神”,即土地神。春社日在立春后的第五个戊日,旧俗农家要办“社饭”,以敬奉土地公婆,祈求一年庄稼丰收,俗称“过社”。秋社日在立秋后的第五个戊日,是农民庆秋收的祭日。但是,由于秋社正是秋收大忙时节,人们少有空闲。所以,一般都改在春社之后,桃花开放时节,举行“谢土”仪式。

“谢土”的人家要先做好准备,备好粉粑、豆腐、刀头、酒礼之类;要请“先生”来主持。先生先用红纸写上五方正神之位,贴于堂屋四方和中堂之下,每方就地摆设一个特制的“灯盏粑”(高约2寸,两头大中间小)形如灯台,内装茶油和灯草,再摆三个“印粑”(1寸大小),两片豆腐。中堂前摆个簸箕,堆放稻谷、玉米、薯类、瓜果,表示获得丰收。“先生”点燃蜡烛和灯盏粑,焚香化纸,口中念念有词,手敲金钵,长揖而祭。所念之词甚多,皆是祈求家道昌盛,五谷丰登等语。如“天圆地方,历经九章;灵符安正、万事荣昌”。祭祀结束以后,小孩子们一阵哄抢,以抢到灯盏粑为乐。

4. “清明”祭祀

旧俗同一族姓之人集体祭祀祖先,称为办“清明会”。有专门的 田产,称为“清明田”,所收谷物用于此项祭祀活动。届时杀猪宰羊,大办酒席,老幼皆可参加吃喝,除到宗祠祭祖外,还要到远近的祖坟进行祭扫。

到祖坟进行祭扫,称为“挂青”,可以在“清明”节前后十天内进行,一般人家备好“青纸”、香烛纸钱、鞭炮、酒食、果品等,先后到祖辈、外祖的坟前祭奠。“青纸”用白纸重叠钻成若干

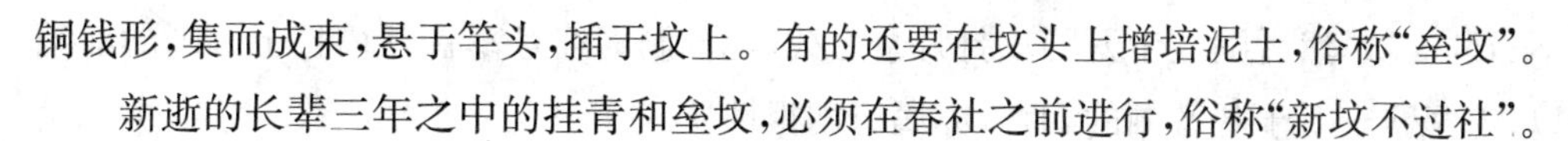

铜钱形，集而成束，悬于竿头，插于坟上。有的还要在坟头上增培泥土，俗称“垒坟”。

新逝的长辈三年之中的挂青和垒坟，必须在春社之前进行，俗称“新坟不过社”。

5. 祭祀山神

山神祭祀各地提法不同，时间也不一致，有的早，有的晚，但祭祀目的却是相同的，希望山神管好“山荒”（野兽禽鸟），不要伤害本寨的庄稼。

相传古历三月初三是“山王菩萨”的生日，旧时很多地方都建有小小的山王庙于荒野路旁，以供祭祀。然而，凯峡河仡佬族称为祭“猫猫菩萨”；河坝场一带称为祭“娘娘会”。按照民间的说法“猫猫”和“娘娘”指的都是“山大王”，即老虎或“白虎”。

祭祀的形式也很特别，每户人家自备一些吃食，寨老备办香烛纸钱及“诉文”，齐集前往某处荒僻的地方举行祭祀。祈祷火化诉文之后，将带去的食物吃完，吃不完的抛撒开去，包括盛食物的碗筷、竹篮、背篼等物全部抛弃，回头就走，任何人不能回头观看。

6. 四月八祭祀

相传这一天是“牛王菩萨”的生日，也是佛祖释迦牟尼的生日，要举行家祭和庙祭。

这一天要让牛休息，并拿米饭、糍粑给牛吃。旧时石阡县城人民要上五老山伴云寺去朝拜“牛王菩萨”。佛教信众要到附近的庙宇举行祭祀。

7. 端午祭祀

石阡县城一带，以农历五月初五为端午节，俗称过小端午。一般人家都要包粽粑，备齐鸡鸭鱼肉蛋等，要用菖蒲、艾蒿挂在大门两边，以避邪气。有的还要造雄黄酒洒于房前屋后以防蛇虫；要煮红鸡蛋、大蒜头来吃。届时女儿女婿、干儿干女、未过门的儿媳、未婚的女婿等，都要来家做客，俗称“打端午节”。端午节是为了祭祀战国时楚国大诗人屈原抱石投江，旧时石阡县城要在龙川古渡开展划龙船竞赛和抢鸭子活动。

高山或半高山地区，插秧正忙，所以改在五月十五，俗称过大端午。一般要在十四这天放假一天，男人们要下河打捞鱼，上山捕猎，备办吃喝。

8. 六月朝山

分农历六月初六、六月十九两次，一般仅朝山一次。

六月六朝山是在不张扬的状态下进行，具有一定的神秘性。受人朝拜的山崖、洞穴，一般不很显眼，远远望去崖间透红，或有简易木棚。走近细看则是一些红布条挂在树梢、岩石之上，民间称为“菩萨”的“盖头”。有的石崖或木栅里，供有少许木雕、泥塑的偶像，造型简陋，没有什么明目。岩间还供着一双双长约一两寸的小鞋，花布缝制或鞋上绣花，据说是缺乏子嗣的人家供给“菩萨”穿的，以求得子。有的地方朝拜石笋、石柱，称为朝拜“石菩萨”“赖子石”“将军岩”。据说朝拜之后不生疮、腰不痛。实则上述朝拜都是仡佬等族对于夜郎“竹王牂牁”图腾崇拜的遗俗，也就是祖先崇拜的具体表现形式。

大沙坝乡毛家寨仡佬族人，六月六朝拜中坝镇十万囤后冷水溪岩洞山观音洞。其洞口宽阔、石砌围墙，内有石碓窝等遗物。这显然是晚清咸丰时期，以毛正年为首的红号军起义，一举攻下石阡府城，然后围住十万囤攻打月余之久，观音洞即红号军首领攻打十万囤的前哨所。所以，毛家寨人对于观音洞的朝拜，亦属于朝祖性质。

六月十九的朝山，又称为“朝佛”，相传为观音菩萨的生日（成道日）。比较六月六来说，这天的朝山拜佛却具有很大的公开性和普遍性。再说此时农活相对宽松，天气暑热，村民们约定成俗朝山拜佛，游山观光也是快事。然而，此时的朝山，大部分是朝拜寺庙，仍有部分朝拜山崖、洞穴、石笋、石柱、井泉之类的自然物体，属于图腾崇拜性质。例如：石阡县城旧俗六月十九日朝拜城西洞沟和城东云台山，最初是朝拜“青云灵岩”的石崖和“出岫无心”的石林，后来建有寺庙，便成为人们游山观景，礼拜神佛的去处。

又如：每年六月十九日，龙井、国荣、白沙乡镇一带朝拜城西四十里的云堂山和八字口灵泉洞。云堂山顶上最初建的是六么娘子庙；山下路旁有一口奶奶井，为山上庙宇的饮用水源。民国《石阡县志》载：灵泉洞“中有泉，饮之可疗疾”。其洞顶倒吊着一根粗大的石柱，石柱上的岩浆水滴在下面的天然石井之中，所以朝山者都带有一个瓶罐或水壶，到井里取其泉水饮用；有的到云堂山奶奶井取水饮用。

9. 七月半祭祀

七月十三，古称“中元节”“月半节”或“鬼节”，是祭祀祖先的重要节日，也是仡佬族的“吃新节”。进入七月，仡佬族人习惯在成熟得较早的田土中——无论是自家或别家的，摘取几线谷穗、小米穗，供在自家“香火”上敬奉祖先。有的还要供石榴、梨子等。还要备办若干纸钱包封，一并供奉在“香火”上，早晚焚香叩祭，称为“接祖”。

节日当天，要备办丰盛的“吃新宴”。争取有新产的稻米做饭，用新鲜的蔬菜、鸡鸭鱼肉敬奉祖先。夜间，将供奉的纸钱包封送往水边、路旁进行火化，燃放鞭炮，称为送祖。

二、仡佬族送子习俗

仡佬族送子之俗，自古流行于石阡农村。他们不是去庙里求“送子娘娘”；而是“送瓜瓜”“送龙宝”“送菩萨”，民族风情浓厚，其中贵在于一个“偷”字，随着社会的发展和进步，此习俗已淡化。

1. “送瓜瓜”

古历八月瓜熟时节，农村便有人倡行偷瓜送子之俗。因为有一对夫妻久而不妊，或缺乏子嗣，人们出于同情，所以几个人相约去向他们表示送瓜之意，这家夫妻自然十分高兴。待到中秋之夜，人们先去田地里偷瓜。无论本寨外村，谁家地里长得有成熟的长条形南瓜，俗话“水桶瓜”都可以选取一个。拿回来时，有的故意将瓜蒂取开，向瓜内灌水，然后用一截“苞谷胡胡（玉米芯子）”盖紧，表示送个男生；有的则不取蒂灌水。随即用红布一幅，缠着水桶瓜，让一个比接瓜夫妻低一辈分的五六岁男孩背在身上，一同送往接瓜之家。将要到屋，人们便学着婴儿的哭声，主家急忙开门迎接。进了屋，夫妻一边招呼众人，一边抱着背瓜的小孩，无限亲昵地喊叫：“幺啊、崽啊，你来了吗！”有人将瓜取下来，直接送往寝室床铺上，用被子盖着说:“恭喜你家生个大胖小子”,有人假装去看,暗中将瓜蒂处的“苞谷胡胡”抽掉,瓜里的水流了出来,床铺湿了一大摊,故意惊叫“啊呀,胖子屙尿啦!”人们开怀大笑,夫妻也会心地笑了起来。第二天,夫妻俩煮南瓜吃,一点也不能丢,连瓜皮也吃下肚去。此后,他俩一直将送瓜的男孩当着亲生儿女一样疼爱。

此后如果生了一个男孩,便成为天大的喜事。丈夫去“报喜”时,先去报知送瓜的成头人家,开口就叫承头人夫妇为“嘎公”、“嘎婆”;然后再向亲生的嘎公嘎婆报喜。当办“祝米酒”时,成头人家如同亲嘎婆一样送“祝米”——为小孩备办衣帽、裙子、背围等物。成头人还要给小孩取乳名,多取名叫“瓜二”“葫芦”“伏子”“伏生”之类。以后,生子之家一直将成头人家当作外家亲来走。其俗的典故出于《诗·大雅》说:“绵绵瓜瓞,民之初生。”民间也世代相传:人类始祖伏羲、女娲兄妹都是从“葫芦”里出来的。

2.“送龙宝”

春节元宵期间,农村玩龙灯的灯会头人,也是针对上述情况的家庭,征得主人同意,趁玩灯拜访时至其家,悄悄地送龙宝一个。这家主妇则要牵着后衣兜接。为啥悄悄地送?就怕知道的人多了,冲去了“灵气”。然后这家人将龙宝系于堂屋正中悬吊着,从此许下“生子缴宝”的口愿。每年玩灯时,这家人都要对送宝的灯队热情接待、敬献香烛。

另有想生子的人家,无人送宝时,便打定主意“偷”。趁龙灯来家贺年时,招待灯队的人去吃夜宵,女人悄悄地将龙嘴里的宝取走;有的人家的女人不敢探嘴取宝,便在龙角下解下一条红布。据说“偷”来的宝或红布还很“灵气”呢,也同样“许口成愿”。

这之后如果生子,首先向灯队头人报喜。头人常赐其乳名为:“龙生”“龙狗”“宝娃”“宝子”之类。

当“龙生”稍稍长大,便要履行“还愿缴宝”的仪式。主家要喂一头大肥猪,择定吉日,通知亲友,请寨邻人扎一条“愿龙”(一般是毛龙),请“先生”和灯会头人来主持其仪式。届时,主家的亲戚都来送礼庆贺,给“龙生”披红挂彩。灯会头人要给“龙生”缝制一身新衣服。寨邻人等来帮助玩龙灯。杀猪祭龙时,毛龙要将杀猪之人圈在当中,杀猪人要说一些“伏篦”再开刀。抽刀时龙嘴更凑上前去接猪血,俗称“领血”。随后将猪破开,猪及头、脚、内脏全部用开水一煮以后,又要让龙头去嗅一嗅,俗称“上熟”。之后“先生”诵读早已备好的“疏文”,火化纸线。主人领“龙生”跪拜,灯会头人赠他“易长成人、长命富贵”。随后让“龙生”领着龙灯遍朝祖坟,烧香祭祖。晚上龙灯不能发亮,悄悄离去火化。人们不向主家道谢;主人和“龙生”也主动回避。

有的贫困人家,则与灯会商量,实行“接灯缴宝”。趁元宵间龙灯队来贺年时,主家备办夜宵,热情招待,头人祭祀一番,以缴来龙宝了愿。照旧俗如不履行“还愿缴宝”,“龙生”一生都好像欠债似的;有的人家下辈人也得为上辈人还愿缴宝。

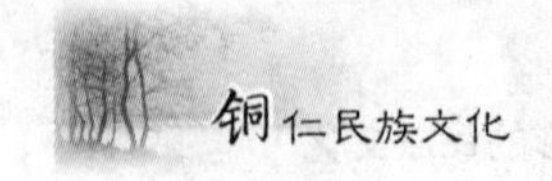

3. “送菩萨”

其俗与送瓜，送宝相似，先要偷菩萨，并有选择地偷。以偷别人家“香火”（神龛）上的“梓潼帝君”为上品。因为梓潼帝君又名文昌帝君，主民间文运昌隆之事，为道教的重要神祇，加上古有“桐生实子”的典故，所以俗称“送梓潼”。实在偷不到梓潼菩萨，偷得“观音”也不错，老寿星、笑罗汉也可以将就，反正总称“菩萨”。

一年之中何时都可以实行此俗。失去“菩萨”的人家，当然不能宣扬香火上的菩萨走失而被人取笑，知道是那么一回事就行了。送菩萨的人也不能张扬，悄悄地送。得到菩萨的人家，则将菩萨供奉在自家的“香火”之上，从此许下了一个“梓潼愿”，生子后再还。此后所生之子，有的取名“桐生”“潼灵”“桐喜”，有的取名“梓发”“祖发”，有的直接名叫“菩萨”。

当孩子长到十多岁时，就要“还愿”。“还梓潼愿”等于办一次大的事务，要请傩坛班子来冲傩还愿，演出傩堂戏，闹热三至五天。最后，还要由“勾愿判官”来决定这一堂愿是“周”了或是“不周”。也就是说，要由扮演“勾愿判官”的坛主，表演“打卦”来决定：三卦打成“大合同”，即“阴卦”“阳卦”“顺卦”各一个，就算“周了”，意即礼训周到了；如果三卦打不出一个“大合同”，就算“不周”。往后改期再还一堂愿，争取打出一个“大合同”来。

三、仡佬族婚俗

石阡县是我国仡佬族三大聚居地之一，尧上仡佬民族文化村是一个比较典型的仡佬民族村落，至今还保留着原生态奇特的婚俗，特别是嫁姑娘习俗，很多礼仪如嫁新娘要主动敲掉门牙等，在我们看来是不可思议的。但等你弄明白来龙去脉的时候，才真正体会到这些流传了千百年的古老习俗是仡佬族人民尊老爱幼、对美好生活和甜蜜爱情的追求和期盼，是中华民族良好美德的体现。

仡佬族婚嫁习俗是一项程序繁杂、礼制规范的民间礼仪活动。仡佬族早期婚姻是自由的，青年男女在劳动生活中通过接触，互相了解、相互爱慕产生爱情。民歌“新编背篼篾条黄，一打猪草二望郎，快把猪草打满背，大树底下摆家常。”“新打锄头口口薄，薅草犹如剃脑壳，只要妹妹心合意，薅草薅到豆子角。”唱的便是仡佬族姑娘与情人相会于野，以天地为证，以大树为媒的自由恋爱。在封建社会，吸纳了汉文化的婚俗礼仪后，婚姻受到限制，讲究“门当户对”“三媒六证”“父母之命，媒妁之言”等，逐步形成媒证婚姻，即男方如果看上谁家姑娘，必要通过媒婆（人）去撮合，在征得女方同意的情况下双方才协商婚嫁的具体事情。男方不可向女方直接提婚，女方更不会主动向男方提亲，即使与男方有一定的关系，女方也只能将信息巧妙透露给男方，再由男方请媒人提亲，不能请“倒媒”（自己请媒人谈自己的姑娘）。男方的程序为提亲、发茶、装香、开庚、报期和迎娶。女方相应为放话、盘媒、备嫁、出嫁。

1. 聘礼

媒人穿针引线后，如果女方没有其他意见，男方就开始送聘礼（俗称“拿人情”，人情分为一道人情、二道人情、三道人情），第一道人情（头道人情）比较简单，称素人情，为白糖、土酒、面条、鸡蛋等。此时，只涉及女方父母、直系亲属。二道人情就是荤人情，除配制糖酒外，还要配猪肉（俗称“条换”），这要扩大到外公外婆、表叔、干爹干妈。第三道人情又叫“装香”，就是在二道人情的基础上还要给女方的姑娘配布匹（衣服）、鞋、袜，女方父母要砍（吃）猪脚杆（猪腿），这是十分重要的，人情要再次扩大，并要通知什么时候的酒（女方分姑娘的酒席），以便那个时候亲戚都站拢来。这时女方要在香龛面前烧香、烧纸，要开年庚生月、生辰八字，确定婚期。

吃了三道人情的姑娘，就是未过门的媳妇。男方可随时到女方家走动，特别是农忙时节，女方家大小事务更是义不容辞。三道人情之后，姑娘要为未来的丈夫缝制衣服、鞋子、鞋垫等。

2. 婚嫁

婚期临近，女方家长就要选上好的木材、请最好的木匠办（打）嫁妆，嫁妆有桌子、板凳、柜子、衣柜、火盆架、洗脸架等生活用品，有时还是双套的。有钱人家还会陪送耕牛、田地、契约甚至陪女。

哭嫁：婚期的前几天，姑娘开声哭嫁，寨子里、村子里的亲朋好友都站拢来。姑娘在哭嫁期间一般不吃饭，只吃些麻饼、酥食等。哭嫁的顺序大体为父母、直系祖辈在世者、干爹干妈、直系长辈，平辈主亲由长及幼，一般亲朋以先后到来为序。临出门上轿前，要在堂屋神龛前专门哭逝去的祖先，谓之辞祖。哭嫁的时间 1 至 4 天不等。姑娘哭嫁时，被哭者可陪哭，主要是至亲长辈劝慰，也可赠给现金，谓之“眼睛水钱”，多为一般亲朋、闺友。哭嫁歌词自成系列，有完整的套词，姑娘哭嫁时，也可结合自身家世、处境，现编歌词。如哭爹娘的套词：

父母门前一树槐，昨夜换过今夜来。
苦竹叶子青又青，娘不开声女开声。
父母抚我到如今，女儿开声好伤心。
新打剪刀先开剪，小女开声声不明。
苦竹叶子青黝黝，女哭父母情难丢。
过了好多苦日子，把你女儿抚出头。

迎亲：男方要提前将轿子装扮得十分漂亮，并准备彩礼和专门的迎亲队伍，将彩礼、福纸等抬上轿子，东西必须于女方正席日午时左右到达女方，并在院外吹乐等候，男女方各有一专门负责接待者，称押礼先生。双方押礼先生要作揖拱手，对四言八句，几步一席，从院外到堂屋，才算通过。20 世纪 90 年代以后，这一过程逐渐简化，成为一种形式，古时是非常讲究的，男方请的押礼先生要是不会说，很可能进不了屋。之后，便是摆盆，女方在堂屋置两张方桌相连，男方将所带彩礼一一摆上，由男方押礼先生主持，新郎在堂前作揖叩首，请女方亲人到堂前受揖、喝酒、接彩礼。接着是男方接亲队伍分亲疏论辈分落座，女方派专人陪客，按最高礼节“三幺台”接待。这期间，新娘要出来装烟，哭媒人和客人，每位被哭者按礼都要递上“眼睛水钱”，多少不论。新郎自然少不了，少则800元或1200元。宴席的吃法也是有讲究的，先茶后酒，然后是饭，要在茶、酒、饭、菜(膀)第一次上来时，递上相应礼书(红纸封，内包礼钱)。宴席结束后，男方接亲的队伍可稍事自由活动，然后留下来坐夜(主要是男方内亲与唢呐队伍，不得睡觉，只能在堂屋玩)。夜里，女方有专人负责炭火取暖和宵夜，唢呐则要一趟一趟吹，新娘也要间歇性出来招呼(哭)几回，每一次，被哭者照例要拿“眼睛水钱”。

天要亮时，新娘洗脸梳头，装扮齐备，将所要带走物品收拾好。天亮后，男方接亲队伍开始捆绑家具，进行分工，新娘则辞别(哭)父母和亲人，由专人带着出阁，出大门时要踩过一个筛子(表示“天罗地网”，“镇一切邪魔”)，筛子上摆着点燃的有七根灯草的桐油灯(表示“七仙女”，有七仙女那样的心灵手巧，有照亮心扉之意)。筛子摆有12个或24个铜钱(每年十二个月)大吉大利。有的“开光”要用鸡，要烧纸和长钱，“先生”念了些咒语之后将鸡甩过轿顶，以预卜姑娘婚后运气、福气。这时新娘就从新郎手中接过一丈二尺红布，拴在轿子里面的四周(起固定、防颠簸、晕轿之用)，戴上铜镜(避邪)，在有福之人(生有多个男孩、孝顺父母、贤惠的女人)的牵扶下走进轿子，轿子“起身”。新郎则要在堂屋香火下烧纸，作揖叩首，拜别女方祖宗，才离开。

姑娘到了婆家，再由有福之人牵出来。这时男方堂屋、香龛早已布置得红红朗朗，烧了纸钱，点燃了两根雕刻有龙凤的大喜烛，新郎新娘向男方祖宗、父母磕头，礼事者则递上酒和早已准备好的礼物(多为衣服和鞋之类)。男方父母便双双牵起跪在地上的一双新人，“封赠”几句大吉大利的话。接着“喊礼”。喊礼人站在大门上喊：“某某伯伯、叔叔、保爷、保娘堂前受礼!”被喊到的亲人一一到堂前受新娘、新郎叩头，拿人情(钱)。“礼”行结束，新郎新娘拜堂，送入新房。新娘入房后，男方家小弟弟(或小妹妹)要给过门的嫂嫂打洗手水。嫂嫂要给小弟弟(小叔子)发“红”钱。如果没有小弟妹，也要在直系亲属中依次找。

送亲：姑娘出嫁时，女方家要组织专门的送亲队伍。一般为8至12人，也有更多者。送亲的队伍有男有女，男的主要是为确保姑娘不受轿夫们的嬉戏和轿子的平稳，谓之随轿。送亲队伍将姑娘送到男方家后，男方要盛情接待(按“三幺台”礼)，然后由新郎礼送返回。

闹洞房：新娘进入新房后，男女老少挤在洞房内，向新娘索要其从娘家带去的糖果、葵花、花生等，家境殷实的女方家庭还要放些硬币在糖果、葵花、花生里。仡佬族风俗，闹洞房“三天不分老少，不论辈分，不论年龄，也不问结过婚否”。

回门：三天后，新郎领着新媳妇，带上好酒、好烟、好吃的东西到岳父母家看望，谓之“回门”。

旧时，仡佬族其他婚俗还有：娃娃亲、指腹为亲等。娃娃亲指娃娃还背在背上(幼年)，双

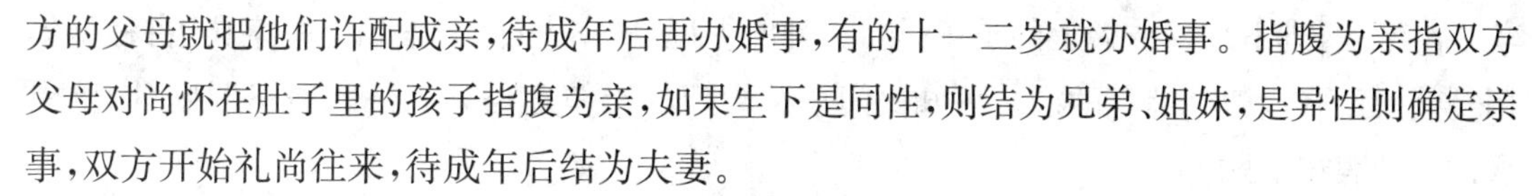

方的父母就把他们许配成亲，待成年后再办婚事，有的十一二岁就办婚事。指腹为亲指双方父母对尚怀在肚子里的孩子指腹为亲，如果生下是同性，则结为兄弟、姐妹，是异性则确定亲事，双方开始礼尚往来，待成年后结为夫妻。

2012年5月11日，石阡县坪山乡尧上仡佬族特别婚礼亮相中央电视台《乡土》栏目，向全国观众展现了独特的仡佬族婚俗：新娘子出门要往外泼水，新娘母亲要给女儿带上刷锅水；新郎家的迎亲队伍要拿镰刀去接亲等。

四、仡佬族部分禁忌与特有风俗

1. 所居不着地

南宋时期朱辅的《溪蛮丛笑》说："仡佬以鬼禁，所居不着地。虽酋长之富，屋宇之多，亦架木排比，如省民羊楼。"

其俗承袭了古代人们"巢居岩谷，因险凭高"，"依树为层巢而居，各曰干栏"的传统。如今，在黔东北一带的农村中，仍然承袭所居不着地之俗。现在所住的木制瓦房（俗称正房）的右后间，木板铺底，离地约一尺，俗称"地楼屋"，此为男女主人所居住的地方。正房之前的厢房、飞檐翘角，扶手栏杆，俗称"楼子"。其楼子上有两个或三个房间，为青年子女们所居住，（楼下圈养牲畜），其禁"鬼"之俗，包含着"敬鬼神而远之"的意思。无论居住干栏、木楼、竹楼，都可以防避野兽攻击、蛇虫叮咬和避免潮湿。

所以，其"鬼禁"当是敬鬼的意思。其"鬼"不是一般所谓的鬼魂、鬼怪，而指的是大地、母亲。这里在古代曾经称之为"鬼方"，如《贵州古代史·殷周时期的鬼方》说："今贵州是鬼方的主要部分。"反映在石阡县的地名中，甘溪乡的"晒溪"本名"鬼塞溪"（见《石阡府志》）；中坝镇的"高魁屯"本名"剿（角）鬼屯"；大沙坝乡毛家寨一带本名"鬼野屯"（见《镇远府志》）；石固乡洋溪河畔有一山村，至今仍名鬼广，那里奇峰怪石，极为壮观。

2. 忌关大门

明、清以来，仡佬族一般人家的大瓦房修建以后，其正中的堂屋大门一壁不装修，长时间敞着。有的用大竹片上下横绑，夹着几块散木板稍微遮掩着。这是（明）田汝成《行边纪闻》所说的"门户不扃"。"扃"（音：窘）指门闩或关门、锁门。有的过了若干年后，再请木匠来装修大门，俗称"订门"。订门如同修建正房一样庄重。大门修好以后便关着，主家要办"订门酒"，亲友寨邻又要来送礼庆贺。当晚要举行"开门"仪式：亲友中一人代表"福、禄、寿三星"来叫开门，木匠师傅在屋里盘问。双方在问答中说了许多的吉语，然后把门打开，迎进"三星"。

大门装修以后也常敞着。有的人家在大门之外特置两扇"腰门"，要关也只能关腰门而不关大门。其腰门1米多高，上半部还用一寸宽的木条间隔一寸竖装，既通风透光又很美观。

为什么不装修大门或有门不关呢？据老人们说：如果关了大门，"香火"（中堂神龛）上的羊子出不去,进不来。香火上的羊子是什么神？据说是“家先神”。根据辞书字典:古称母羊曰“牂”(音:张),即“牂牁”的牂。可知民间忌关大门的崇羊之俗,为夜郎“竹王牂牁”图腾崇拜的一种表现形式。

3. 年节禁忌和特有风俗

俗话说:“正月忌头,腊月忌尾”。仡佬族十分重视春节,年头年尾的禁忌和特有风俗甚多。

在年除夕和正月初一,一家老幼都要保持和谐的氛围以共享合家团圆的天伦之乐,忌生气吵嘴和打骂小孩。除夕称为“打封印”,初一称为“打开张”。

烧“迎新火”。俗话说:“三十夜的火,十五的灯”。仡佬族人家早在十冬腊月,便要在山上寻找一个大树仡篼,挖回家来晾干,以备除夕之夜烧“迎新火”,又称为烧“仡篼火”。如五德一带的仡佬族人说:“三十夜烧个大仡篼,来年喂个大肥猪。”明清时期仡佬族又有“仡篼苗”之称,意为树大根深的土著民族。正月初一早晨,忌吹拨火炕里的仡篼火。相传此时吹火拨火来年易遭口舌是非。

除夕吃年夜饭时,忌吃汤泡饭。据说吃了汤泡饭,来年出门易遭雨淋。

年夜饭后,有的人家要对房前屋后的果木喂饭喂菜,也让树木过年。先将树身砍个小口,填上食物,念道:“喂口肉,结成团;喂口饭,结成串”。

年夜饭后,要封甑子,不能打开。到正月初二早上,家庭主妇将甑子抱到户外去打开,舀着饭向野外抛撒,念道:“放蚊子啊！放你飞,飞远点;飞到阴山背后去,好让这里干净点!”

除夕之夜忌串门。半夜子时要放鞭炮开财门。有一首守岁诗念“已闭财门莫乱敲,年年守岁到通宵,客来甜酒粑粑煮,恭喜一声运气高。”

除夕之夜要洗脚。洗脚不能洗到膝盖以上,俗话说:洗翻山了来年走人户撞不到嘴(碰不上吃东西)。

除夕之夜和大年初一不能烧粑粑吃。据说烧了粑吃易烧衣服,或被火烧伤成疤子。

除夕之夜,有的家庭主妇要将自家的秤、梳子、扫帚藏起来。据说:大年初一不能见到秤和使用秤称东西,否则来年易碰见蛇。大年初一不能梳头,梳了头梳掉了运气。大年初一不能扫地,扫了地易遭大风;又说“扫穷扫穷,越扫越穷”。

大年初一不能吃米饭,全天只能吃汤圆、绿豆粉、面条和饺子。据说“饭”谐“犯”音,以避免“犯消”(易损坏东西)、“犯事”。

大年初一不能叫人起床。初一早晨睡大觉俗称“挖窖”,意为做梦挖到地下的宝藏,故不能惊扰其发财梦。

大年除夕和大年初一,要到附近的祖坟去点烛烧香化纸,俗称“上亮”给祖先拜年。

大年初二,女婿女儿要到岳父母家拜年。俗话说:“初一的儿子,初二的女婿,初三初四,去吃狗屁。”

正月十五“过大年”。入夜、花灯、龙灯只能在本寨玩,贫富大家都要玩到(有孝服人家除

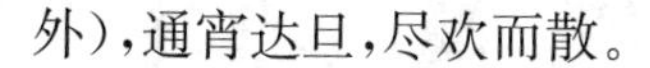

外),通宵达旦,尽欢而散。

十五晚上各家要插路烛。将点燃的蜡烛,从房前屋后一直插到户外的路上去。据说将路照明,以利蛇虫蚂蚁向外行走。同时要做拖草鞋虫游戏:由一个小孩用草绳拖着一只烂草鞋在前面走,另一个小孩用树枝在后面打,口喊“撵草鞋虫!”。

“炒虫虫粑”。十五日晚夜深时,有的年轻人相邀,到别人家的菜园里去偷些葱蒜苗、芹菜、萝卜之类,到家里来和粑粑一起炒,边炒边叫:“炒死青虫,炒死蝗虫!”然后用碗分装着吃。据说:这样做可以炒死田地里一切危害庄稼的害虫。第二天,当谁发现自家园子里的菜被偷以后,不能“噘花鸡公”(骂街)。

“照青光眼”。十五日晚,家庭主妇将一只早已洗干净的粪桶,装盛大半桶清水,让一家老少逐个拿着蜡烛,对着烛光看自己映在粪桶里的倒影面孔。传说这样照了以后,来年不犯火眼、青光眼等眼病。

4. 其他禁忌

老年人忌年青男女在家里对唱山歌,他们说:“好歹这里还有两片瓦盖起。”

老年人忌小孩子吃猪蹄叉。说小孩子家如果吃了猪蹄叉,长大以后难找“媳妇崽”,提亲时总有人“打馋嘴”。

五、仡佬族蹦蹦鼓

“蹦蹦鼓”又称“仡佬鼓”,是石阡县仡佬族同胞的一项传统活动。蹦蹦鼓的整套动作分为“驱兽祈福”“敲山震虎”“男女嬉戏”“喜庆丰收”等四个部分。不像其他民族的表演项目,仡佬族的“蹦蹦鼓”表演既没有配乐也没有配音。整场下来,都是队员整齐打击的音乐声。

“蹦蹦鼓”用棕树干刨空而成,鼓壁不同部位厚薄各异,其音色也有别,独具特色。敲击棒则用茶树制作而成,因敲击时发出“蹦蹦”的响声得名。

石阡仡佬族村寨中有一个古老的传说:在洪荒年代,一只雄鹰救起了漂浮在洪水中的葫芦里啼哭的小孩,仡佬族的祖先从此诞生。为了表达对葫芦及鹰的感恩之情,石阡仡佬族一直把葫芦和鹰作为民族图腾崇拜。在表演蹦蹦鼓时,男生头帕上都插着一个用紫色的布做成的“葫芦”,而女生头上则别着用银铂做成的“老鹰”。

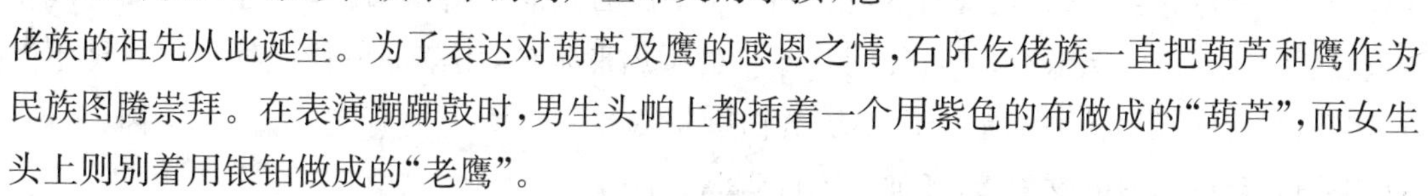

蹦蹦鼓来源于仡佬族民间的劳作生活。仡佬族人民长期生活在大山里,每到庄稼成熟时节,为防止野兽对劳动成果的侵害,他们常常夜晚在野兽出没的庄稼地里燃起篝火,唱起民歌、敲打蹦蹦鼓驱赶野兽,消除寂寞。后来,每遇到重大节日,他们都边敲蹦蹦鼓边跳舞,边唱歌,以乞求祖先保佑。于是,仡佬蹦蹦鼓舞蹈流传至今。

第五节　铜仁回族文化

铜仁市回族主要分布在鱼塘乡鱼塘村民组、坪溪河村民组和大龙村张海屯村民组的桂姓，和平陈家寨村五家寨村民组和孟溪村（原冷水村）孙家村民组的黎姓，河西办事处新庄村双林马家回族村民组的马、海、苏、蔡四大姓，其他乡镇也有少数回族人散居。2008年全市有回族1300余人，其中双林马家回族有32户138人。境内回族长期与汉人居住，风俗习惯大多已汉化，目前只有双林村民组的马、海、苏、蔡四大姓家族还保留本民族丧葬的习俗。

双林村民组以马姓为主，马家世代以做石匠手艺为生，清道光十八年（1838年），由马姓世祖马太公带领四姓从湖南武冈县桃花坪的四方井迁居此地。其丧葬极具地方特色：凡是回民的高龄老人，经济条件较好的家庭，生前都要修好坟墓——向南挖一个坑，长一丈，宽五尺，深六尺墓穴（旧时用石头或火砖粘石灰浆砌，现用火砖或水泥砖粘水泥浆砌成，然后向上发拱），坟要露出地面二尺五寸，长六尺五寸，宽二尺五寸。在高龄老人病重期间，家里事先要预备好牛、羊（由阿訇宰杀），等候亲人、亲戚及时赶到。老人死后，一般只在家里停放一个晚上；首先是对遗体的整理，四个人给死者洗澡（参与洗澡的四人首先自己洗好澡），用铝壶冲洗，一人灌水，一人淋水，死者左右两边各1人，边撑边洗；然后给死者穿上白色的衣裤（手缝制作，二套或三套），戴上白帽子、穿上白袜子和白鞋子；待死者穿好服饰后，最外层再裹上一床白布，放入金匣子（很精致的木匣子）内；由事先指名的4个壮年男子抬出（招式和抬轿一个样）；出殡时，在金匣子上面搭上一床新的（或旧的）被面；下葬时，由四个人各扯被面的一个角，遮住金匣子（不能让尸体见天），由3～4人分别提着裹尸布和死者头部进入墓穴，尸体下可以放木炭、灯草、棉絮。在过去的年代能买到麝香的，死者七窍要各放一小粒（一对耳、一对鼻孔、一双眼目、一张嘴），待死者在墓中停放好后，再将死者的头部稍歪向西方；然后在墓穴内撒上雄黄粉、樟脑粉（至今照旧）；待安葬人将死者安放好后，死者的亲人、亲属最后看上一眼（作告别），再封好墓门，堆上一层黄土，埋葬就算完成。

死者葬好后再就餐。就餐时先吃油香粑（油香粑通常是由糖果、糯米各一半加工成粉末，然后制成厚1.2厘米左右，直径约9厘米的圆扁形米粑，用菜油煎炸成熟），油香粑不能直接吃，要用两只手将香油粑扯成小块蘸白糖送入口中。吃了油香粑后，再上牛肉、羊肉、鸡、鸭、鱼等食品，只能吃米饭，任何人不许喝酒。

回族的葬礼，既有回民族的习俗，又有伊斯兰教处理死者的信仰性质，其习俗明代就已经形成。回族的丧葬有五大特点：一、实行土葬，忌火葬。回族实行土葬，传说是根据伊斯兰教关于安拉创造人类始祖阿旦，回人是由上帝创造，死后仍归于土，有“入土为安”之说，并且人死在哪里就埋在哪里。清朝咸丰年间回族宗教学者蓝熙所著《天方正学》说：“清真殡葬，不需棺椁，以身归土。因其清净也”。现在回族人死后，仍不用棺椁，只是用木匣或水艇等来安放尸体，葬后再拿回木匣。忌火葬的习俗至今也未改变，因为火刑是安拉使用的，只有安拉掌握这个权力，一般人不能用。二、主张速葬。回族的葬礼是遵照伊斯兰教“三日必葬”的规定，一般死者只在家里停放一个晚上，特殊情况不超过三天。清初回族著名宗教学者刘智在《天方典礼择要解丧葬篇》说：“按圣教，翌日必葬。盖谓尸以入土为安，不得久停”。三、从俭节约。由于受伊斯兰教“葬必从俭”的影响，在处理丧事上，主张薄葬，提倡俭省节约，反对铺张浪费。回族有一句俗语：“死后铺金盖银，不如生前厚养孝顺。”不设灵堂，不请道师；出殡仪式简单，不用吹鼓手，不讲排场，没有殉葬物，不烧纸钱，不摆祭品，不祭祀。四、一律平等。不管是地位较高的掌权者，有一定影响和威望的阿訇、学者，还是普通教民、孤寡老人、百岁老人、幼儿，均无贫富贵贱和大小之分，丧葬一律平等。五、有自己的坟地。不管是回族聚居区，还是与汉族杂居区，都有自己圈好的坟地，决不允许别的民族往里埋葬，也不葬于其他民族的坟地。回民不信风水，只要干燥、平稳的地方就可作坟地。凡是回民族都可以埋在一起，各占一穴地，反对多占地盘。

第六节　铜仁羌族文化

羌族自称“尔玛”或“尔咩”，意为本地人。羌族是我国西南至少有着3000年以上历史的一个古老民族，目前主要聚居在四川阿坝藏族羌族自治州东部和绵阳市北川、平武等地。

而在武陵铜仁，也有这个远古民族的踪影：作为贵州17个世居少数民族之一，人口仅有1500人左右，并大部分聚居于江口、石阡两县。相较铜仁土家、苗、侗等人口众多的民族，它是铜仁名副其实的少数民族。

远古时代的羌人是一个以牧为主兼营农业的强大部族，大致活动在甘肃、青海等地。公元前5世纪以前，羌人逐随水草向东、西、南三面迁徙；铜仁今日的羌族，即由当时迁到川西北的一支羌人发展而来。

铜仁羌族源于四川岷江上游，但究竟何时进入黔境，史籍无明确记载。石阡县本庄镇的姜姓羌族同胞听祖辈传说，他们是姜子牙的后代，姜羌合一，是羌族。江口县的胡姓羌族同胞表示，他们的老祖宗则从四川茂汶辗转迁徙而来，然后定居于江口桃映乡匀都村漆树坪，至今已逾14代。由此看来，铜仁的羌族同胞扎根本地，已达300至600年。

在旧中国，由于民族歧视和压迫，迫使居住在石阡县汤山镇燕子岩，万安乡银丰村、亚新村、扶堰乡九龙湾、青阳乡桃子湾、鹅梨董，聚凤乡高坪指甲坝及县城、本庄、白沙的部分夏、姜、包三姓和江口县桃映乡匀都村漆树坪组、桃映乡街上的胡姓隐瞒自己的民族成分，报称汉族。1986年，经省政府批准，江口、石阡两县的羌族才恢复自己的民族成分。

如今，江口县桃映乡匀都村漆树坪羌寨是贵州省唯一聚族而居的羌族村寨，是一个承载厚重羌族文化的吉祥宝地，至今仍保持古朴独特的民族习俗，被誉为“神秘的梵净尔玛堡寨”，是梵净山区仅存的“尔玛”人所在地和羌文化艺术“活化石”，至今仍保持着古朴风情的原始习俗。漆树坪位于高达1200米的香炉山上，接壤松桃沙坝，距江口县城15公里、铜仁21公里。全寨65户人家285人，其中羌民200人，全为胡姓。他们的羌语，属汉藏语系缅语族羌语支，分南、北两种方言，许多人懂汉语，长期通用汉文。

民族节日：羌年，羌族俗称过小年（羌族也过春节），时间为每年的农历十月初一，节日期间，羌族人民祭拜天神、祈祷繁荣，展示与自然的和谐相处和对自然的尊重。他们在释比（族长或头人）的指挥下，身着节日盛装，杀猪宰羊，举行庄严的祭山仪式和一系列的祭祖活动后，欢声歌语，载歌载舞，跳着皮鼓舞和萨朗舞，欢度自己的节目，热闹数日。活动期间，释比吟唱羌族的传统史诗，人们则唱歌、喝酒，尽情欢乐。新年之夜，每个家庭也将自行进行自家的祭拜祖宗仪式，孩童们则在宗族祠堂和空旷的地野进行各种游戏……

民居建筑：房屋至今保持了羌族雕楼建筑的特点，颇有羌族古建筑遗风。建筑工艺精湛，构思独特，为防御敌人侵略，所有住房都互相连接，进入巷道，就像进入迷魂阵，古羌先民引山泉修暗沟从寨内房屋底下流过，饮用、消防取水十分方便，全寨内但闻水声叮咚于地底。房子依山而建，民居向阳背风，门窗住房向南。在其两侧离房屋一尺外筑围墙，团团围住了房屋院坝，只有大门出入，墙上还有许多小洞，便于观察和自卫。神龛和后壁之间，辟有巷道，两端有门与两侧卧室相通，如有急事，可互通情报，应付突变。在一般设建二至三层楼的羌民屋内，上层或中层作为住房，下层设牛圈或堆放耕织农具，每间房屋檐顶四角或一角常垒有一块白色石头，是“尔玛”人供奉的白石神，这种楼层的用途，很好地体现了“尔玛”“人在畜上、神在人上”的传统习俗。

第四章　奇妙多姿的生态文化

第一节　铜仁生态文化概况

铜仁市处于武陵山脉西段，由于地质地貌复杂，地势起伏较大，地下与地面组成物质均呈纷繁多样的特点。这一特殊的地理环境，孕育了肥沃的土地资源、丰富的矿产资源、充裕的水资源和生机勃发的生物资源。另一方面，铜仁人古往今来均对自然怀敬畏之心，千百年来，这片多民族不断融合开化的热土上，始终保持着良好天成的生态资源和守护灵山净水的生态价值伦理观，人与人、人与自然和谐共处，为世人留下了苍翠的森林、清澈的河水、珍稀的物种、清新的空气、肥沃的土地。如今，在这片1.8万平方公里的土地上，山清水秀，森林覆盖率达52.98%，成为长江上游的绿色屏障，先后获得了“北纬30度，地球同纬度唯一生态绿洲”“联合国人与生物圈区网保护成员”“中国十佳绿色城市”“中国最令人向往的十大亲水美景”“中国十大避暑名山”“中国五大佛教名山”“中国长寿之乡”“中国温泉之乡”“中国西部名城”“中国傩文化之乡”等殊荣，“梵天净土、桃源铜仁”成为铜仁最靓丽的名片。到过铜仁的人，无不赞美铜仁山美、水美、生态环境美。良好的生态环境成了铜仁最大的优势、最大的财富，为铜仁走新路、奔小康提供了重要的保障。

随着经济社会发展的不断推进，铜仁却始终保持着青山绿水，为远道而来的国内外客人提供心灵栖息的绿色家园。被誉为“生态王国”的梵净山，拥有500多平方公里原始森林，繁衍着有“中国的鸽子树”“世界独生子”之称的珙桐、黔金丝猴等5000多种生物物种，其中有国家一级植物8种，二级植物23种，一级动物6种，二级动物29种。森林覆盖率超过95%，空气中负氧离子含量最高值达12－16万个每立方厘米。梵净山还是重要的中药材生产基地，种有以天麻、丹参等为代表的药用植物100多种。

真山真水是铜仁的魂，是铜仁生态旅游的响亮名片。“多情最是锦江水，依依一步一回头”，对于铜仁的清水美景，原《人民日报》副总编辑廖经天如此描述：铜仁的山苍翠雄奇，铜仁的水清澈见底，山水辉映之间，一幅自然天成的生态画卷美不胜收。百里锦江发源于梵净山，由西向东横贯铜仁市全境，其上游的大小两江汇集于铜仁城中，并将城区一分为三，呈“S”状环城逶迤东去洞庭，汇入长江。沿江两岸奇峰林立，峭壁嵌绿，碧波粼粼，山色青青。还有丰富的自然景观、独特的人文景观、珍贵的文物古迹、雕梁的亭台楼阁等，宛如一颗颗珠宝镶嵌在锦江两旁，构成了一条“清水出芙蓉，天然去雕饰”的画廊。

近年来，在和谐共生的生态理念中，坚持以综合生态观引领发展。全市以“环梵净山金三角文化旅游创新区”、“黔东工业聚集区”、“乌江经济走廊”为依托，着力发展生态旅游、生态工业、生态农业，加快石漠化和水土保护治理，全力为各族群众打造一个生态家园，实现生态效益和经济效益比翼齐飞。

一、生态旅游风生水起

近年来，铜仁生态文化旅游实现了华丽转身。从“强农稳区、兴工富区、旅游活区”到“构建两带两圈产业体系，推进六个新跨越”，倾力打造“梵天净土・桃源铜仁”品牌，建设“梵净山文化旅游经济圈”，到构建“环梵净山金三角文化旅游创新区”，一路前行，硕果累累。

铜仁主要旅游资源总体呈“金三角”加“一线”分布。其中，覆盖江口、松桃、印江三县的环梵净山景区是核心，西面串联起思南温泉、石林和乌江画廊，西南方向连接石阡温泉、民族村寨、佛顶山等，三个重要节点形成一个等边三角形。另外，以环梵净山景区为节点，经碧江，过松桃，到凤凰，又是一条联通大武陵旅游的黄金线路。充分利用“金三角”加“一线”的分布优势，完全可以打造具有综合竞争力的高品质文化旅游区，即环梵净山“金三角”文化旅游创新区。创新区按照“统一指导、分类开发、错位发展、产品互补”的原则对区域内优势资源进行整合利用，在每个节点布置不同角色定位的景区，开发差异明显、相互弥补的旅游产品，有效防止低水平重复建设，形成一个具有综合竞争力的高品质文化旅游区。在贵州省“5个100工程”100个重点打造的旅游景区项目中，铜仁有12个旅游景区被纳入规划。铜仁市梵净山国际旅游区、苗王城民俗旅游度假区、石阡温泉养生城、大明边城历史文化旅游度假区、世界傩都文化旅游区等项目正式进入规划重点项目库，总投资达1438.3亿元。

如今，铜仁生态旅游将按照《环梵净山“金三角”文化旅游创新区发展规划》，把富集的文化旅游资源实行统一规划、统一管理、统一开发，把最优质的旅游资源转化成最优质的品牌和产业，全力促进文化旅游产业“一业振兴”。力争到2017年实现年接待游客量突破4000万人次，创建国家5A级景区2个、国家4A级景区6个，成为“国内一流、世界知名”的旅游目的地。

“我的家乡梵净山，红云金顶入云端，云梯万步天路远，风雨飘飘几千年……”一曲《我的家乡梵净山》彰显了铜仁人的文化认同与自信，凝聚了发展的力量，也向世人展示了古朴自然文化铜仁的独特魅力。为加快推进铜仁生态旅游发展步伐，自1998年起，铜仁市先后举办了9届梵净山文化旅游节，2012年香港凤凰卫视著名主持人吴小莉正式签约成为梵净山

文化形象大使。

从第四届全国传统龙舟大赛、第五届贵州旅游产业发展大会和第三届中国武陵山民族文化艺术节、世界最大金玉弥勒落成开光大典，到中央台“欢乐中国行·魅力梵净山”、“暑假七天乐”、“大手牵小手”、“唱支山歌给党听”等大型文艺演出，铜仁正一步步走出武陵深处，以更加开放的姿态面向世人。同时，各区县也积极举办各种活动，打造了碧江龙舟赛，松桃苗族“四月八”，石阡尧上仡佬族敬雀节、毛龙灯会，万山区鼙锣，德江元宵土家舞龙、炸龙节和水龙节，思南花灯文化节，沿河乌江山峡百里文化艺术节，玉屏箫笛文化艺术节，印江“黔茶飘香·品茗健康”等活动品牌。目前全市基本形成了以梵净山、麻阳河、九龙洞、太平河为代表的生态旅游，以佛教文化苑、护国寺、龙泉寺为代表的佛教文化产品系列，以石阡温泉、思南温泉为代表的休闲度假产品系列，以傩文化、中南门建筑文化等为代表的地域文化旅游产品系列，以周逸群烈士故居，木黄红二、六军团会师纪念地等遗址为代表的红色旅游产品系列，以石阡尧上楼上古寨、江口寨沙侗寨、松桃苗王城等为代表的乡村旅游产品系列。

二、生态工业厚积薄发

既要金山银山，也要绿水青山，因此，在保护青山绿水中发展“生态”工业是铜仁必须做出的一个重大选择。

改革开放30多年以来，铜仁市工业几经磨砺，在改革开放、开发资源、富民兴铜、三个重点三个带动、“两带两圈”等系列政策引领下，相继形成了以电力、冶金、化工、建材和农副产品加工业为基础的地方工业体系。

2012年，面临产业结构不合理，企业布局零散，粗放型经营管理，冶金化工“三高”突出，生产领域狭窄，产品单一，品牌效应低，市场竞争力弱，电、煤等能源供需矛盾突出，部分企业改革改制困难等问题，市委市政府果断提出打造“黔东工业聚集区”，建设新型循环生态工业。

大龙开发区作为省级循环经济试验区之一，处于“黔东工业聚集区”核心位置，已经完成了工业产业的原始积累，近几年来，通过走新型工业的路子，循环工业已彰显出经济与社会持续发展的优势。

省级循环经济示范企业科特林水泥有限公司是“黔东工业聚集区”的一颗耀眼明珠——走进厂区，便会看到一辆辆运送车，将不同颜色、不同种类的工业废料卸到料池中。这是该公司为减轻城市工业固体废弃物处置压力，利用硫酸工业废渣、矿渣、电厂粉煤灰等部分工业垃圾作混合材料，用脱硫石膏、工业磷石膏替代天然石膏作调凝材料生产水泥。该企业利用大龙电厂产生的废渣粉煤灰在生料制备中取代黏土，年可节约黏土9万吨，节约电耗300万千瓦，年消耗工业废渣粉煤灰20万吨，提高劳动生产率5个百分点，全年可降低生产成本460万余元。脱硫石膏取代二水石膏，年消耗4万吨左右，可降低成本600余万元。

红星发展大龙锰业有限公司，漂亮整洁的厂区建筑掩映在一片翠绿当中。踏入厂区，一排排绿树立于道路两旁，草坪花卉随处可见，一个名副其实的花园式工厂展现在眼前，看着这个绿化率为40%以上的厂区，有谁能想到这里曾经却是臭气熏天、脏乱不堪。通过走新型工业发展路子，该企业已建立起循环产业链：钡盐项目的废气处理所得的副产品硫磺成了硫酸项目的主要原料；另一副产品石灰用作电解二氧化锰的辅助原材料和生产废水综合治理原料以及锅炉煤脱硫；钡渣则用来制造新型建材和用作水泥添加剂；锅炉产生的高压过热蒸气用来发电后供给电解二氧化锰和其他分厂、车间作热源，同时普通钡盐生产的中间产品又作其他高纯钡盐项目的主要原料，各项目水汽资源以及工业“三废”的平衡利用达到了较好的效果。

在发展生态工业的大环境下，全市节能减排不断推进。一些高耗能和高污染企业实行关停并转，共计淘汰落后产能146.34万吨，涉及水泥、铁合金、火电、焦炭、造纸、酒精等行业，大大优化了全市的产业结构。通过有效控制污染物排放和能源消耗，减少了污染排放，大气环境和水环境更加优质，碧水蓝天更加清澈明媚。

守底线，走新路，铜仁的生态工业已扬帆起航。

三、生态农业生机勃勃

为打造现代生态农业，2012年，市委、市政府提出全力建设“乌江经济走廊”，实施“三个万元”工程。通过对乌江流域资源进行综合立体开发，打通水陆大通道，充分释放乌江流域的经济发展活力，全力打造乌江沿线产业经济带，促进乌江流域产业集群发展、城镇集群发展、人水和谐可持续发展。

铜仁的生态农业，最引人注目的是生态茶产业。“茶之出黔中，生思州、播州、费州、夷州……往往得之，其味极佳。”1000多年前，陆羽在《茶经》中论及茶叶产地时说。思州、费州就是今天的石阡、德江、印江、沿河、思南等地。2006年5月，贵州省茶叶所在沿河自治县发现了3株有1000年历史的古茶树和123株集中连片种植，树龄约500年左右的古茶树群。据成书于明朝万历年间的《贵州通志》记载，石阡茶叶“始于唐代，种茶、饮茶遍及于明朝，岁约出10万斤”。

梵净山品牌系列“梵净山翠峰茶”“石阡苔茶”等名优绿茶产品采用千年传统工艺与现代科技相结合精制而成，深受广大消费者青睐和信赖。全市茶叶茶多酚、氨基酸和水浸出物均高于全国平均水平。

通过政策性扶持，全市现有绿色生态茶园103万亩，2012年实现茶叶总产量3万吨、实现茶叶总产值11.9亿元，常年解决劳动就业38万人以上，茶区户均增收1616元。“梵净山”牌绿茶、白茶、黑茶、红茶等系列产品在国内和国际的茶叶评比活动中，多次荣获省级、国家级、世界名茶及名牌产品称号，获奖50多项。“梵净山翠峰茶”“石阡苔茶”被评为贵州十大名茶和贵州五大名茶、贵州三大名茶。梵净山翠峰茶、石阡苔茶荣获国家地理标志保护产品，并注册登记为地理标志证明商标，石阡苔茶为中国驰名商标。

到2020年，全市茶园总面积将实现200万亩，年总产量达20万吨以上，茶叶总产值达到100亿元，从事茶业产业人增加到100万人；茶区来自于茶业人均纯收入达到1万元以上，与全国同步实现小康。同时，按照发展规划，今后几年内，要集中精力、人力、物力和财力，加强区域化布局，集中连片推进，主攻“五大”产业，真正把铜仁打造成名副其实的“大茶园”“大果园”“大菜园”“大药园”。在创知名品牌，提高品牌知名度方面，力争“五大”主导产业都有1个中国驰名商标、2个贵州省著名产品品牌，全面提升市场竞争优势。

四、生态家园和谐美丽

无论是生态旅游、生态工业、生态农业，还是自然保护，落脚点都是为了构建更加美好的生态家园，提升人们的生活品质。

近年来，为打造生态家园，不断推进城镇饮用水源和生态环境保护，开展集中式饮用水水源保护区调整和优化工作，调整和优化集中式饮用水水源保护区11个，对中心城市及县级以上集中式饮用水源地环境状况进行评估，全部达标。实施农村环境综合整治项目37个，有效改善环境状况。同时，开展生态乡镇、村创建工作。目前，全市共有6个乡镇获省级生态乡镇命名，14个村获省级生态村命名。积极探索林政资源管理、生态效益补偿、加强社区共管共建，对梵净山国家级自然保护区、沿河麻阳河国家级自然保护区、石阡佛顶山省级自然保护区等编制总体规划，进一步提高管理水平和群众的生态保护意识。

为防治石漠化蔓延，全市以石漠化综合防治与扶贫开发、林业产业、农村产业结构调整、农村清洁能源建设和基本农田建设相结合，生物措施和工程措施多管齐下，进行综合防治，共治理岩溶面积1513.8平方公里，治理石漠化面积501.6平方公里，治理范围涉及全市65条小流域。全市农村人口人均有效灌溉面积从0.36亩提高到0.59亩。

在森林资源环境保护方面，到目前为止，实施退耕还林工程248.6万亩，森林保护工程公益林建设206.8万亩。全市已建森林公园11个，其中省级3个；湿地公园5个，其中国家级1个；国家级自然保护区2个，省级自然保护区1个，县级自然保护区4个，保护区面积达166.81万亩。近年来，围绕“生态建设产业化、产业发展生态化”的发展思路，不断扩大森林资源总量、提高森林质量，充分发挥森林资源的生态、经济和社会效益，确保“造”得好、“管”得住、“用”得活。2014年，全市共有森林面积1512万亩，森林覆盖率56%。

扶贫生态移民帮助群众过上更加便捷的生活。从2012年开始，铜仁市围绕扶贫生态文明建设，吹响了生态移民搬迁30万人的集结号，着力解决长期居住在深山区、石山区、自然保护区、自然灾害多发区、生态位置重要、生态环境脆弱地区群众的生存发展和脱贫致富奔小康问题。通过实施生态移民，让长期居住在大山里的农民搬出了大山，入住城镇过上了城

镇化的生活，实现了公共服务均等化和农村人口向城镇的战略转移，促进了人的城镇化，保护了生态环境，增进了民族团结，搬出了农民的一片新天地。

碧水蓝天人自在。如今的铜仁，正在向生产空间集约高效、生活空间宜居适度、生态空间山清水秀的目标迈进，天蓝、地绿、水净的美丽铜仁必将迎来更加美好的明天。

第二节　铜仁典型的生态文化

一、生态王国——梵净山

梵净山是“贵州第一名山”“武陵第一峰”，千百年来，梵净山以其奇特卓绝的景色和博大的佛教文化，不知倾倒了多少游人香客。

梵净山位于江口、印江、松桃三县交汇处，毗邻湖南省凤凰古城、张家界，与重庆市南部接壤。梵净山古老的山体距今已有10亿～14亿年的历史，在地球历次造山运动中铸就了它大气磅礴、奇峰耸立、千山万壑、风光逶迤的神奇山体，为北回归线最古老的山之寿星。这片山水壮丽、古幽神秘的生命绿洲，让3000多种不同时代、不同种属的生物得到了有效地庇佑。早在1986年，就被列为联合国“人与自然保护圈”成员，是中国十大国家级自然保护区之一，被誉为北半球最古老的生态公园。明朝万历四十六年(1618年)奉皇帝诏令而建的古碑上称之为“众名岳之宗”。

大自然造物的神奇力量，使梵净山富集了令人陶醉的自然风光。山，或雄奇险峻，或秀美多姿，那引人入胜的新金顶，在海拔2200余米的崇山峻岭上，突兀而起冒出一尊石柱，高约100米，如巨笋出土，似玉龙啸天，红云环绕，直指苍穹。大自然的鬼斧神工，又将山顶一劈为二。两个山顶上分别建有释迦殿、弥勒殿，两殿之间有天桥相连，朝拜的香火烧到了云天之上。还有那独立撑云的蘑菇石、依山望母的太子石、状若册籍的万卷书(山岩)等，形神兼备，令人叹绝！至于梵净山顶部一带常常出现的“佛光”，更是令人魂牵梦绕，渴望一睹为快。水，或涓涓细流，或叮咚垂滴，或白练悬空，或奔腾咆哮，皆异常澄洁。峰回水转，汇成了九十九条溪流，顺山势的东西走向，向东汇成了锦江、淞江，直奔沅江入洞庭湖；向西汇成印江河，直奔乌江进长江。树，遍山皆树，满眼是绿，繁花争艳，鸟兽和鸣，一幅天然画卷。还有那云、雾、风，波谲云诡，也给梵净山增添了不少神秘的色彩。置身此山中，俨然画中行，恍若仙山游。

大自然造物的神奇力量，还使梵净山成为一个原始古朴的生态王国。由于梵净山的山体庞大且垂直高度相差巨大，形成了一个生物多样性的原始基地。梵净山不仅生长着漫山遍岭的各种植物和栖息着各类动物，而且拥有黔金丝猴、大鲵(娃娃鱼)、白颈长尾雉、云豹等珍稀动物和全球仅存的“贵州紫薇”以及中国鸽子花树(珙桐)等珍稀植物。梵净山原始古朴的生物群体，成为了人类的一大财富，具有极高的科学研究价值和保护价值。国务院于1978年将其确定为国家级自然保护区，联合国教科文组织于1986年将梵净山接纳为全球“人与生物圈”保护网的成员单位(中国只有五个成员单位)。梵净山是幸运的，因为在地球的同纬度上，目前只有它还保留有如此原始古朴的生物群体。梵净山的幸运，既得益于先人爱惜，也得益于当代人的保护。

二、地质生态博物馆——思南石林

思南石林是地球上同纬度地区迄今发现的发育最好、生态保持最佳、保存最完整、出露面积最大的极具科普性和观赏性的连片喀斯特石林。空间上连片分布，类型众多，包含了石芽发育从幼年到青年到老年的各种形态，有针状石林、剑状石林、塔状石林、柱状石林、城堡状石林。林区形状多变，景色秀丽，能从小中见大、大中见巧、巧中见奇、奇中见幽。思南石林具备了其他石林所具备的所有类型，形态变化丰富，石林、灌木林、竹林、庄稼、民居交相辉映，人与自然之间、动植物之间和谐相处，交相辉映，美不胜收，构成了最和谐的生态环境。思南石林还形成了许多惟妙惟肖的象形景观，如老虎石、雄鹰对峙、鬼脸石、四大金刚、三仙迎客等，极具观赏性，难怪专家称它是天然的地质生态博物馆。

思南石林主要分布在长坝景区和荆竹园景区。长坝石林片区位于长坝乡内，距乡政府驻地约1.5公里，地处乌江思林电站库区内，西与凤冈接壤，北与四野屯自然保护区相邻，整个石林绵延几个丘岭，分六大片区，面积约4.9平方公里，是我省最大的天然石林景观。荆竹园植被茂密，石林规模相对较小，风吹树动，石林若隐若现，犹如深闺秀女般犹抱琵琶半遮面。

三、全国最大鸳鸯栖息地——石阡情人谷

贵州山坪情人谷景区，坐落在汤山镇境内，距石阡县城8公里。景区内森林茂密，侗寨风情淳朴、溶洞奇妙莫测、山坡青草绿茵、山间公路崎岖、峡谷幽深、清溪浅流，是摆脱城市喧闹，令人爽心明目的理想场所和青年情侣流连忘返的伊甸园。景区内有情人坡、相思林、情人十八湾、神仙洞、侗寨翘角楼、逍遥谷、鸳鸯湖、神庙、情侣小农庄等多个迷人的景点。

鸳鸯，又叫匹鸟、官鸭等，小型游禽，分类于鸟纲雁形目鸭科，为国家二级保护动物。鸳

鸯常在树上栖息，陆地上觅食，水中嬉戏，成双出入，相亲相爱，悠闲自得，风韵迷人。鸳鸯素以“世界上最美丽的水禽”著称于世。在游禽、涉禽、海鸟等上千种水禽中，羽翼最为鲜艳绚丽的是鸳鸯，上百种鸭类中，也是最漂亮的一种。鸳鸯具有“止则相偶，飞则相双”的习性，自唐代诗人卢照邻在《长安古意》一诗中，以“愿做鸳鸯不羡仙”赞美了美好的爱情，鸳鸯成了夫妻恩爱的代名词。自古以来，“鸳鸯戏水”既是我国北方民间年画的素材，更是贵州少数民族织绣、剪纸的题材。

石阡鸳鸯湖是全国最大的鸳鸯栖息地。鸳鸯湖原为山坪水库，坝高70余米，气势雄伟，坝内水库宽20米至100米不等，两岸或青山、或悬崖倒映在湖水中，碧波荡漾，是一处集蓝天、白云、湖光、山色为一体的人工湖泊。沿湖两岸青山绿竹，针叶阔叶林木，珍稀树种、灌木丛生，四季青翠；有的悬崖峭壁，从山顶直落湖面；有的山峰环抱，直插云霄；有的山尖刚露出湖面，四面环水，构成一副独具特色的美妙画卷。风平浪静时，湖面酷似一面镶嵌在大山中的明镜，将两岸秀色美景倒映水中，让人难辨真伪。湖里1000余对鸳鸯成双结对。悠然时，或随波逐流，或尽情嬉戏；欢悦时，或两翼拍水，或腾空盘旋。鸳鸯喜静，生性惊敏。四五月份，躲在密密的树阴下交配、孵化，红红绿绿一大片，自在栖息、繁衍生息。周边村民从不捕猎惊扰，常年与之和谐相处，才留下今天这样的奇妙景观。

石阡鸳鸯湖是藏在贵州“深闺”的璀璨明珠，宛如一个精灵把贵州秀美的山川装点得多姿多彩，令人陶醉，让人忘返。

四、国家级风景名胜区——九龙洞

九龙洞是国家级风景名胜区，地处铜仁城东17公里漾头镇观音山上。观音山，山势险峻、峭壁嶙峋、漫山翠竹、绿意盎然，它背靠六龙山，面临彩丽的锦江画廊。九龙洞，在其山腰处，洞内遍布钟乳、石笋、石柱、石帘、石幔、石花、石针等。有的似云海奔涌，有的似飞禽走兽，有的似奇花异石，千姿百态，神奇瑰丽。洞长约2284米，宽100多米，已开发出四厅八室。

九龙洞景区主要包括九龙洞、九龙洞峡谷、锦江库区等景点。其中，九龙洞是该景区的主体景点，位于景区中部，洞内空旷宽敞，气势磅礴，景物众多。(主)洞长2284米，宽100多米，高75～80米，面积7万多平方米。全洞分为8厅和一道暗河，厅又分为两层，上层6厅，下层2厅，上下厅及洞与洞之间均有小洞相连，深不可测。洞内有青龙、龙虾、海螺、海龟、开屏孔雀、狮子、驼队、猴群、古刹、神佛、仙女以及簇拥依偎的童翁人群等，惟妙惟肖；洞内遍布钟乳石笋、石柱、石帘、石瀑、石幔、石花、石针等，有的似云海奔涌，有的似飞禽走兽，有的似奇花异草，千姿百态，神奇瑰丽。第三厅的三根擎天巨柱高大雄奇，其中最突出的是“九龙盘柱”，高达39.88米，周长13.5米。该洞美景之一的“洞中望月”，神秘幽思，令人流连忘返，遐想不断。2004年，九龙洞风景区被批准为国家级重点风景名胜区。

冷热二风洞位于九龙洞外侧大约1.5千米的地方。两个天然小洞，一个出冷风，一个出热风，温差约为10摄氏度。一个在炎热盛夏凉风徐徐，一个在三九寒冬暖气融融，因此称“冷热二风洞”。咫尺之间，同一时间，两个洞口出风冷热相存，阴阳交错，实为世间罕有。

莲台峰位于九龙洞所在的山顶上。其四周皆悬崖绝壁，百丈深渊，只有一石阶独径，从九龙洞洞口蜿蜒曲折而上。登上莲台峰顶，鸟瞰如诗如画的锦江，眺望连绵起伏的群山，但见千沟万壑，层峦叠嶂，峰丛林立，溪谷幽深，竹海茫茫，百里不绝，融雄奇、险峻、幽深、清秀为一体，令人心旷神怡。

莲台峰原有莲华庵(又名莲花寺)、玉帝阁、观音阁等佛教建筑。由莲花寺遗址拾级而上，经两道山门，至“一线天”，再攀“通幽峡”进“天洞”，过“奈何桥”至“望乡台”(又名“舍生崖”)等3处绝境，更显鬼斧神工，天造地设，险峻危奇。

五、国家级水利风景区——百里锦江画廊

从佛教名山梵净山流出两条江，一条叫大江，一条叫小江，两江穿山越谷，在铜仁城中汇合形成了锦江，并将城区一分为三，呈“S”状环城逶迤东去。就在三江汇流的地方，一块巨大的岩石突兀江心，成为铜仁的中流砥柱——铜岩，岩上供奉“儒、释、道”鼻祖孔子、释迦牟尼、老子三尊铜像，铜仁的历史渊源由此而起，铜仁因此而得名“铜人”。又因三位鼻祖的教义宗旨均以“仁”为核心，遂改名为“铜仁”。穿城而过的锦江将铜仁城装扮得如诗如画，形成一幅天然的“城在山中，水在城中，人在画中”的水墨山水画卷。沿江两岸奇峰林立，峭壁嵌绿，碧波粼粼，山色青青。两岸丰富的自然景观、独特的人文景观及珍贵的文物古迹、雕梁的亭台楼阁等，宛如一颗颗珠宝镶嵌在锦江两旁，构成了一幅“清水出芙蓉，天然去雕饰”的锦江画廊。诗人廖经天在铜仁时对锦江情有独钟，留下了“四面青山楼外楼，新妆巧扮最风流，多情最是锦江水，依依一步一回头”这首脍炙人口的绝句。先后获得了“中华100大生态亲水美景口碑金榜”、“国家级水利风景

区”、“中国传统龙舟之乡”等美誉。

锦江景区沿岸如诗如画的景点，主要包括武陵桥城、锦江十二景、水晶阁半岛、铜岩跨鳌亭等。

(1) 武陵桥城。铜仁市是一座多水的桥城，仅城区就有大小十余座风格各异的大桥。桥下江水碧波荡漾，锦江两岸绿树掩映，江上渔舟点点，既有名城苏州的婀娜多姿，更有山城铜仁的独特风格，是一座名副其实的水城、桥城。

(2) 锦江十二景。锦江十二景是锦江沿岸较有特色的自然景点，分别是：南岳飞泉、两江春色、中流砥柱(铜岩)、东山楼阁、云彩江声、文笔凌云、金磷戏水、渔梁夜月、石笏朝天、芦洞岚光、玉屏晴雪、西岭归樵。

(3) 水晶阁半岛。位于城东太乙峰下，锦江东岸。半岛三面环水、古树参天、幽香四溢。江面碧水映翠，渔舟如梭，宛如一幅流动的风景图。

(4) 铜岩跨鳌亭。在铜仁锦江与大、小江三江汇流处，有一巨石突起江心，高出水面十多米，总体面积 486 平方米，“孤屿嶙峋，当两江湍流中”，“作中流之砥柱，挽狂澜于既倒”，这便是与“铜仁”有着极深渊源的铜岩。相传，元朝时有渔人潜入铜岩底，“见岩足如鼎，中有铜范三教像”，“挽而出之”，“铜仁”也因此而得名。而铜岩上的“跨鳌亭”，历代皆有修建，最早为明正德十一年(1516 年)所建，现存之亭系 1993 年重建。旧时相传，铜岩旁迎小江处有沙洲隐于水中，每逢乡试前，如洲现水面，郡人必有中榜者，故俗名“挂榜洲”。每逢乡试前七日，铜仁的地方官按古制举行宾兴大典，在跨鳌亭上设宴招待应举之士，“酌旨酒以盈卮，于斯亭以宠饯”，以求个“独占鳌头”的吉兆。

六、动植物基因库——佛顶山

佛顶山为国家级自然保护区，是铜仁仅次于梵净山的第二高山，位于石阡县西南缘，地处石阡、镇远、余庆、施秉四县交界处，主峰海拔 1869.3 米，是武陵山脉的第二高峰。佛顶山景区地质景观奇特：孤峰突起，直插云霄，高大雄峻；山上云雾缭绕、宛如人间仙境；山中溪流交错、峡谷幽深、瀑布高悬；山下河谷平坦、村落古朴，仿佛是世外桃源。

佛顶山有着“动植物基因库”之美誉。由于佛顶山具有明显的中亚热带季风山地湿润气候特征，温暖湿润，雨量充沛，为生物繁衍提供了良好

的生态环境。佛顶山自然保护区中拥有植物1069种，列为国家珍稀、濒危重点保护植物的有16种，属国家一级保护植物有珙桐，二级植物鹅掌楸、香果树……三级保护植物有穗花杉、白辛树、天麻等。国家一级保护植物珙桐又叫鸽子花树，有"植物活化石"之称，为我国独有的珍稀名贵观赏植物，因这种树稀有而珍贵，被人们称为"绿色熊猫"。由于高大的山体、复杂的地形、保存较好的森林植被，为森林动物提供了丰富的食物和栖息环境。自然保护区动物资源丰富，已鉴定命名的脊椎动物与昆虫有119科417种，国家重点保护野生动物32种，其中，一级重点保护动物1种，二级重点保护动物31种。国家一级重点保护野生动物豹，二级重点保护野生动物猕猴、穿山甲、大灵猫、小灵猫等。

佛顶山景区从2006年开始打造，现有尧上、楼上两个国家"3A"级景区，景区曾获中国乡村旅游"飞燕奖"等称号。2013年，省委、省政府将佛顶山景区列为全省100个重点建设景区，铜仁市委、市政府将佛顶山景区列为全市12个重点建设景区。如今的佛顶山景区，集自然、生态、民族文化、红色文化、佛教文化于一体，具有雄奇险峻、宁静自然、古朴神秘、无碳清新、文化底蕴浓厚的特点，已成为人们旅游、科考、探险的胜地，休闲、度假、养生的天堂。

七、生态养民——江口云舍村

巍巍梵净山下，幽幽太平河畔，坐落一座宛若世外桃源般的自然村落，这便是被誉为"中国土家第一村"的江口县太平镇云舍村。"云舍"——意即"云中的房舍"。为什么有这么美丽的名字呢？云舍村位于美丽的太平河畔，传说从前是仙人们居住的地方。云舍土家族的祖先们原居住在省溪司，通过几代人的辛勤劳作，家族不断壮大，但却很难找到一块更好的地方让后人居住，于是杀猪宰羊祈求上苍。仙人们为土家百姓勤劳、勇敢的精神所感动，自己就集体移居到后山的"仙人洞"，而把这片肥沃的土地让给了土家百姓安居乐业、休养生息。土家人为了纪念这些仙人的恩德，就把寨子取名"云舍"，即"云中的房舍——仙人居住的地方"。

古老的云舍有神龙潭、仙人洞、土法造纸、土家筒子屋、世界上最短的河——龙塘河等与众不同的自然景观，有伴嫁歌、拦门酒、坐花轿、劝酒歌等民俗民风。全村470余户农家都为杨姓，宅舍依山傍水，高低错落，蜿蜒起伏。"寨大似天庭，环行似迷宫"，崎岖而狭窄的青石板道路，幽深的巷道、明清古建筒子屋、祠堂风貌依然，一幅"村在画中、户在树中、人在绿中"的农家自然村寨景观令人心旷神怡。

昔日的云舍村以种植农作物和饲养牲畜为生，人均年收入不到 1000 元。为摆脱贫困，村支“两委”带领有识青年农民在周边县市考察生态旅游和农家休闲项目。通过考察对比，认为本村优美的自然风光和深厚的土家风情，才是发家致富的宝贵资源。于是，多方筹资 2800 多万元打造“生态云舍”，引进省外客商投资 3 亿建山水云舍，逐步走出了一条生态养民、旅游富民的新路子。

随着梵净山旅游业的发展，江口县交通部门投资 3 亿元修通了从云舍穿村而过的江(口)—梵(净山)复线柏油路，进一步拉近了游客与云舍的距离；县水务局投资 200 万元从后山引来甘甜清醇的泉水；林业部门投入数万株花果苗木美化云舍；村庄前的千亩葡萄园、大棚蔬菜园，沿河两岸绿树红花将凉亭、风雨桥、文化广场打扮得花枝招展，形成了一幅“村在森林中，房在花园中，居在氧吧中”的美丽乡村图。自 2014 年 2 月至 2014 年 10 月 30 日，经过全国各省市海选、推选、考察、两轮投票等过程，云舍村被评为“2014 中国最美村镇”。

清新的空气，清凉的湖水，盛开的鲜花，现实版的开心农场，整洁的农家庭院，古色古香的土家民居建筑和原始古朴的土家民歌土舞，吸引了大量游客，使得云舍村的生态文化旅游“火了”起来。如今，全村 80％的家庭从事文化旅游服务业，农民人均年纯收入 6400 元，是 10 年前的 6 倍，青山绿水成了云舍村取之不竭的活宝源。

第五章　渊源深厚的佛教文化

第一节　铜仁佛教文化概况

铜仁的佛教始自唐朝。唐代牛腾在贵州大布佛教，是为佛教传入贵州之始，传布地区主要在黔北和黔东梵净山周围。据可靠资料记载，唐朝时铜仁就有了沿河县的福常寺（永佛寺）和常乐寺、万山的弥勒寺。到了宋朝，在沿河有沿丰寺、思南有华严寺和城子寺、印江有西岩寺。佛教传入铜仁后，沿乌江、沅江（辰水）逐步向梵净山核心区纵深聚焦，宋末时期就在梵净山金顶区域修建草堂石殿，15 世纪新金顶的摩崖石刻就明言梵净山“委系古迹名山”。梵净山佛教在明朝达鼎盛时期。明清时代有四大皇庵、四十八脚庵，呈众星拱月之势的寺庙建筑群，其影响力“久已灵驰于两京，倾动十三布政……”。据《敕赐碑》记载，朝山者“人来人往，若城市然”。梵净山与山西五台山、浙江普陀山、四川峨眉山、安徽九华山并称为我国的五大佛教名山。在当代，人们也就将梵净山佛教文化等同为铜仁佛教文化。

梵净山佛教文化有着广泛而深厚的社会基础。《思南府志》、《铜仁府志》就不乏土官土酋热衷奉佛兴寺的记述。如 12 世纪中叶，少师思国公田佑恭的《墓志铭》就盛赞田佑恭“或舍良田，或立浮屠，或铸洪钟，或建宝藏”。田氏 80 岁于 1154 年寿终正寝，后人又“乃为祠堂于水东梵宇”。《铜仁府志》则载：“佞佛者朝谒名山，号称进香。往往结党成群，携老扶幼，此风他省亦间有之，近日惟吾铜尤盛”。可以说，佛教是黔东北地区世俗的普遍信仰。人们普遍信奉观音，供奉观音，在相当多的农家，都将观音之名写上了神位。在口语中也多有菩萨之词，赞美某人心慈善良是“菩萨心肠”“活菩萨”等。土家族人为求幼子易长成人，为其专制狗尾佛帽，且成为一种盛装。在许多地名中，就不乏大圣墩、观音山之词。特别是活跃在广大农村的阴阳道士，几乎成为一种职业，在学校兴起之前，他们就是地方民族文化的传播与传承人。无论谁家死了人，特别是老人，都会请他们去做道场，诵经祈福。这些人大多有佛教的法号，有手抄或版印的经书。人们祭奠亡灵，主要是为送亡者进入西天净土，或保佑后世平安。由于佛教文化的传播与影响，人们逐步形成一种心理境界——梵天信仰。佛教向善、悯生、救苦的核心价值观对铜仁人的影响十分深刻，成为铜仁人性格特质的重要部分。

第二节　梵净山佛教文化

一、梵净山佛教历史

梵净山佛教的传入，与佛教传入贵州的时间相吻合。它起于唐代、兴于宋代、盛于明代、衰于清末。

佛教在梵净山经宋、元两代的发展，在明初已成为一方名胜，为“梵天佛地”。明初，梵净山地区思南、思州土匪混战，朝廷遂置八府强化管辖，环山有四府，即思南、铜仁、松桃、石阡，另外设置贵州布政司统领，是为贵州建省的由来。明永乐十三年，朝廷在梵净山设金场开金矿，佛教也因此得到恢复。此前佛教曾在全国被禁行百余年，隆庆年间，禁令废止，第一次重建梵净，从隆庆至万历，费时十余年，重建了金顶寺庙群及西岩寺，增修了回龙寺、孝慈寺、天庆寺。金顶院道摩崖详尽叙述了万历三年（1575 年）贵州都察院发布的《火牌告示帖》批准官僧信众重建梵净山的情况。

万历二十七年（1599 年），播州杨应龙叛变，祸及梵净，使梵净山寺庙被毁，香客稀少。此后，由于国舅李颖（又名李青莲，法号妙玄）隐居梵净山，故神宗皇帝于万历四十六年（1618 年）下旨重建梵净山寺庙，这是第二次重建。此次重建了一洞、六殿、五寺。经第二次重建，明代梵净山已有八寺、六殿，其中敕令重建之圣旨承恩寺称“金顶正殿”，天庆寺、天池寺、天林寺、朝天寺称“四大丛林”，合称明代“五大皇庵”。

明万历至清乾隆百余年，是梵净山最辉煌、最鼎盛时期，尤其以康乾为最，朝山之风盛行，与峨眉、鸡足鼎立于西南，此时全山已有四十多所寺殿，除“五大皇庵”外，坝梅寺（承恩堂）、水源寺、太平寺、回龙寺、回香寺、白鹤寺、大佛寺、钟灵寺都闻名遐迩。同时，这一时期梵净山地区的贸易也兴旺起来，乾隆初就有楚商雇人开采金矿，与寺僧发生纠纷。乾隆五十年（1785 年），铜仁知府庄有义建铜仁上关码头于大江口（今江口县城），使梵净山与洞庭湖之间可直通大船，楚商来梵净山收购木材、中药、茶叶、金沙。圣旨承恩寺至通明殿（后称报恩寺）之间，成为朝山贸易场所，摊位林立，十分繁荣。

嘉庆之后，梵净山进入多事之秋。嘉庆元年（1796 年），松桃石柳邓与湘西吴八月组织苗民起义，失利后退至梵净山，坚持了数年，使朝山拜佛的香客急剧下降，山民、寺僧趁机勾结楚商盗伐林木，凿窑烧炭。道光年间，知府敬之、巡抚麟庆、按察使李为先后出示告示，严禁伐木烧炭破坏梵净山风水，并勒碑垂世，这是对梵净山最早的保护。咸丰五年至同治九年（1855—1870 年），红号军起义，失利后，首领赵子隆率部退守梵净山，在德旺三角庄建立根据地，后在川、湘、黔三省清军的围剿下失败。光绪元年至光绪六年（1875—1880 年），清军小头目刘满率数十人持洋枪进入梵净山，自称“黑地大王”，据险抗清。再加上前来镇压义军的清军的残暴，寺庙破坏殆尽，给梵净山佛教带来灾难性的影响；群众也惨遭屠戮，仅马槽河的560来户人家，就只剩50来户。光绪五年（1879年），新任贵州巡抚岑毓英亲往督阵，在生员廖云鹏、武举吕嘉会、僧人隆参的协助下，于次年剿灭了义军。三次兵灾使梵净山佛教遭到了毁灭性的破坏。

为加强防范，清政府移铜仁县至大江口，并在山顶、护国寺、马槽河等地建都司衙门，练兵扼守要隘。在隆参和尚的主持下，重建梵净，修复寺宇，招纳僧尼。光绪十一年（1885年），全山开斋放戒。至光绪二十一年（1894年），除修复了全部旧的寺庙外，还增修了镇国寺、水源寺、明珠寺等，此时，梵净山有五座皇庵，四十八座脚庵，朝山道路上也修建了怒溪、德旺、平柳、永义、芙蓉坝风雨桥（今尚存）。此次重建，使梵净山佛教达到鼎盛时期。在诸多寺庙中，德旺坝梅寺的寺产极广，有“坝梅寺谷子”的美称；永义护国寺盛产大豆，有“护国寺豆子”美称；太平水源寺全是尼姑，有“水源寺女子”美称。

光绪年间的重建，不仅使梵净山的佛教得以恢复，贸易、矿产品的开发也很兴旺。有十多家公司在这里开发。各公司因争夺资源，经常发生冲突。为加强管理，清政府于光绪三十三年（1906年）成立了贵州思铜松石矿务总局，对梵净山锑矿实行官办。

民国时期，成立了梵净山佛教分会，会址设在香山寺，但由于战乱不休，梵净山佛教再次走向没落。民国元年（1912年），都司衙门被废。民国十七年（1928年），贵州、云南军阀周西成、李晓炎军队在此战斗，其部属黄泽均、张德辉率部进入梵净山烧杀抢掠，使颓败的梵净山佛教雪上加霜。

建国后，朝山拜佛活动停止，山上寺庙由于缺乏维修，损坏严重，到1978年，只剩下香山寺、朝阳寺等少数几个寺庙。

二、梵净山佛教道场

梵净山佛教道场一般有两种说法：一是“弥勒净土道场”，一是“辟支道场”。《敕赐碑》载：“此黔中之胜地有古佛道场，名曰梵净山者，则又天下众名岳之宗也。”说明梵净山古佛道场早已存在。古佛道场，一般指弥勒净土道场。据《贵州通志》载：唐朝通慧和尚在石阡建般若寺，因此梵净山的佛教史可追溯到唐代。又据清康熙《贵州通志·山川》、乾隆《通志》载：“梵净山又有辟支佛遗迹”。

三、梵净山佛教的宗派渊源

梵净山的宗教渊源，也有两种说法，一是净土宗，一是临济宗。净土宗又称莲宗，是我国佛教宗派之一，唐代善导创立，主要依据《无量寿经》《观无量寿经》《阿弥陀经》和世亲《往生记》，说死后往生西天极乐世界，是影响较大、流传甚广的一个佛教学术流派。净土宗在梵净山的流传，现存的资料上没有系统明确的记载，但我们认为在梵净山有净土宗的存在，其理由是：

(1) 据《松桃厅志·寺观》载:“天恩寺,去城二百四十里,原名接引殿……”。据《法音》文库周叔迦《法苑谈丛》一书称:“接引殿,系净土宗殿堂,供阿弥陀佛或接引佛……”。

(2)《敕赐梵净山重建金顶序碑》中有“宜白莲社之茂建”。《脉源宗谱碑记》有“尊宿孙与余为莲社友”。莲社即莲宗,也就是净土宗。

(3) 明清两代梵净山寺庙多以莲子相称,如“莲池庵”“莲花庵”等。

在佛教传入我国的早期,僧侣的食物来源是靠行乞和受请两种。行乞即化缘;受请则主要存在于民间“法师”之中,现在梵净山区仍广泛流传着超度亡灵等活动,就是“受请”在民间的延续。到魏晋之际,寺院经济的兴起,“行乞”之事渐渐消失,同时也催化了宗派的兴起,寺院有了稳定的经济基础,就出现了争权夺利的现象,也就出现了道统之争,即谁是正宗的问题。因此,寺院经济越发达,宗派之风就越烈。梵净山区与全国其他地方一样,都以“禅门正宗”“漕溪正宗”“临济正宗”等自居。“正宗”这杆大旗就能捍卫寺产,就能招徕信众,就像现在到处有“正宗重庆火锅”一样,有了所谓的“正宗”就容易吸引客人,具有广告效应。所以,明清以来的梵净山佛教的宗脉主流是禅门临济宗,其环山大庙如香山寺、坝梅寺、护国寺、天马寺、天庆寺以及水源寺、东山寺、朝阳寺、三合寺均为临济宗。

四、梵净山的寺院

寺院是弘宣佛法的场所,是僧众供佛和修行的地方。梵净山的寺庙建设从唐代开始,到明代已形成了一定的规模,但由于战乱而几经损毁,所以以前的寺院很难详考。就现存的资料和碑碣来看,梵净山寺院多是“重修”,重修之前是什么规模、叫什么名称都无从得知。清道光十五年(1835年)编修的《松桃厅志》对梵净山寺庙及《敕赐碑》有这样的说法:“碑称重建,则梵宇由来久矣,惜未载明创始年代。”由此可见,有关明万历以前的梵净山寺院,道光时期便已无法考证,现在许多新编资料常以“据传”“据说”“相传”某寺建于何年何代,纯属猜测而已。

梵净山的寺院一般有七种名称:寺、院、堂、殿、阁、庵、庙。

寺:一般指规模较大的场所,并以独立的形式存在。如天庆寺、朝天寺、天林寺、天池寺、香山寺、坝梅寺、水源寺、朝阳寺、回龙寺、罗蒋寺、大佛寺、报恩寺、镇国寺、承恩寺、丹霞寺、万佛寺、回香坪寺、太平寺、明珠寺、继恩寺、兴隆寺、丁家坪寺、永兴寺、文峰寺、城隍寺、银水寺、明牙寺、西岩寺、孝慈寺、鹅梨坳寺、秀峰寺、水塘坡寺、通缘寺、三宝寺、龙泉寺等。

院:在通常情况下,“院”是寺的一个部分,但有的院是独立存在的,如“天池院”“天庆禅院”等,天池院即后来的护国寺,天池院即天庆寺。

堂:寺院的一个部分,一般规模较小,梵净山有承恩堂、天庆堂、永兴堂等。但梵净山的寺院中有的堂规模却很大,承恩堂即坝梅寺,寺庙规模和寺产都很大,拥有授戒资格;天庆堂即天庆寺,永兴堂即天马寺。这些地方都时而称寺、时而称堂,或许与梵净山寺庙的时兴时毁、变动较大有关。

殿:寺院的组成部分,多是一间房或一栋楼。如通明殿、圆通殿、释迦殿、弥勒殿、接引殿、上茶殿(即承恩寺)、下茶殿(即镇国寺)等,多以人名或佛祖名命名,另外还有“大雄宝殿”等殿。在梵净山,最著名的是释迦殿和弥勒殿。

阁:是寺院的一个部分,如藏经阁;也有独立存在的,如“观音阁”“回澜阁”“三元阁”等。

庙:梵净山的庙很多,但相当部分并不是佛教场所,如城隍庙等。

庵:原指佛门弟子修行场所。梵净山有“五大皇庵”,即江口承恩寺和朝天寺、印江天庆寺和天池寺、松桃天林寺。

梵净山历史上有较大影响的寺庙有:

金顶寺庙群。金顶正殿原名报恩寺,后更名为承恩寺,承恩寺毁后重建为镇国寺,管理释迦殿、弥勒殿、九皇洞、玉皇阁、观音殿等寺庙。

护国寺。位于印江县永义乡境内,距金顶约 19 公里,原名天池院。据《脉源宗谱碑记》载,明然为妙玄五世孙,妙玄是天池院开山第一祖,系明万历时人,故该寺庙始建于明万历年间或推前一点。护国寺背靠狮子岩,面向肖家河,视野宽阔,像坐在一把椅子上俯视前方一样,给人一种居高临下的神圣感觉。护国寺遗址占地五六亩,原有田产四百挑,山林宽广。清光绪后,清廷移松桃都司至梵净山护国寺,受此影响,护国寺和尚上马杀贼,下马念佛,影响大于其他寺庙,但与佛学的教义相悖。

坝梅寺。原名承恩堂,始建于明初,位于江口县德旺乡坝溪、梅溪之间,故得此名。据康熙十五年(1676 年)《坝梅寺碑》载,该寺原建正殿七间,偏殿及僧房数十间,画栋雕梁,极为宏伟,门前有合围古树数十株。坝梅寺建筑占地面积十余亩,寺产以稻田为主,遍及周围 15 公里,民间称“坝梅寺谷子”。又据《因恒重建承恩寺常住》载:“尝闻天下之最大者,莫名山若也,而其曰东岱、西华、南恒、北常是矣,抑且继右而立隆者,又莫名承恩寺矣”,足见坝梅寺家大业大,建筑规范,气势宏伟。就佛学而论,坝梅寺高僧云集,和尚墓塔到处都是,亦堪称梵净山佛学之渊薮、丛林之典范,是研究梵净山佛教最重要的场所。现坝梅寺已毁,仅存遗址和碑碣十余处、浮塔三座。

天马寺。又名为永兴寺、永兴堂,位于松桃自治县乌罗镇境内,距金顶约 40 公里,有古道连接,中间有白云寺相呼应,是明清朝山拜佛的重要路线。清道光年间,天马寺有四个大的四合院,层层叠叠,规模宏伟,有寺产 1000 余挑谷子,山林 8000 余亩。这里风景优美,气候宜人,是金顶正殿重要的粮食供给地和避寒场所之一。

天庆寺。又称天庆堂、天庆禅院，位于今印江木黄镇九台山上，距金顶约40公里，创建时间不详。但从和尚墓群的造型来看，应建于明初。该寺建筑的地面面积约十亩，主体建筑是一个庞大的四合院，四合院天井中的石板最大的长7.7米，宽2.1米，究竟是怎么抬上去的，实在是个谜。天庆寺产业、山林极广，耕地土多田少，以盛产大豆著称。

朝天寺。朝天寺位于太平乡快场村与马吗村交接的山梁上，距金顶4公里，建于明初永乐年间。该寺建在呈三角状的三座小山上，正殿建在靠金顶一方的小山上，另两座山上为耳殿，每座殿都建有四合院，正殿四合院比耳殿四合院大，总面积约12亩。朝天寺有山林上万亩，田产1000挑谷子许，是皇庵中最富裕的寺庙之一，有"朝天寺银子"的美称。因这里风景优美，气候宜人，鼎盛时期湖广方向来朝拜的香客特别多，古碑上说的"若城市然"指的就是水源寺和朝天寺。遗憾的是屡遭战争破坏，现只剩遗址。

香山寺。位于江口县城香山下，创建时间不详，产业规模也无据可考。据梵净山周围的多数寺庙墓塔和碑碣载，明清之际，许多禅师都曾"香山授法"，在香山寺受戒为僧。如天庆堂的福圆满禅师、天池院的慧惺禅师都是香山寺圣樾道符禅师的嗣法弟子。因此，在历史上的某一时期，香山寺是梵净山区域传播临济宗的中枢禅院，是讲经播法、剃度弟子、培训僧侣的重要场所，也是梵净山佛教起源地之一。

白云寺。位于江口境内(建县前属松桃乌罗司)，距金顶10公里，原名天恩寺，又名接引殿。明万历四十六年(1618年)敕建，清道光八年(1828年)重修，海拔2153米，是梵净山区域海拔仅次于金顶寺庙群的寺院。明以前是净土宗殿堂，供接引佛。现庙已毁，仅有遗址3亩。

此外，罗蒋寺、朝阳寺、大佛寺、水源寺、东山寺、回龙寺、三合寺、金山寺、万佛寺都拥有很大的产业和恢弘的寺庙，但不足的是缺乏高僧。

五、梵净山佛教现状

改革开放后，梵净山佛教在党的宗教政策指引下，得到了健康发展。1978年，在省、地的支持下，江口县组织修建了登山道路——万步云梯及桥涵、亭阁、宾馆、招待所，修复了释迦殿、弥勒殿、天仙桥、观音殿、镇国寺以及山门、圣水观音阁、碑林，恢复了龙泉寺，并举办了"1992中国梵净山观光暨佛教名山庆兴大典"，使梵净山佛教开始复兴起来。随后，印江县也引资修复了护国寺、宾馆和进山公路。原中国佛教协会会长赵朴初为梵净山题字，中国佛教协会副会长兼秘书长学诚法师在2004年梵净山佛教研讨会上公布梵净山是全国第五大佛教名山，使梵净山佛教的知名度逐步提升。为更好地探索、发掘梵净山生态资源和佛教文化的价值，推动生态文明建设融入文化建设和社会建设的各方面，促进梵净山生态文明建设与佛教文化的协调发展，2013年7月21日，铜仁举办了以"梵天净土，桃源铜仁"为主题的"2013中国梵净山生态文明与佛教文化论坛"。本次论坛由"生态文明贵阳国际论坛"组委会主办，铜仁市人民政府、贵州省宗教局、《中国宗教》杂志社、贵州省宗教学会、贵州省佛教协会联合承办，香港《大公报》协办。此后，“中国梵净山生态文明与佛教文化论坛”作为“生态文明贵阳国际论坛的分论坛”每年举办一次。2014 年 7 月 12 日，由“生态文明贵阳国际论坛”组委会主办，以中国佛教协会为指导单位，由铜仁市人民政府、贵州省民宗委、《中国宗教》杂志社、贵州省宗教学会、贵州省佛教协会承办，以“铜仁生态美，梵净天下灵”为主题的“2014 中国梵净山生态文明与佛教文化论坛”在梵净山隆重开幕；2015 年 6 月 29 日，以“心灵环保·世界和谐”为主题的“2015 中国梵净山生态文明与佛教文化论坛”在梵净山拉开帷幕。

梵净山作为我国五大佛教名山之一，是西南地区与峨眉山、鸡足山齐名的佛教圣地，是贵州佛教的重要场所，在道场、宗派、寺庙分布等方面都有自己的特点。

1. 道场、宗派杂

大凡佛教名山，大都只是一种佛道场，只有一个宗系。而梵净山既是辟支道场，也是弥勒净土道场。在宗派方面，梵净山既有临济宗，也有净土宗。难怪中国佛教协会副会长学诚法师也说梵净山是佛教名山，但道场、宗派相对较杂。

2. 寺多且广

梵净山由于山体庞大，寺庙也多，除五大皇庵、四十八大脚庵外，还有许多小寺庙，构成了梵净山庞大的佛教寺庙群。据有关资料，印江境内有 20 多处佛教场所，江口境内有 70 多处，松桃境内有 60 多处。

3. 带状分布

梵净山佛教寺庙主要分布在明清时代朝山道路上。朝山道路主要有：(1)乌罗、寨英古道——沿途寺庙主要有白云寺、天马寺、天林寺，是秀山、松桃方向香客朝山道路；(2)马槽河古道——是湖南、湖北、广东、广西、福建方向香客的主要朝山道路，沿途的寺庙主要有水源寺、水月庵、朝天寺、回香坪寺，这条古道是历史上最繁华的朝山道路；(3)坝溪古道——从德旺坝溪进山，是铜仁以上玉屏、岑巩至思南大坝场、翁安、福泉方向的香客的朝山道路，沿途寺庙主要是朝阳寺、坝梅寺；(4)永义古道——是印江、思南方向的香客的朝山道路，沿途主要有护国寺。而且“五大皇庵”除金顶正殿外，东、南、西、北上山古道各占一个。除上述所列古道外，其他路线的寺庙既少又不太出名。

第六章　影响深远的红色文化

红色文化是中国共产党领导中国人民在长期的革命和建设中积淀起来的一种特殊的文化类型，蕴涵着丰富的革命精神和厚重的历史文化内涵。铜仁是一个革命老区。革命先驱周逸群，1927 年大革命失败后参加南昌起义，后与贺龙等创建湘鄂西革命根据地；1934 年 6 月，中国工农红军第三军在贺龙、关向应、夏曦率领下，辗转湘鄂川到达沿河，创立了云贵高原上第一个红色革命政权——黔东特区革命委员会。同年 8 月，中国工农红军第六军团在任弼时、萧克、王震同志率领下，辗转于湘南入黔，其主力在印江木黄与红三军主力会师。两军会师后，组成了统一指挥部，回师湘西，开辟了湘鄂川黔革命根据地，有力地配合了中央红军的长征。甘溪战役、困牛山红军壮举……黔东儿女用鲜血染红了中国革命史册，留下了丰富的红色文化遗产，除黔东特区革命委员会旧址、周逸群故居、旷继勋故居等物质文化遗产之外，还有不少以红军为主要内容的歌谣、故事、传说等非物质文化遗产。

第一节　铜仁的红色物质文化遗产

一、黔东特区革命委员会旧址

主要包含沿河谯家黔东特区革命委员会旧址、黔东特区第一次工农兵苏维埃代表大会会址、德江枫香溪会议旧址、印江木黄红二、六军团会师纪念碑和纪念馆等。2006 年 5 月，黔东特区革命委员会旧址被国务院命名为第六批国家级重点文物保护单位。

1934 年 5 月 14 日，由贺龙、关向应、夏曦领导的红三军放弃湘鄂边革命根据地，从彭水县城西渡乌江跨入黔东沿河后，以沿河土地湾为中心，建立了云贵高原上第一块红色革命根据地，孕育了红二方面军。正如贺龙元帅曾在回忆中说："如果没有这块根据地，六军团没有目标可找，也找不到部队，结果是不可想象的。可以说，没有黔东特区革命根据地，就很难有后来的红二方面军，也就很难有后来的红军三大主力会师。"1934 年 6 月 19 日，红三军到达沿河县第五区的枫香溪(现隶属于德江县)，当晚便召开了中共湘鄂西分局会议，历史称为"枫香溪会议”。1934 年 7 月 21 日至 22 日，在沿河县铅厂坝张家祠召开了“黔东特区第一次工农兵苏维埃代表大会”，决定以位于沿河、德江、印江三县交界的谯家镇铅厂土地湾为中心，创立黔东革命根据地。这是中国共产党在贵州高原上，领导广大劳苦大众建立的第一个红色政权。

1934 年 8 月，红军第六军团在任弼时、萧克、王震同志率领下，从湖南入黔，经石阡甘溪战役后，于当年 12 月 24 日在印江木黄与红三军主力会师。两军会师后，组成了统一指挥部，回师湘西，开辟了湘鄂川黔革命根据地，有力地配合了中央红军的长征。

黔东革命根据地的建立，使红三军结束了较长时间无根据地的游击状态，有一个稳定的地区进行休息、整顿和壮大红军。黔东革命期间，是红三军的一个转折点，恢复了党团组织，恢复了政治机关，成立了红三军的党委会，并向各师、团一级委派了党代表，对党团员进行了登记，发展了一批新党员、新团员。它加强了党对军队的绝对领导，使红军队伍发展更快、更巩固、战斗力更强。它有力地策应了中央红军的战略转移，为湘鄂川黔根据地的开辟发展了武装力量、培养了一批坚强有力的干部队伍，并积累了在少数民族地区创建革命根据地的经验。根据地建立期间收编“神兵”1000 多人，黔东各族参加红军 3000 多人，游击队 10000 多人，地方自卫队 30000 多人，壮大了红军的力量。它为党的民族工作提供了宝贵的经验。黔东特区存在期间，红三军的领导十分重视民族工作，十分重视宣传党的民族政策，发动和联合各族人民进行革命斗争，建立政权，实行土地革命。

二、周逸群烈士故居

周逸群，湘鄂西红军和苏区创建人，字立凤，1896 年 6 月 25 日生于贵州铜仁。1919 年赴日留学，1923 年回国，在上海参与创办《贵州青年》旬刊。1924 年 10 月在广州入黄埔军校第二期学习，同年 11 月加入中国共产党。1926 年北伐战争中，先后任师、军政治部主任，建立政治工作制度，发展中共组织。1927 年 8 月参加南昌起义，先后任起义军第 20 军第 3 师师长，中共湘西北特委书记、鄂西特委书记、鄂西游击总队队长。1930 年 2 月组建中国工农红军第六军，兼政委，后创建洪湖苏区。同年7月，第六军与第四军组成第二军团，任军团政委、前委书记，与贺龙领导创建湘鄂西革命根据地。同年9月，调任湘鄂西特委代理书记兼湘鄂西苏维埃联县政府主席。1931年5月在湖南省岳阳县贾家凉亭附近遭国民党军伏击，英勇牺牲，时年35岁。

周逸群故居位于铜仁市逸群路17号（原大公馆街），四合大院，占地面积1000余平方米。清道光年间，周逸群祖父始建后楼两幢。左楼上下各三间，烈士在此楼出生和结婚。右楼结构与左楼基本相同。1918年，烈士亲建正屋一幢三间，占地面积109平方米，现为烈士生平事迹陈列室。正屋前有石板铺墁院坝，两旁辟有花圃。整个故居古朴典雅，错落有致。在国民党时期曾作"逆产"充公，强作《新东报》报馆，后经其亲属力争，方完整保留至今。周逸群烈士故居2005年被列为"省级国防教育基地"，并入选《全国红色旅游精品线路名录》；2006年被列入国家级文物保护单位；2009年被中宣部列入"全国爱国主义教育示范基地"，被国家国防教育办公室列入"国家国防教育示范基地"。

为了让更多的人了解周逸群，学习和弘扬周逸群的革命精神，挖掘铜仁红色文化旅游资源，铜仁市委、市政府2009年正式启动周逸群烈士陈列馆项目建设。新建的周逸群烈士陈列馆位于铜仁市中山路中南门古城区，坐东向西，占地面积905平方米，建筑面积1390平方米，系两层砖混结构外观仿古三合院落，青瓦覆盖，青石铺墁。展厅共分九个部分，主题依次为：一、序厅；二、刻苦学习、爱憎分明；三、远涉重洋、寻求真理；四、投笔从戎、黄埔雄姿；五、北伐战争、革命先锋；六、南昌起义、威震华夏；七、武装割据、建立政权；八、洪湖赤子、党的楷模；九、缅怀先烈、继往开来。通过近500幅珍贵的图片、文字史料及实物，整体、系统地介绍了周逸群从在家乡读书，到东渡日本留学，以后进入黄埔军校，参加南昌起义，创建洪湖苏区，直至1931年在湖南岳阳遭敌伏击牺牲的壮烈光辉的一生。

周逸群烈士故居、陈列馆已成为进行革命传统教育、爱国主义教育、廉政教育的重要阵地，是对外宣传铜仁市的重要窗口和平台，是铜仁人民为革命无私奉献的鲜活教材，在铜仁的精神文明、社会文明、经济文明建设中发挥十分重要和不可替代的作用。

三、旷继勋烈士故居

旷继勋，原名旷大勋，号集成，思南县大河坝庙塘湾人，生于1895年，从小酷爱学习，喜爱练武。1916年随父去四川，到军阀赖心辉部当士兵。1920年到1925年，先后担任连长、营长、团长、旅长等职，1926年加入中国共产党。1930年1月，党中央在湖北监利县组建红六军，旷继勋任军长。当年7月，红六军与贺龙领导的红四军合编为红二军团。次年，旷继勋被派到鄂豫皖革命根据地担任中国工农红军第四军军长。党的六届四中全会以后，旷由于对王明的“左”倾路线不满，被撤销军长职务，调任红十三师任师长。1931年10月，党中央派旷继勋到二十五军任军长。1932年初，旷继勋率军解放霍邱时因敌众我寡，县城陷落。张国焘却以此为由再次撤销旷继勋的军长职务。解放通江后，旷继勋任川陕临时革命委员会主席，因写信给原在军阀部队中的几位朋友，劝其带兵起义，信落在张国焘手中，成了“与国民党勾结”的“罪证”，于1933年6月被秘密杀害。

旷继勋故居位于思南思唐镇中和街(原安化街)29号，砖木混凝土仿古建筑，有故居、陈列室、接待室三大主体，古色古香，洁净肃穆，占地面积470余平方米，建筑面积170平方米。

四、石阡红二、六军团总指挥部旧址

红二、六军团会师以后，一直在今渝东南、湘西等地活动。1935年10月，中央红军长征胜利到达陕北，湘鄂川黔根据地的形势也随之发生变化。面对各种不利情况，中共湘鄂川黔省委和军委分会一致确定，红二、六军团必须坚持突围远征。次年1月10日，红二、六军团进入石阡境内，至24日全部离开石阡县境，红军在此休整10余天，开展了革命宣传、打土豪、建立游击队、修造枪支、扩充红军等活动。期间，红军召开了重要的“石阡会议”，这次会议对于红二、六军团决定放弃在石阡、黄平一带建立根据地而转战贵州西北进行革命活动作出了重要决策。

石阡红二、六军团总指挥部旧址位于石阡汤山镇长征路北段东侧的天主教堂。教堂始建于清光绪二十七年(1901年)，为天主教德国圣心会石阡教区(时辖24县25个教堂口)本堂。规模最大时占地7000余平方米，有中西合璧、砖木结构楼房10余幢。今存经堂和南北两侧神甫楼、修女楼，占地2300余平方米。经堂面阔1间，通面阔10.6米，通进深21.9米，通高11米，为红军“石阡会议”旧址。神甫楼面阔6间，通面阔22米，通进深15.1米，一楼一底，为军团总指挥部及司令部旧址。楼上3间房墙上有红军标语18条、漫画3幅，保存较好。修女楼面阔4间，通面阔15.5米，通进深13.4米，曾为贺龙、王震等领导人住址。1982年，红二、六军团总指挥部旧址经贵州省人民政府批准为“省级重点文物保护单位”。

第二节　铜仁的红军故事

一、甘溪遭遇战

1934 年 10 月初，担负中央红军长征先遣队任务的红六军团 9700 余人，在中央代表、军政委员会主席任弼时，军团长萧克、政委王震等率领下，一路征战，突破湘桂敌军的重重封锁，到达贵州翁安草塘准备西渡乌江时，接到中革军委命令改变行动路线，到黔东与红三军会合创建革命根据地。敌人察觉了红军意图，调动湘、桂、黔兵力共计 24 个团，在红军必经之地石阡地域形成三面合围之势，企图将红六军团一举歼灭。10 月 7 日起进入石阡甘溪的红六军团先头部队与敌发生遭遇战，陷入重围。红军战士英勇顽强地在甘溪及附近地区与敌激战 10 余日。在红 51 团、红 52 团的掩护下，红六军团先头部队和主力部队在 10 月中旬先后突破了敌人的包围圈。

甘溪遭遇战由于敌众我寡、地形不利，特别是敌人先期到达，布下口袋阵，而我军不明敌情，仓促投入战斗，先后被敌截为数段，战士伤亡惨重。在以后的 10 多天的突围战斗中，红军凭着不怕牺牲、勇往直前的革命精神，任弼时、萧克、王震带领主力终于摆脱敌人的追剿，近 3000 红军胜利实现与红二军的会师，完成了作为中央红军长征先遣的战略目标，谱写了一曲可歌可泣的英雄赞歌。

甘溪乡距石阡县城约 20 公里。为纪念在甘溪遭遇战中英勇牺牲的红军烈士，石阡县上世纪 70 年代初在此修建了红军烈士纪念碑，80 年代又重新进行了整修。萧克、周仁杰等将军专程到甘溪凭吊先烈。1984 年秋，萧克为甘溪红军烈士纪念碑题词“甘溪死难烈士永垂不朽”、“牺牲决胜勇当长征先遣队，浩气长存信是中华好男儿。”甘溪红军烈士纪念碑被列为县级文物保护单位，已成为开展革命传统教育和爱国主义教育的重要场所。

二、困牛山壮士

1934 年 10 月 7 日，红六军团途经石阡，在甘溪与国民党军桂敌发生惨烈的遭遇战，陷入湘、桂、黔三省敌军 24 个团的包围之中，惨烈的石阡甘溪遭遇战打响了。15 日，红六军团主力决定南撤，前卫红十八师师长龙云奉命率领五十二团改作后卫掩护。完成任务后，五十二团正准备追赶主力时，被敌人包围，随之展开了激战。五十二团多次打退敌人的进攻，但 400 多名官兵仍被围困在困牛山上。困牛山三面临河、两面悬崖峡谷，四周高山包围，地形险恶。

敌人依仗人多势众，占据了四周的高山，对困牛山形成四面合围之势。

敌人押着许多被抓去的老百姓走在最前面，红军不敢开枪，只有一步步地向后退。红十八师师长龙云带着200多名红军战士沿着困牛山陡峭的山崖，手抓藤条和灌木，一个一个往下滑，顺利突围。其余170多名红军战士，因误食桐油犯了痢疾病，全身疲软无力，只能在困牛山上牵制敌人。面对步步逼近的敌人，红军战士宁死也不愿误伤老百姓，被逼到长约500米、高约30余米的一段悬崖边。最后，他们砸掉所有的枪支，毅然集体跳下悬崖，用鲜血和生命谱写了人类史上最为悲壮的英雄赞歌。

国民党部队走后，困牛山群众含泪掩埋了红军遗体，幸免于难的红军在群众的掩护下，治好伤后，又继续追赶红军主力部队。

新中国成立后，相关部门经过多年的调查和考证，确认了当年幸存下来的十几位红军战士的名字。后来，当地老百姓自发为战死和跳崖牺牲的红军烈士合修了一座无名的“红军墓”。70多年过去了，100多名红军官兵宁死不伤老百姓，宁死不做俘虏，毅然集体跳崖，用生命和鲜血谱写的英雄壮举，一直在人民群众中代代传颂。

三、一个小红军的故事

石阡甘溪遭遇战，红六军团伤亡非常惨重。在突围转移中一些受重伤的红军不得不隐蔽下来，有一位小红军因腿受重伤掉队与部队失去了联系。

小红军左腿受了枪伤，无法行走，被当时甘溪彭家坳的一位冯老汉收留。冯老汉把他藏在自家的苕坑里，每天给他送吃的，并采些草药给他包扎伤口。国民党的地方反动武装人员每天都要进村进寨搜查，还到处张贴了告示：“谁窝藏‘共匪’，就地枪决，谁报告‘共匪’下落，赏大洋五块。”

不知怎么搞的，冯老汉救红军的事走漏了风声，那还了得，砍头之罪谁担当得起呀！于是，在一个漆黑的夜晚，冯老汉含着泪悄悄地把小红军从自家的苕坑里背了出来，转移到另一个非常隐蔽的地方。

第二天，冯老汉送饭去时，发现小红军不见了，他到处去找啊，找啊，还是没找到，心里非常着急，可是又不能向别人公开打听，连续找了几天都没找着，可把冯老汉急坏了。

一天中午，冯老汉一家人正准备吃午饭，一个村民到他家串门，无意中说出他昨天上坡时在距寨子一公里的罗家大田边发现一个小红军，看样子是不行了。冯老汉听了一惊，手中的筷子滑落在地，他赶快拾起，强装镇静。等村民走了，冯老汉赶快去罗家大田找小红军，一见着小红军，老汉的眼泪刷刷地掉了下来，小红军瘦得不成样子，受伤的脚已化脓。小红军很吃力地向冯老汉打招呼:“大爷,你快走吧,要不然我会连累你们的。”“我不怕连累,我什么都不怕。”冯老汉一边说话,一边拿出饭粑团让小红军吃。等小红军吃好了饭,再给小红军挤腿上的脓。“红军娃呀,你这几天是躲到哪里去了?我找不着你,急死人啦,看你饿成这个样子!”冯老汉特别心疼地问。“大爷,我那天看到了告示,我怕连累你们,就躲到山上去了。山上没有吃的,又没有水,我又只好下山。大爷,你是个好心人,为了你以及你家人的安全,请你别管我,赶快离开这里,要是被国民党狗腿子看见了,会没命的。”那天他们谈了好久好久,小红军还告诉了冯老汉,他是湖南湘潭人,那年刚好16岁,已有2年的军龄了……

冯老汉再次要把小红军藏起来,小红军坚决不肯:“我不能连累群众,虽然我走不动了,但我还能宣传革命的道理,红军一定会回来的!”

后来发现小红军的事在寨子上传开了,伪政府派乡丁暗地监视,看谁给小红军送饭,冯老汉千方百计一连几天都给小红军送去茶饭。有一次被发现了,伪保长派人把他叫去,狠狠毒打了一顿,差点没了命,在家里睡了好长时间都爬不起床。

没有人送饭、送水,平日里仅是靠过路的好心人悄悄地扔些红薯之类的东西救命。小红军腿伤越来越严重,生命又一次地受到很大的威胁。那些狗腿子们是想让小红军活活地饿死,可小红军非常坚强,饿了就爬着在路边弄些野菜充饥,口渴了就趴在路边的水田里喝田里的水。再后来小红军实在爬不动了,就用绑腿布一端拴在自己身上,另一端扔到水田里浸湿,然后挤绑腿布上的水解渴……

小红军终于支持不住了,牺牲在大路边。

在一个漆黑的夜晚,冯老汉邀约了两个知心的村民,悄悄地将小红军的尸体背到后山上安葬了。

四、木黄激战

木黄在印江县东部,与松桃接壤,位于梵净山西侧,四面高山包围,木黄河从东北向西南流过,是重要的战略要地。

初战木黄是在1934年8月22日,红九师一部从松桃火烧桥前往木黄一带打给养,时值黔军第八师副师长黎刚率领一团的兵力从梵净山开往木黄。黎刚听说其父亲在老家遭到红军游击队的袭击,恼羞成怒,寻机与红军作战,以报父辱。24日,黎刚进至地茶坝。红军为诱敌深入,先由小部分红军主动与敌人接触,然后向松桃岩柯坝撤退。黎刚以为红军不堪一击,于是回师木黄,大摆筵席,庆功行赏。当晚,红九师与黔东纵队兵分三路直奔木黄,对黎刚部形成夹攻之势。25日拂晓,红军向敌人发起进攻,敌人毫无准备,听到枪声,才从梦中惊醒,慌忙向老寨和梵净山方向逃窜。经过激烈战斗,红军一直将敌人追到洞沟坡,黎刚险些丧命。此次战斗,俘敌80多人,缴枪150余支,毙敌70多人,残部向松桃方向溃逃。

二战木黄是在1934年9月25日,夏曦率领红七师二十五团、沿河独立团和德江独立团,由白石溪出发前往沙子坡,击败了从遵义调来的黔军学生队(士官生)。随后经杉树坳、板溪到达木黄。

黔军李成章率5个团分别从西、南方向木黄红军逼近，戴玉堂团到达合水。红军此时处于北有川军，东有湘军，西南有黔军的三面包围之中。于是，夏曦主张避敌锋芒撤入梵净山，贺龙则认为此为被动逃跑，不利于消灭敌人，主张利用敌军矛盾，先打黔军再打其他敌人的外线作战方针。

贺龙命令黔东纵队向印江四区刀坝发起佯攻，然后火速撤回木黄。红七师则作出向合水推进之势，然后退至距木黄5里处的夕阳坝埋伏。

28日，李成章部5个团从思南向德江、印江一线倾巢出动，经过合水；一部抢占木黄东侧的老寨，企图堵住红军往梵净山的退路；另一部向木黄西侧的地茶坝推进，拼命抢夺岩口坪高地，企图对红军主力夹击，同时阻截从刀坝赶来的红军援军。

而贺龙趁敌人尚未准备就绪，命令黔东纵队接替红七师主力坚守夕阳坝阵地，拖住进向地茶坝的敌人，自己率红七师抢渡木黄河，越过岩口坪，占领了将军山高地，红九师也从火烧桥回师木黄，占领了木黄与老寨之间的观音山，从而形成了对敌人的反包围。经过激战，消灭敌人200余人，缴获了大量武器弹药和军用物资。

战后，川军达凤岗旅撤离沿河县城退至黑獭堡，湘军周燮卿旅则止于龚滩、龙潭，黔军李成章带着残部经合水、朗溪退守印江县城。

此战的胜利，极大鼓舞了红军的士气，大大增强了根据地军民保卫苏区的信心。

五、红二、六军团木黄会师

甘溪遭遇战中，红六军团参谋长李达率领先头部队突围后，从国民党报纸上得知贺龙在沿河一带活动的消息，便辗转来到沿河，与红三军七师十六团先期会合于沿河水田坝。贺龙听取李达汇报后，亲自率领红三军主力南下接应。10月16日到23日，红三军主力先后从酉阳进入松桃，在梵净山区的松桃、江口、印江寻找红六军团。

22日，当红三军主力到达苗王坡时，六军团主力已于当天早些时候从苗王坡起程向印江缠溪进发，于是红三军便抄近路追赶六军团。

22日深夜，红三军侦察连在苗王坡突然听到后面发来“嘀嘀嗒嗒”的问询号声。仔细一听，正是红六军团四十九团的号谱。郭鹏团长马上命令司号员答号。号声一问一答，分外亲切。在坝溪河坪，两支部队胜利会合，一片欢腾。稍事欢聚，启程翻越梵净山向木黄方向前进。

23日，六军团从印江缠溪出发，经大坳、枫香坪、官寨、慕龙，宿于印江落坳一带。红三军则从苗王坡出发，经龙门坳、团龙、坪所到达芙蓉坝、锅厂、金厂一带。

24日，红三军在木黄水府宫墙上书写了“热烈欢迎胜利西征而来的战友”大幅标语欢迎红六军团的到来。

当天11时左右，任弼时、萧克、王震同志率领的红六军团主力经落坳、三甲抵达木黄。

贺龙、关向应以及先期到达的红六军团参谋长李达在木黄五甲迎接，从而实现了两军胜利会师。

两军会师稍事休息后，两军领导人在木黄水府宫召开了紧急会议，并定下了向湘西发展的方向。25日，两军到达酉阳南腰界，用红六军团的电台及时向中央军委报告了会师情况。26日在南腰界召开了隆重的欢庆大会，中央代表任弼时宣读了党中央为两军会师发来的贺电，并同时宣布红三军恢复红二军团的番号和部队整编情况。整编后红二军团下辖四、六两师四个团共4300余人，红六军团下辖三个团共3300余人，形成了以贺龙、任弼时、关向应为首的核心领导集体。28日，红二、六军团主力从南腰界出发，向湘西挺进，开辟创立湘鄂川黔新苏区，有力地策应了中央红军长征。

红二、六军团木黄会师，是中国红军史上的一件大事，它把来自不同战略区域的两支红军组成了一股强大的革命力量，为红二方面军的诞生奠定了基础。红二、六军团木黄会师，是胜利的会师，团结的会师，是两军团进入新的历史时期的转折点和里程碑。后来在1936年7月的长征途中，红二、六军团受命正式组成红二方面军，成为中国工农红军三大主力之一，在人民军队征战史上谱写了新的篇章。

六、"我在苏区当红军"

1934年那年我（杜胜能）刚满16岁。记得6月初的一天，天很热，我同村十几个伙伴在村头一条小河洗澡，快洗完时，见有十几个背枪的人沿小河沟朝我们方向走来。其中有的人戴的帽子上有红五星，我们几个小伙伴异口同声地说："看，那可能就是人们说的红军！"因为当时只是听说，还不知道红军到底怎样，心里多少有点害怕。其他几个伙伴说："我们快走吧。"正在此时红军已来到我们身边，见我们要走，便亲热地说："小伙伴们，别走，来，我们一起洗，别害怕，我们是红军，是穷人的队伍，为穷人办事的。"此时此刻，我们感到红军亲近、温和，洗完澡后，一位中等个头，人很清瘦，但精神饱满，年纪三十有余，好像是位领导，走过来亲热地搂住我和另一个伙伴的肩膀对大家说："你们都是穷人的孩子吧，你们知道吗，现在国民党反动派，地方的地主老财、贪官污吏，光想着升官发财，搜刮民财，残害百姓，根本不管穷人的死活，要想改变这种光景，我们应该怎么办?"他伸出一只握紧的拳头，有力地说："我们穷人就必须团结起来，组织起来和这些坏蛋斗争！""你们想参加红军，就到谯家铺或土地湾等地去报名。"当时我略懂红军所宣讲的革命道理，在我少年时代的心上开始了革命的萌芽，这就是我第一次见到红军的情景。

就在红军进沿河城七、八天里，在贺龙的指挥下，迅速分成几路，到沿河各乡村向群众做宣传，团结群众，组织群众。他们走到哪里，就把红色的种子播到哪里。红军的纪律，命令如山，士卒强悍，官兵享受，一律平等。红军的行为，红军的宣传，如同播种机，在短短几个月的

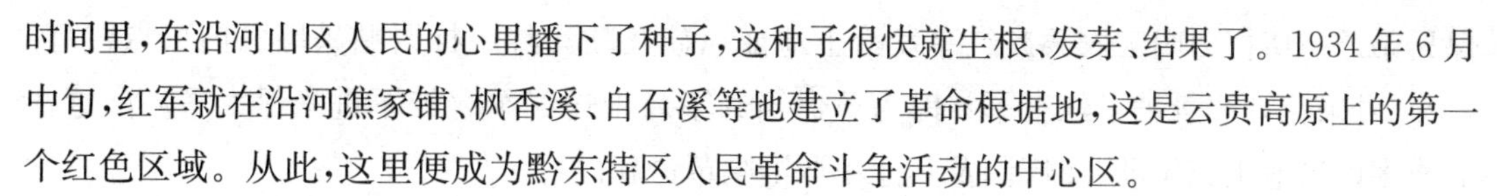

时间里，在沿河山区人民的心里播下了种子，这种子很快就生根、发芽、结果了。1934 年 6 月中旬，红军就在沿河谯家铺、枫香溪、自石溪等地建立了革命根据地，这是云贵高原上的第一个红色区域。从此，这里便成为黔东特区人民革命斗争活动的中心区。

就在我们遇见红军没几天，几个伙伴约好到谯家铺报名参加了红军游击队。当时是位姓王的红军战士担任我们的队长。带领我们搞宣传、打游击，清查地方民团，为红军主力部队送给养。王队长是位湖南人，有文化，大高个子，黑脸膛，对我们这群兵娃子和蔼可亲。行军背粮，见我们年纪小就帮我们背，晚上在行军路上休息时，还给我们讲革命的道理。

那时我们游击队打仗还没有枪，我们队除王队长有枪，我们全是梭镖和大刀。王队长，还有团、师级首长常鼓励我们："小伙子们，等我们打一个大胜仗，就把手中的梭镖大刀换成枪！"这种机会终于来了。

同年 11 月，一天在贺龙军长的亲自指挥下，我军在离永顺十几里地的龙家寨，与湖南军阀李觉、朱疤子、周矮子的三个旅进行激烈的战斗，战斗从当天晚上十点开始打到第二天早上五点结束，消灭敌军三个旅。在这次战斗中，我们丢掉了大刀，都亲手从敌人手里夺回了一支枪。

我们二、六两军在湖南取得节节胜利的时候，1935 年 11 月 18 日，总指挥部下达突围部署命令，19 日上午又分别在刘家坪的干田坝和瑞塔铺的枫树塔举行红军大会，誓师突围，从此，我紧跟红军队伍直至长征胜利完结。

第三节　铜仁的红色歌谣

红色歌谣是指第二次国内革命战争时期的革命歌谣。红色歌谣是广大群众适应革命的需要创作出来的，同时也是中国共产党倡导和鼓励的结果。中国共产党非常重视民间文学的宣传教育作用，在古田会议决议中即规定要运用歌谣等形式编写教材，作为宣传革命的工具。许多革命领导人，如彭湃、方志敏、韦拔群等，都曾编写民歌或运用传统民歌曲调填上新词，宣传革命道理，动员群众参加革命斗争。铜仁是革命老区，也是红色歌谣的故乡。尤其是 1934 年红三军建立黔东革命根据地以后，由于形势的需要，红色歌谣的编写和传唱得到了快速普及。据有关资料统计，传唱于铜仁市的红色歌谣有革命歌曲、民间流传歌谣、曲艺等 100 多首。这些红色歌谣，风格明快，曲调激昂，把新的革命词汇及革命道理融进歌体之中，并多有比兴的运用。一般章段、句式比较灵活，吸取了传统民歌的表现手法，又有一定的创造和发展。

一、革命歌曲

铜仁流传的革命歌曲有很多，主要有：《工农兵联合起来》《当兵就要当红军》《冲上前去保兄弟》《一切权力归工农兵》《红军发给土地证》《砍柴歌》《红绿标语贴满墙》《门口点盏灯》《十二月采花》《晓景来了红三军》《郎为革命当红军》《十送红军》《红军进来保太平》等，这些歌曲多以当地土家民歌、花灯调及其他小调演唱革命新内容。

1.《当兵就要当红军》

当兵就要当红军，处处工农来欢迎。
打倒土豪分田地，田土归家安了心。
当兵就要当红军，处处工农来欢迎。
长官士兵都一样，人人团结兄弟情。
当兵就要当红军，碓窝磨了要扯平。
打倒走狗蒋介石，消灭敌人得太平。

2.《红军发给土地证》

正月里来是新春，红军发我土地证。
四四方方一张纸，圆圆巴巴一颗印。
门前喜鹊叫喳喳，田里泥巴香喷喷。
土坡层层穷人田，大田方方穷人耕。
穷人分田感谢党，红军恩情比海深！

3.《晓景来了红三军》

正月里来正月正，晓景来了红三军。
一来创造新社会，二来建立游击队。
二月里来百花香，游击队长王廷芳，
陈兴才当乡主席，又把队伍来成立。
三月里来三月三，贺龙军长过四川。
四川有个酉阳州，师部扎在野鸡沟。
野鸡沟来卡子紧，队伍又扎长岗岭。
四月里来是立夏，红军队伍又扩大。
土豪劣绅赶走了，穷苦百姓不再怕。
五月里来是端阳，红军来到大坝场。
区长一见慌了神，拖娃夹崽进祠堂。
六月里来暖洋洋，祠堂里面无口粮，
样样东西都吃尽，杀个牛儿打汤尝。
七月里来是月半，游击队员围墙转。
爬上墙上打一望，这回性命不上算。
八月里来是中秋，祠堂里面把命丢，

祠堂内外墙又高，又用枪打加火烧。
九月重阳小阳春，贺龙队伍转了身。
红军同志才出村，又来川军和黔军。
川黔敌军来清乡，平民百姓重遭殃！
十月里来枫叶红，萧克进来会贺龙。
木黄石梁大会师，千万军马逞英雄。

4.《十送红军》

一送红军出大门，全村乡民泪盈盈；粗茶淡饭还未吃，为了穷人奔前程。
二送红军出村口，难分难舍难行走；难数红军恩情重，红旗五星照心头。
三送红军出了场，战旗飘飘军号响；似龙赛虎雄赳赳，将军将士心欢畅。
四送红军大路旁，随着亲人把路上；虽是一袋苞谷面，礼轻义重情意长。
五送红军过石桥，再想亲人住一宵；离别一日如一年，亲人一走心头焦。
六送红军过小河，千言万语难叙说；祝福你们平安去，人强马壮振山河。
七送红军翻大坡，不知何时来此过；旗开得胜报喜来，红日升起唱凯歌。
八送红军转过湾，步步离开亲人远；此去何日重相见，乡民难以把心安。
九送红军三里三，跋山涉水过大川；此去关山千万重，别时容易见时难。
十送红军终有别，无奈太阳快落山；朝行夜宿多保重，但愿你们早日还。

5.《十杯酒》

一杯酒，望郎来，我郎久别家乡外。我郎一去不回来，奴在家中挂心怀。
二杯酒，慰郎君，郎去投军要坚定。郎在外面当红军，奴在家中放了心。
三杯酒，敬亲人，我郎做了革命军。郎在外面当红军，红色军人心要明。
四杯酒，站屋旁，不见我郎归绣房。我郎吃的红军饭，拿起枪弹去打仗。
五杯酒，莫心焦，我郎有刀和枪炮。谁不说是红军好，不要焦来不要嚎。
六杯酒，热忙忙，我郎战斗火线上。忠实勇敢把名扬，才是奴的好情郎。
七杯酒，做工作，革命之人事情多。郎君何莫挂念我，我念郎君又如何？
八杯酒，向前进，惟愿我郎不牺牲。牺牲生命不要紧，只要杀尽反革命。
九杯酒，除军阀，我的郎君胆量大。除了军阀安天下，不要忘了小奴家。
十杯酒，敬郎君，革命胜利才回来。到处成立苏维埃，革命成功万万代！

二、民间流传歌谣

黔东特区时期，沿河、印江、德江、松桃等县苏区流传许多民间歌谣，如《穷苦人民盼红军》《土家只盼共产党》《湘鄂川黔蛟龙腾》《贺龙红军来黔东》《要找军长到长冈》《贺除害》《红军起势像太阳》《干人相信是红军》《红军一来变了样》《为的干人得翻身》红军打仗最得行》《土家干人迎贺龙》《红军是天兵天将》《红军一来声势大》《红军来了红了天》《红军进沿河》

《红军同志来我家》《石榴开花朵朵红》《为了革命死也乐》《扛起梭镖跟贺龙》《巩固苏区万万年》《红军来了喜事多》《跟着贺龙扭乾坤》《当好红军好大家》《要当红军不怕杀》《就是死了心也红》《生死都要跟贺龙》《桐油灯下打草鞋》《哪天你们回村里》等。

1.《穷苦人民盼红军》

高山走路望路平，六月天旱望起云；
口渴想找凉水井，穷苦人民盼红军。

2.《土家只盼共产党》

五月六月望风凉，十冬腊月盼太阳；
土家只盼共产党，好似娃儿盼爹娘。

3.《贺龙红军来黔东》

贺龙红军来黔东，今日天地大不同；
不是神仙有方法，只因贺龙是活龙；
亮出红旗鬼神定，土家苗乡一片红。

4.《贺除害》

贺除害，千人爱，贺军长，好气派；
红军好，白军坏，救命恩人千年在；
擒盗贼，捉妖怪，工农红军永不败。

5.《要找军长到长冈》

爬山豆，藤藤长，
爬岩爬坎找爹娘。
要找爹娘不怕苦，
要找军长到长冈。
长冈岭上百花香，
百姓个个喜洋洋。
红军一来忙安民，
军民情谊柳丝长。

6.《红军来了红了天》

红军来了红了天，穷人心头好喜欢；
跟着贺龙杀白匪，为了革命打江山；
上阵我不怕子弹，它不敢往肉里钻。

7.《红军进沿河》

红军进沿河，人多马又多；
土豪劣绅吓破胆，穷人一见笑哈哈；
红军进乌江，吓坏杨其昌；

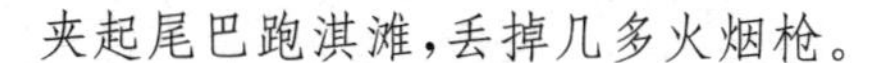

夹起尾巴跑淇滩，丢掉几多火烟枪。

8.《红军同志来我家》

红军同志来我家，煮饭烧了几捆柴；
天亮起来人不在，银元放在小缸盖。

9.《为了革命死也乐》

打铁不怕火烫脚，革命不怕砍脑壳；
只要干人得解放，为了革命死也乐。

10.《一切权力归农会》

泥巴腿子坐江山，盘古辟地头一回；
土豪劣绅都打倒，一切权力归农会。

11.《哪天你们回村里》

去年听说在湘西，今年传来好消息；
贺龙有了万条枪，哟！快快打回白石溪。
穷人日子不好过，区长常来翻家里，
说抓就要动手抓，“匪徒”帽子死里压。
孩子的爹哟！哪天你们回村里？
这回要走跟你走，走到天边永不离。

三、曲艺

黔东革命时期，流传较为广泛的曲艺主要有快板《红军打沿河》和《土豪劣绅十大坏》等。

1.《红军打沿河》（快板）

竹板响响连天，红军一来变了天，
穷人个个乐哈哈，扬眉吐气真喜欢，
千年古树开新花，十八罗汉睁开眼，
开天辟地第一回，天女散花到人间，
豪门不是天生种，穷人也能登鳌山，
有胆的跟着红军走，扛起梭镖打江山。
地主豪绅龟儿子，夹起尾巴一溜烟。
跑进城里找干爹，以为城里最保险，
有朝一日红军到，给你龟儿一锅端。
小事乱大事乱，贵州军阀最混乱，
王家烈当省主席，大半个贵州属他管，
犹国材占盘八，乞求龙云供吃穿，
侯子担得习赤，遵铜仁怀扣川南，

蒋在珍占正安，又得沿河与务川，
两个王八一条线，全靠刘湘撑腰杆，
各有各的小算盘，你争我夺抢地盘。
军阀斗争世道变，百姓遭殃苦连天。
蒋在珍旅傅衡中，沿河扎了一个团，
还有川军一个营，全仗百姓供吃穿，
借口红军要攻城，派粮派夫又派款，
黔军旅长陪县长，玩了麻将抽大烟，
川军营长陪科长，大吃二喝进妓院。
且说旅长那一日，烟瘾过足开了言：
县长老弟听我讲，师长昨日来密电，
说道贺龙很厉害，要打就会遭全歼，
保存实力是上策，令我率部撤婺川。
县长一听头发炸，头昏眼花双脚软，
哎呀我的妈呀妈，这回小命难保全，
旅长奸笑拉县长，我说老弟真笨蛋，
你不会跟着我们溜，县城管他娘的蛋，
你的县长是师长委，师长面前我美言，
包你差事不会丢，来日我俩抽大烟，
县长一颗心定了，磕头作揖谢皇天。
红军才占江东边，江边县城大混乱，
川军营长耍威风，人前牛皮吹破天，
只要我们川军在，沿河能守二三年，
旅长一听气坏了，明明欺我黔军软，
老子不打共产党，收拾你龟儿再去务川。
黔军连夜包围好，川军缴械全打散，
一夜之间变化快，天明西城兵不见。
红军过江百姓迎，欢呼声震江两边，
军阀部队真熊包，不费红军一粒弹，
兵不血刃得沿河，穷人个个皆喜欢。
这回说了打沿河，下回再讲打淇滩。

2.《土豪劣绅十大坏》(快板)

竹板打打得快，说的是土豪劣绅十大坏：

第一坏他要赖，剥削穷人专放高利贷，年初借你十元钱，年底要还一百块，今年你要还不

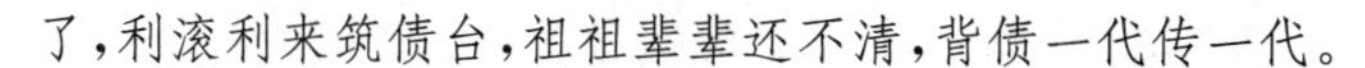

了，利滚利来筑债台，祖祖辈辈还不清，背债一代传一代。

第二坏交租怪，佃客交租泪满腮，种了地主一丘地，分粮要按二八开，地主占八你占二，一年辛苦丢云外，土豪顿顿吃鱼肉，佃户一年吃糠菜。

第三坏压迫来，土豪叫你听指派，今天把他少爷背，明天把他太太抬。他家杂活你常干，推磨碾米又砍柴，稍有不满鞭子打，一顿鞭子打痛快。

第四勾结土匪坏，坐地分赃很自在。土匪专门抢行客，土豪分得物和财，佃户不准乱声张，谨防土匪把你宰，土豪土匪是一家，地方不宁受祸害。

第五勾结区长坏，专对佃户来残害，谁家欠租或欠款，抓去当兵来抵债，谁敢抗拒劣绅意，捆去坐牢关三载，苛捐杂税佃户出，交不出就把儿女卖。

第六勾结军阀坏，引来白狗作祸害，挂名是来打红军，烧杀抢掠在村寨，捉鸡抓猪抢粮食，翻箱倒柜抢穿戴，最后还把房子烧，佃户无家流在外。

第七奸淫妇女坏，佃户妻女受祸害，谁家妇女长相好，土豪看重抓起来，一进土豪深院内，任他蹂躏脚下踩，进院还是活鲜鲜，出来皮包骨头如干柴。

第八霸占百姓财，土豪劣绅良心坏，看中谁家一块地，只出低价估到买，哪家祖传有件宝，他要听到派人来，你要不卖就硬抢，不服会有牢狱灾。

第九反共有歪才，咒骂红军来得快，诬蔑红军是土匪，攻击革命是胡来，恶毒憎恨工农兵，无耻诋毁苏维埃，执迷不悟抗革命，顽固不化死脑袋。

第十甘当狗奴才，烧香磕头蒋独裁，口口声声领袖好，什么安内才攘外，积极伙同国民党，死心跟着反动派，组织民团打红军，滥杀无辜是魔怪。

实在坏实在坏，土豪劣绅就是坏，肚里长的全是蛆，到处臭气喷出来，肠里装的全是脓，村村寨寨流出外，坚决打倒大坏蛋，地方才能不受害。

第七章　深入骨髓的仁义文化

仁义是中华文化的精髓和灵魂。铜仁人将“仁”作为城名，以“仁”为本，仁义文化基因长盛不衰，深深植根于铜仁历史文化血脉之中。2011年铜仁撤地设市以来，市委、市政府将“厚德铸铜·仁义致远”定位为城市精神，打造“武陵之都·仁义之城”城市品牌，引领人们自觉践行社会主义核心价值体系，争做仁义之人、多办仁义之事、建设仁义之城，得到了全市人民的普遍认同和热烈响应。

第一节　铜仁仁义文化的丰富内涵

一、以“仁”为名：铜仁“仁义”渊源深厚

铜仁与“仁义”有着深厚的渊源。相传，在元代，有渔人潜入大江小江合流处的铜岩底，见“岩足如鼎，中有铜范三教像”，遂“挽之而出，府之名以此”。这一说法得到当时官方的认可，并循“铜人”之事，命以“铜人”之名，设置了“铜人大小江蛮夷军民长官司”，隶属思南宣慰司。分别代表儒、道、释三教至尊孔子、老子和释迦牟尼，“三教像”也被置于谓之“中流砥柱”的铜岩之上。明洪武五年(1372年)，“改铜人大小江蛮夷军民长官司为铜仁长官司，铜仁至此定名”，或设府、或置县、或建市，一直沿用至今。之所以改称“铜人”为“铜仁”，诚如《铜仁府志》所言：“人者，仁也，渐人之化”，于是就改为“铜仁”。我们知道，明代程朱理学盛行，其以承继道统和复兴儒学为己任，而“仁”是儒家的核心思想。仁义二字，是儒家仁义礼智信的浓缩。仁义礼智信为儒家五常，孔子提出仁、义、礼，孟子延伸为仁、义、礼、智，董仲舒扩充为仁、义、礼、智、信，后称五常。这五常贯穿于中华伦理的发展中，成为中国价值体系中的最核心因素。仁，就是爱人，能爱人即为仁。孟子曰：“君子以仁存心，以礼存心。仁者爱人，有礼者敬人。”由此可知，“仁”的主要内涵为“仁爱”，也即梁启超先生所说的，“仁”是人和人交往过程中显现出来的一种人格。在与别人相处时，能融洽和谐，凡事多设身处地为别人着想，为别人考虑，即为仁。倡导“仁爱”，是中华传统文化的精髓、道德修为的基石。义，指公正合宜的道理或举动。人字出头，加一点，在别人有难时出手出头，能舍，帮人一把，即为义。古代的义，有个羊字，古时以羊指代真善美；还有个我字，离不开我。儒家之外，在道家和佛家那里，同样有着丰厚的仁义思想。因此，铜仁人将“仁”作为城名，汲取了儒、道、释三教文化

的精髓。

一个没有文化底蕴支撑的地域和城市，是浅薄和没有品位的。从“铜人”到“铜仁”的历史轨迹，淋漓尽致地体现了铜仁深厚的仁义文化底蕴。

二、以“仁”立城：倾力打造“仁义之城”

基于“仁义”文化的深厚渊源，铜仁市将“厚德铸铜·仁义致远”定位为城市精神，并倾力打造具有“容人之量、助人之德、成人之美”的“仁义之城”。铜仁所建设的“仁义之城”，至少包含了以下三个方面的内涵：

第一，要有容人之量。宽容、包容本身就是一种对人、对事态度的反映，是仁和义的外在表现。俗语说，山潮水潮不如人潮。一个地方，外面来的人越多，交融性越强，活力就越大。一座令人向往的城市，必须友善开放、包容并蓄。有了容人之量，才会着力营造一个友善开放、包容天下人的良好政策环境，尽力为想到铜仁创业、发展的人搭建平台，让不同地域、不同性格、不同才能的人，特别是有才华、有抱负、有个性的志士，都有发展的平台和人生出彩的机会；才会着力营造一个友善开放、包容天下人的良好风气和广纳天下志士的社会氛围，逐步形成一座城市良好的行为规范，使不同地域、不同性格、不同才能的人，为社会所广泛接纳；才会对来到铜仁发展、创业的志士、人才友善开放，真正能容人、容言、容事，不管你来自什么地方、什么身份、什么文化背景、什么年龄、什么民族，一切有才华、有抱负、有个性的志士，我们都真诚欢迎，求同存异一起奋斗，共赢美好未来。因此，惟有有容人之量，才能获得民心，营造出一种和谐的氛围，酝酿出蓬勃的生机，推动铜仁的城市建设和经济社会健康良好发展，真正成就“仁义之城”。

第二，要有助人之德。渡己先渡人，渡人即是渡己。你帮助别人，处处为别人考虑，别人也会帮助你；你不喜欢脏环境，就不要乱扔垃圾；你不乐意别人说脏话，就要带头使用文明用语；你希望自己困难时别人拉一把，在看到别人困难就应及时伸出援手。有了助人之德，每一个铜仁市民就会通过遵守家庭美德、职业道德和公共道德，帮助他人与社会不断提升自身的文明素养；政府就会更加注重社会建设，为市民提供比较完善的社会服务，满足普遍性的社会需要，以及弱势人群的特殊需要，帮助弱势人群融入社会；各类公益组织、慈善组织、社会工作机构就会发挥救危解困的作用，积极为社会弱势人群提供各类社会服务，弥补政府社会服务的不足，进一步释放社会的活力，促进社会关系的和谐。人们向往的美好城市，应该是和睦友善、相亲互助的城市，每个人在这里都能得到社会的帮助，同时每个人的存在对社会也有帮助。只要每个市民都激发心中正能量，从生活中点点滴滴做起，争当铜城“仁者”，就能时时刻刻、事事处处体现城市的美好。

第三，要能成人之美。“君子成人之美，不成人之恶，小人反是”。因此，君子之道内在修身、外在达人，尽可能向他人提供方便和帮助。城市应人而生，其大美也在于成人之美。铜仁要致力成为成就人的好地方。这些年,铜仁建设开发区,招企业;建教育园区,推动科研合作;实施“雁归工程”,拓展就业培训;开展“三个开刀”,破除“人情社会”等,目的就是搭平台,营造成就人的良好发展环境。不管是高素质人才,还是企业家、学者、工人、农民,揣着梦想来到这里,都有用武之地,都有成才追梦的平台,都能公平分享机会,都可通过努力实现自我价值。

《周易》说:“立人之道曰仁与义。”仁义,就像不分家的两兄弟,正所谓“仁,人之安宅也;义,人之正路也。”对一个国家而言,应该“以仁为本,以义治之”;对于一个社会而言,应当“以仁为富,以义为贵”;对一个人而言,则应 “仁者爱人,义者循理”。在倡导培育和极力践行社会主义核心价值观的今天,“仁”是孕育“富强、民主、文明、和谐”的资源;“义”是涵养“自由、平等、公正、法治”的资本;“仁义”更是富集“爱国、敬业、诚信、友善”的资产。“仁”是铜仁的根,“义”是铜仁的魂,铜仁的“仁义之城”的城市定位,内在地包含了容人之量、助人之德、成人之美这三方面的丰富内涵,具有明确的价值取向,它导向人们崇德向善、追求和谐,激励人们奋发有为、推动发展。因此,“仁义之城”的城市定位与社会主义核心价值观是一脉相承、对接互补的,是铜仁以特有的形式体现了社会主义核心价值观的文化基因和精神内核,或者说,它就是社会主义核心价值观的“铜仁版本”。

三、以“仁”树人:人人争做“铜城仁者”

打造“仁义之城”,关键在于以“仁”树人。为此,近年来,铜仁市委、市政府持续重视和不断加强公民道德建设,以社会主义核心价值观为价值引领,制定出台了《关于培育和践行社会主义核心价值观的实施意见》、《关于进一步提升市民素质的意见》等一系列指导性文件;以“铜城仁者”为统领,在全市广泛开展“身边好人”“道德模范”“铜城仁者年度人物”“美德少年”推荐评选活动,学习和宣传各类先进典型人物,引领了明礼知耻、崇德向善、见贤思齐的道德风尚。各部门、各行业、各区(县)按照市委、市政府安排部署,结合自身实际,广泛开展了形式多样、内容丰富的道德实践活动,形成了条块结合、上下联动、积极支持、广泛参与的良好局面。

1. 开展系列主题实践活动

活动中注重创新载体,丰富活动形式,引导人们从自己做起,从身边做起,从平凡小事做起,积极参与到活动中来。一是开展“明礼知耻·崇德向善”在机关、在校园、在家庭、在社区、在乡村、在窗口、在企业、在商户、在交通、在旅游十大主题活动,推动各行各业明五礼(仁、义、诚、敬、孝),知五耻(懒、贪、奢、浮、愚),提升公民文明素质,推动社会文明风尚形成。二是开展“社会主义核心价值观网络有奖知识竞赛”活动,引导全市干部群众加深对社会主义核心价值观丰富内涵的学习和理解;开展“道德讲堂”活动,利用“身边人讲身边事、身边人讲自己事、身边事教育身边人”,将“道德讲堂”打造成群众易于参与、乐于参与道德建设的平台和载体；深化学雷锋志愿服务活动，使人们在实践中感知和领悟“仁义”精神。三是开展道德领域突出问题专项整治行动。针对食品行业、窗口行业、公共场所三大领域存在的问题，制定下发专项教育治理实施方案，在全市组织实施“文明餐桌行动”“文明交通行动”“文明旅游行动”和“网络文明行动”等，推动全社会形成讲诚信、讲道德、促和谐的良好风尚。开展“讲文明、树新风”活动，引领文明新风。近年来，向市民发放《市民文明手册》、《文明礼仪及行为准则》等宣传手册20余万册。组织开展了道德模范巡回宣讲、“我们的节日”主题活动、文明礼仪知识竞赛、公益广告创意大赛等。在市区公交站点、火车站、广场、街头电子屏幕等投放了大量的“讲文明、树新风”公益广告宣传标语、公益广告，形成舆论强势。同时，在铜仁广播电视台、铜仁报社、铜仁网站设置“我爱我家”“文明素质大家谈“文明行动随手拍”等专题，搭建了市民互动平台。

2. 选树典型、示范引领，形成见贤思齐的浓厚氛围

以一年一度的铜仁市“十大铜城仁者”评选为统领，在全市广泛开展“身边好人”“道德模范”“铜城仁者年度人物”推荐评选活动，学习和宣传各类先进典型人物，引领了明礼知耻、崇德向善、见贤思齐的道德风尚。经过网民投票推荐和专家严格审查，评出了教坛上的挑山工蔡承礼、草根慈善家毛金波、孝心彰显中华美德的张永春、用双手雕刻幸福的杨双梅、孤身撑起一间山村学校的佘国权、最美消防员“飞扑哥” 贺兵、轮椅上的爱心天使张卉、缉毒卫士陈开桥、带着父亲上学的坚强女孩张蕾、最美司机邬光剑等10人为铜仁市2013年度“铜城仁者”；组织开展了第一届、第二届、第三届道德模范评选活动，在11个行业中评选了200多名最美铜仁人，其中4人荣登中国好人榜，22人荣登贵州好人榜，1人荣获全国第四届道德模范提名奖；评选出了王学胜、兰瑜、冉利、石维、张卉、张勇、杨定光、陈勇、高峰、蒙祖刚等首届“铜仁市十大杰出青年”。同时，以多种形式宣传他们的感人事迹和崇高品质，如人民日报、央视网综合报道了一言一行讲道德、举手投足见文明的碧江全国美德少年张竞文，勇救轻身女子的碧江最美消防员贺兵，爱生如子、几十年如一日、默默耕耘、无私奉献的山村教师佘国权等人的先进事迹，在全市上下引起了较大反响，营造了颂扬“最美精神”、争做“最美铜仁人”的浓厚氛围。通过选树各行各业的先进典型人物，引领全社会形成明礼知耻、崇德向善、遵德守礼、见贤思齐的浓厚氛围，使“仁义”文化在铜仁发扬光大。

第二节　铜仁仁义文化的当代传承

铜仁“仁义之城”的城市定位与社会主义核心价值观具有高度契合性，因此，铜仁仁义文化的当代传承与社会主义核心价值观的培育践行可有机结合起来。近年来，铜仁市在培育和践行社会主义核心价值观过程中，立足于铜仁实际，大力弘扬中华民族优秀传统文化，挖掘历史文化资源，以“仁义”文化为引领，创造性地将社会主义核心价值观有机地融入“仁义之城”这一城市品牌的塑造上，使社会主义核心价值观真正接上了铜仁的“地气”，有力地推动了铜仁形成公平公正的政治氛围，建立平等竞争的经济秩序，构建仁爱互助的人际关系，展现友好和谐的社会风尚。

一、以物态文化传播好“仁义之城”的丰富内涵

物态文化也叫物质文化，是人类智力或体力外化的可感知的具有物质实体的文化事物，是“人化自然”的具体成果。作为具有物质形态的文化，物态文化的固化与可感知特点，使之成了人类价值的承载体。因此，以物态文化为媒介，传播价值内容，当然成了价值传播的重要方式。铜仁市在塑造“仁义之城”这一城市精神过程中，高度重视物态文化建设。如铜仁市万山区积极打造“仁山智水”的景观园林城市，把该区代门坡城市综合体，打造成以“仁寿”为特色的“仁山”文化主题公园。近年来，铜仁各地大力开展了“图说我们的价值观”公益广告宣传工作，在城区重点部位、重点地段、重点景区，利用广告宣传牌、宣传橱窗、建筑围挡等载体，将“图说我们的价值观”公益广告嵌入周边环境，融入百姓生活，形成了强大的宣传声势，真正使社会主义核心价值观像空气一样无所不在、无时不有。尤其是“图说我们的价值观”主题公园建设，在兼顾公园整体风格的基础上，分别在走廊、人行道旁、山间小路等地段，通过悬挂标语、竖立展牌、设置小型提示牌等，将“富强、民主、文明、和谐，自由、平等、公正、法治、爱国、敬业、诚信、友善”的社会主义核心价值观以中国传统文化表现形式加以诠释，与周围景观融为一体，成为公园内一道靓丽的风景，让群众在休闲、娱乐、健身中享受城市美丽景观的同时，也感受着正能量的熏陶。

二、以制度文化承载好“仁义之城”的价值指向

制度文化是人类为了自身生存、社会发展的需要而主动创制出来的有组织的规范体系。制度承载着价值，传递着理念，是价值体系建设的有效载体和重要保障。一个社会的核心价值观，只有形成制度化的建设机制，才会获得扎根现实、持续推进的有力保障。铜仁市在塑造“仁义之城”过程中，把“仁义”精神融入各种规章制度之中，将“仁义”精神的培育和践行与市民公约、乡规民约、职工职业规范、校规校纪、厂规厂纪、学生守则等建立健全结合起来，使“仁义”精神具有了强有力的制度保障，变成了人民群众的制度约束和自觉行动。如为打破熟人社会的“潜规则”，打造公平正义的社会生态，铜仁在全市范围内深入开展了“三个开刀”专项整治行动，即在党政系统向“不找熟人办不成事”开刀，在司法执法系统向“有理有据得不到公正结果”开刀，在乡村两级向“没有关系得不到公平对待”开刀，并通过细化制度、以解决问题为导向完善制度、强力推动制度刚性运行、注重发挥制度的导向和激励功能等，把“仁义”精神贯穿到依法执政、依法行政、公正司法实践中，收到了很好的效果。

三、以行为文化推进“仁义之城”的建设进程

人的行为是在一定的价值观支配下发生并反映了一定的价值观，因此，行为既是一种实践，也是一种文化。一种价值观只有落实到人们的具体行为上，才能最终落地生根。近年来，铜仁市坚持以行为文化推进“仁义之城”建设，围绕打造“仁义之城”目标，通过开展系列主题实践活动，选树典型、示范引领，引导人们从自己做起，从身边做起，从平凡小事做起，积极参与到活动中来，不断夯实了培育和践行社会主义核心价值观的实践基础，也有效地传承和光大了“仁义”精神。

第八章　繁荣丰富的非物质文化遗产

第一节　铜仁非物质文化遗产概况

非物质文化遗产是指各种以非物质形态存在的与群众生活密切相关、世代相承的传统文化表现形式。铜仁非物质文物遗产是铜仁各民族人民世代相承的、与群众生活密切相关的各种传统文化表现形式和文化空间，如石阡仡佬族毛龙节和木偶戏、德江傩堂戏、思南花灯戏、玉屏箫笛制作工艺等。这些文化遗产，是人类的奇迹，是历史的丰碑，是祖先留下的无价瑰宝。

在漫长的历史长河中，铜仁各民族创造了多姿多彩的灿烂文化，留下了许多独具地方特色和民族特色的文化遗产。在各级党委、政府的亲切关怀和大力支持下，铜仁广大文化文物工作者艰苦奋斗，忘我工作，为全市文化遗产的抢救和保护工作作出了积极贡献。共排摸普查线索5600多条，正式确认普查项目875项，涵盖16个门类。其中，有较高文化、历史、科学价值的重点项目423项，初步摸清了全市非物质文化遗产的种类、数量与分布。目前，全市共有国家级非物质文化遗产保护名录7项、省级非物质文化遗产保护名录38项41处、市级非物质文化遗产保护名录70项。

铜仁现有的国家级非物质文化遗产主要分布在碧江区、石阡、思南、德江及玉屏5个区县，分别是碧江区的赛龙舟，石阡县的仡佬族毛龙节、木偶戏、说春，思南县的花灯戏，德江县的傩堂戏，玉屏的箫笛制作工艺。

铜仁市国家级、省级非物质文化遗产一览表

非物质文化遗产名称	级 别	申报单位
仡佬族毛龙节	国家级	石阡县
木偶戏	国家级	石阡县
傩戏	国家级	德江县
花灯戏	国家级	思南县
玉屏箫笛制作工艺	国家级	玉屏县
说春	国家级	石阡县
赛龙舟	国家级	碧江区

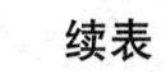

续表

非物质文化遗产名称	级 别	申报单位
仡佬族敬雀节	省级	石阡县
思南上兀沙洲节	省级	思南县
裔锣	省级	万山区
德江土家舞龙	省级	德江县
莲花十八响	省级	沿河县
松桃瓦窑四面花鼓	省级	松桃县
土家族打镏子	省级	沿河县
玉屏箫笛制作工艺	省级	玉屏县
龙灯钱	省级	碧江区
德江傩堂戏	省级	德江县
船工号子	省级	思南县
石阡木偶戏	省级	石阡县
思南花灯	省级	思南县
土家摆手舞	省级	沿河县
金钱杆	省级	江口县
文琴戏	省级	碧江区
花灯戏	省级	石阡、印江县
寨英滚龙	省级	松桃县
傩面具制作工艺	省级	德江县
印染工艺	省级	印江县
仡佬族丧葬习俗	省级	石阡县
侗族民俗“悄悄年”	省级	石阡县
玉屏赶坳	省级	玉屏县
土家族过赶年	省级	印江县
下洞祭风神	省级	印江县
说春	省级	石阡县
油茶制作工艺	省级	玉屏县
焰火架制作工艺	省级	印江县
皮纸制作工艺	省级	印江县
土家族高腔山歌	省级	印江、沿河县
傩戏	省级	印江县
江口傩戏	省级	江口县

续表

非物质文化遗产名称	级别	申报单位
傩技—上刀山	省级	松桃县
竹编工艺	省级	万山区
赛龙舟	省级	碧江区
苗族二月二	省级	松桃县
阳戏	省级	碧江区
仡佬族情歌	省级	石阡县

铜仁非物质文化遗产特点鲜明，种类较多，如相传始于盛唐时期，明清时期更为兴盛，流传于石阡仡佬族中的毛龙节，其使用的毛龙以上等荆竹编制龙头、龙身，其制作工艺极为精美。每逢正月初八至十五日，成百上千的仡家人均舞着一条条毛龙，走村串巷，庆贺新春吉祥。这是仡家人最为重视的民俗节日。玉屏箫笛亦称“平箫玉笛”，因擅长雕刻精美的龙凤图案，又称“龙箫凤笛”。其制作始于明万历年间，是我国著名的传统竹管乐器。1915 年在美国旧金山召开的巴拿马国际博览会上获金奖。石阡县木偶戏始于宋末，流传于花桥镇、五德镇和汤山镇边远山乡之中，是宋元时期杖头傀儡的遗存。以雕刻的木偶为头，以编制的竹筐为身，外罩因角色而易的各类服饰。演出时，艺人们舞动着灵巧的手腕，做出各种动作，使各种角色形象逼真，表演十分精彩，令观众赞赏不已。德江县的傩堂戏源于商周时期的方相氏驱傩活动，经过几千年的传承演变，至今依然保持着原始的文化形态。德江傩堂戏由傩祭、傩戏、傩舞、傩技四大部分组成，并多次在国内外举办过展演，被专家学者誉为中国戏剧的“活化石”。花灯戏主要流传于思南县境内，历史悠久，唱词通俗易懂，唱腔婉转优美，表演生动风趣，其优秀传统剧目有《王干妈做媒》、《劝夫戒赌》等，是贵州东路花灯戏的典型代表。

非物质文化遗产，既是祖先留给我们的有形的物质，也是自然进化赋予我们的无形的精神，是自然界的神奇造化和历史长河中绚丽多彩的生活留下的痕迹。今天，当我们站在另一个角度重新检视大自然和先民留下的一切，不能不让我们感慨万千。我们为曾经拥有的一切辉煌感到欣慰，也为肩负着传承未来的重任而惴惴不安。我们应唤起全民对文化遗产的保护意识，把有形的物质和无形的精神一代代传承下去，绵绵不息。让大家手拉手，心连心，保护文化遗产，守护精神家园！

第二节　铜仁的国家级非物质文化遗产

一、石阡仡佬族毛龙节

石阡仡佬族毛龙节是以仡佬族民间“龙神”信仰为主的一种民俗活动，至今仍流传于全县各民族村寨，2006 年入选第一批国家级非物质文化遗产名录。

龙崇拜是仡佬毛龙的核心。其基本要素有“龙”信仰，包括传统故事、敬龙仪式、敬龙场合和用品及敬龙神诵词；附属图腾信仰，包括“竹王”崇拜、盘瓠崇拜、民间佛道崇拜和原始崇拜等；扎艺，包括选材（竹篾、彩纸）和工艺等；玩技，包括“二龙抢宝”“懒龙翻身”“单龙戏珠”“天鹅抱蛋”“倒挂金钩”“犀牛望月”和“螺丝旋顶”等；念诵，包括“开光”“请水”“烧龙”等仪式的念诵及“开财门”和“敬财神”等表演时的诵唱。

毛龙缘于古代仡佬的“竹王”崇拜和生殖崇拜。仡佬毛龙作为当地民俗活动的重要内容，在每年农历大年三十夜至正月十五、十六，都要举行丰富多彩的活动。大年三十夜至正月初二、初三是准备阶段，由村寨里有威望的长者，当地人称之为“堂主”，带领 2 至 3 名有文化、口碑好的村民到各家各户集资，再指定办事能力较强的青年人用筹集到的钱采购“扎龙”所需材料。然后，请篾匠师傅烧纸“破竹”，请艺人“扎龙”。寨子里的男性村民要共同参与“扎龙”这一神圣活动，以传承“扎龙”技艺，并借此活动使同族邻里关系更加和谐。

扎好毛龙后，正月初六或初七要举行开光仪式。请来先生在龙头、龙尾上用香各烧三孔，谓之“通气”，这样毛龙就成了“龙神”，人们护拥着龙神到本寨附近的祠堂、山洞、河沟或水井处“敬祖请水”。这一系列仪式结束后，人们才能托举着神圣的毛龙走村串寨集中表演。那些天里，色彩斑斓的毛龙或在山间舞动，或在夜晚的田埂上盘旋，不仅成了一道道亮丽的风景，更寄托了仡佬族人民祈求风调雨顺、五谷丰登的美好愿望。

如今，石阡仡佬族毛龙节活动最集中的日子是在每年的农历正月十一，来自全县各村寨、社区的几十支毛龙灯队齐聚县城，各施绝技。这一天，整个县城锣鼓喧天、人山人海。盘龙过江、犀牛望月……这些表演绝技让观众大饱眼福。

一般到了正月十五、十六，就是“烧龙”的日子。来自十里八乡的毛龙队伍在广场上一字排开，锣鼓鞭炮声中，用黄纸折成的祝告、供品等与毛龙灯一并焚烧，表示本寨诚心诚意要了毛龙、敬了神，乞求其保佑全村寨人民平安大吉。烧完毛龙，将衣箱、锣鼓等送到下届堂主家中，新的堂主招呼烟茶、招待夜宵。至此，这一年的玩龙活动全部结束。

二、石阡木偶戏

石阡木偶戏俗称“木斗斗戏”或“木脑壳戏”，是流传于石阡县各民族中的一种民间傀儡戏曲剧种，迄今有 200 余年历史，清代至民国年间，境内有著名的“泰洪班”“太平班”“兴隆班”“天福班”“杨本家班”等竞相献艺，鼎盛时期的演出范围辐射到全县各地及周边湘、鄂、渝等省边区的各民族中。2006 年 5 月 20 日，石阡木偶戏经国务院批准列入第一批国家级非物质文化遗产名录。

石阡木偶戏基本要素包括唱腔、锣鼓牌子、“头子”、戏装、道具、表演等六个方面：(1) 唱腔：包括高腔和平弹两种类别。(2) 锣鼓牌子：主要有“大出场”“小出场”等十余个牌子。(3) “头子”：分为生旦净丑四个行当。(4) 戏装：包括盔头、方巾、蟒袍、拷子、折子、披挂等部件。(5) 道具：包括各种兵器、“肚腹”、“踩脚”、“手柄”、冉须等部件。(6) 表演：包括表演手法、身段等。旧时，木偶戏演出须包括：立牌位——请神——演出——送神等四个程序。石阡木偶戏的剧目大多取材于历史演义，演出时有“高腔戏”“评弹戏”之分，经典剧目有“二进宫”“长坂坡”“过五关”“梨花招亲”“薛仁贵征东”等百余个。演出的舞台为特制的围布舞台，呈方形，四周立四根竹竿为支架，以蓝色围布绕四周下半段及后台上部，使前台上半段形成舞台台口，台中上部再挂以蓝布一幅为“档子”，形成前台和后台；“档子”左右两边分别挂有布门帘，分别称为“上马门”“下马门”，表演时木偶上下场揭帘而出入。表演中，艺人左手执木偶头上棒，以拇指食指通过接线，控制五官以及总头、回顾、弯腰、转身等动作，喜怒哀乐，皆能随心所欲。右手则执装木偶两手的木杆，以配合头部操纵其四肢动作，刀枪剑戟，翻滚扑打，腾云驾雾，表现得栩栩如生，惟妙惟肖，极具观赏性和艺术性。

石阡木偶戏历代均以“口传心授”的方式传承，学徒跟班学艺，主要有家传、师传、家师结合传授三种方式。班主（辈钵继承人）的选定和传承最为严格，其人品、德行、技艺均须严格的考验。同时还要举行复杂的传辈钵仪式，包括设香案、请神、伏愿、卜卦、赐法名、传祭祀词等程序。

石阡木偶戏具有浓郁地方文化特色，深刻地反映了当地人民的心理文化特点，经过历代世人的传承、发展与创新，在道具、表演方式、剧目、唱腔等艺术形态方面均较为成熟，是一种发展得相对完备的民间戏剧品种，具有厚重的民间文化底蕴和极高的研究价值。

新中国成立前夕，是石阡木偶戏发展的鼎盛时期。新中国成立后，石阡各族人民走上了发展社会主义现代化的道路，从根本上动摇了石阡木偶戏所依托的自然农耕经济制度，“文化大革命”期间，由于极“左”思潮的影响，石阡木偶戏作为“四旧”遭到全面彻底的扫荡，尤其改革开放以来，随着经济建设的不断深入，现代文明与传统文化激烈碰撞，石阡木偶戏也在这种碰撞中急剧衰微下去：人们商品化意识急骤提升，纷纷下海打工，石阡木偶戏已无后续从业人员。现代化工业艺术产品极大影响了人们的精神文化趣味，石阡木偶戏被贬斥为土、俗气、落后、没品位，失去了原有的观众群体。老艺人相继辞世，只剩下三个耄耋老人，后继无人，石阡木偶戏所依托的人力资源即将消亡。伴奏乐器、头子、戏装的损坏，剧目、唱腔、表

演得不到及时整理以至于迅速失传，这使得石阡木偶传承面临着巨大危机。

三、德江傩戏

傩戏又称傩堂戏、端公戏，是在汉族民间祭祀仪式基础上吸取民间戏曲而形成的一种戏曲形式，是一种佩戴面具表演的宗教祭祀戏剧，也是一种古老的民族民间风俗文化活动。

世界的傩戏在中国，中国的傩戏在贵州，贵州的傩戏在德江。德江是蜚声海内外的“中国傩戏之乡”。德江傩堂戏是世界上保存最完整、最原始的戏种。幽默、风趣、诙谐、逗乐的傩堂戏语言，牛角、师刀、竹卦、令旗、头扎、祖师棍、傩公傩母神头像、傩戏古对联、神案和扎坛中的剪纸、绘画以及蜡染、刺绣服饰等傩堂戏道具，或彪悍、凶猛、狰狞、威武、严厉，或稳重、深沉、冷静、和蔼、慈祥，或奸诈、滑稽，或忠诚、正直，或英气、狂傲，或温柔、妍丽的傩堂戏人物，生动地表现了原始先民丰富多彩的思想情感；而傩堂戏里的民间传说、历史故事、傩技绝活、古代剧目等沐浴数千年风雨仍熠熠生辉，散发着独特的魅力，其中如开红山、上刀（梯）山、下油锅、刹红铧、口含红铁等傩技绝活和“关公斩蔡阳”“安安送米”“甘生赶考”“苏妲姐选婚”“钟馗斩鬼”“八仙庆寿”等傩戏表演，以其数量繁多、造型别致、意蕴深邃而堪称中国一绝。

戏剧大师曹禺把德江傩戏及面具与万里长城相媲美，发出了“中国戏剧史应当重新改写”的赞叹；著名戏剧理论家曲六乙说：“德江傩堂戏太好了，给我们民族保留了一份珍贵的遗产，整个演出幽默、风趣、诙谐，语言美极了，反映了土家族人民丰富多彩的文化”。美国、英国、法国、韩国、日本等外国友人参观考察后，无不交口称赞。德江傩戏被誉为“中国戏剧活化石”，2003 年被纳入亚洲太平洋民族民间文化数据库，被列入第一批国家级非物质文化遗产名录，德江也被命名为“中国傩戏之乡”。

四、思南花灯戏

思南土家族的花灯戏是在土家族花灯歌舞的基础上，逐渐吸取土家族傩堂戏、湘剧、辰河戏以及其他戏剧的表演形式而构成的一种独特的民族剧种。它形成于清代道光年间，正是我国戏剧从城市走向乡村的时候，距今已有 150 多年的历史。思南花灯戏内容丰富，程式庞杂，有传统的正灯，如“盘灯”“开财”“万事兴”“说春”“说十二花园妹妹”“上香”“打梁山”“拜闹子”等 20 多种，演唱的内容多是反映土家人喜庆吉祥、欢度新春、借古喻今、劝人洁身自好、勤劳致富、吟花咏

草、寄物抒情托志等，音乐轻快，悦耳动听，动作优美，生动形象。婉转动人的优美唱腔、浓郁的乡土气息、灯戏兼容的独特民族风格，折射出乌江流域的人文风采，成为戏剧百花苑中的一枝奇葩，2005 年被国务院公布为首批国家级非物质文化遗产保护项目。2006 年 8 月，由思南县民族文工团的花灯曲艺工作者创作、演出的花灯小戏“红包藏情”在贵州省首届花灯大赛上一举夺得“金灯奖”，许家坝镇的民间花灯艺人许朝正获得“民间花灯王”称号。

思南花灯戏的传统唱腔较为简单，基本唱腔即花灯歌舞中的男女出台调。其音乐艺术是“大筒筒”“小筒筒”两种形式的组合体。在声腔上，“大筒筒”是在当地花灯、小调、说唱的基础上，借鉴了傩堂戏的唱腔和辰河戏中的高腔而形成的；而“小筒筒”是在当地花灯基础上融进了辰河戏的弹腔。在唱腔上两者都模仿辰河戏中的板、弦、韵味，再结合本地民歌、曲艺而逐渐形成了独树一帜的音乐艺术形式。

思南花灯戏的表演动作，使用的是耙子路、四方步、龙摆、米花筛、凤点头、颤颤步、三步半等，讲究“丁不丁，八不八，钩子紧紧夹；正旦夹蛋不丢，摇旦夹钱不要角”。表演形式大致可以分为坐堂灯、跑堂灯两大类。坐堂灯有比较复杂的程式，主要包括说福式、说春、打花子、踩闹子、上香、出土地、锣鼓打、丝弦灯、请四神、采茶、扫刀（又叫扫堂）、贺主人（又叫谢主人）；跑堂灯又叫买买灯，时间上不同于坐台，伸缩性比较大，可长可短。

传统的思南花灯表演者为一旦一丑，大多称为干哥和幺妹，轻歌曼舞，互相嬉戏，恭贺新春佳节。经过一代又一代花灯艺人的传承和发展，思南花灯逐步发展到多人表演的花灯歌舞、花灯曲艺和具有故事情节的花灯戏，成为集花灯舞、花灯戏、花灯剧、花灯曲艺为一体的综合性艺术。

思南花灯戏的班子比较多而且水平较高，其师承关系不分内外，只要是热心唱花灯，又有一定的素质、基础，无论何人，均可传授。戏班子尤以该县的思唐镇、许家坝镇、张家寨镇等地的戏班出名。

五、玉屏箫笛制作技艺

玉屏箫笛用玉屏侗族自治县出产的竹子制成，遂因此而得名。玉屏箫笛是我国著名的传统竹管乐器，以音色清越优美、雕刻精致而著称，是玉屏当地侗、汉、苗、土家等多民族文化发展的结晶，具有较高的历史文化和工艺价值。

玉屏箫笛也称“平箫玉笛”，因箫笛上多有雕刻精美的龙凤图案，又称“龙箫凤笛”。据记载，其中的平箫系由明代万历年间（1573—1619 年）的郑维藩所创，玉笛则始创于清代雍正五年（1727 年）。平箫玉笛往往被人们当做礼品赠送或收藏，与茅台酒等一道被列为“贵州三宝”，在 1913 年伦敦举行的国际工艺品展览会上获得银质奖，1923 年在美国旧金山召

开的巴拿马太平洋万国博览会上获得金质奖。玉屏箫笛不仅是一种极好的民族乐器，同时也是一件高雅的工艺品，其历史悠久，驰名中外。玉屏箫笛的制作有取材、制坯、刻花、打磨等工序，成品式样优美，雌雄成对。爱好音律的郑氏将制作箫笛的技艺视为传家宝，代代坚守其业，故郑氏箫笛在明代一度被列为贡品。清代咸丰年间，郑氏传人因家境萧条而被迫卖箫糊口，由此开始专制平箫，挂牌出售。后因产品供不应求，始打破嫡传规训，向外招徒传艺，扩大生产规模。至抗日战争时期，玉屏箫笛的生产有了较大的发展，仅城区就有箫笛店铺30余家，从业者80余人。

1949年后，箫笛制作技艺得到保护。20世纪80年代至90年代前期，是玉屏箫笛发展的鼎盛时期，产品连年获省、部优称号。2005年被国家列为国家级非物质文化遗产进行保护。

六、石阡说春

“说春”是石阡侗族人民世代流传下来的一种综合性民俗活动，主要流传于石阡县花桥镇坡背村。2011年，“石阡说春”入选第三批国家级非物质文化遗产名录。

说春，古名“鞭春”，其俗渊源甚古，时至今日，每年“立春”时节前后，县内“春官”手端“春牛”，走村串寨，或入县城，挨户说春。说春之人，称为“春官”。相传石阡县花桥镇坡背村的封姓人家是唐朝时所封的“春官”后代，春词中“唐朝差我送春人，特来贵府开财门”就道出了说春的起源。据《石阡府(县)志》记载：明、清时代，每年立春之时，知府官僚人等都要整装集队，扎“芒神、纸牛”，“迎春于东郊”，打马游街，大排宴席，“行鞭春礼”，然后知府带队赴城南的“劝农厅”劝农，带头犁田。这时，封姓人家则走村串户进行说春活动。“正月立春雨水节，不犁山土要犁田”“人人要学庄稼佬，不久就得新米尝”等劝勉人们珍惜时光、勤恳劳作的话语，在乡间地头广为流传，表达了侗族同胞勤劳朴实的传统美德。封家说春属于“说正春”，一般为家传，不传外姓，并受特定的说春地域限制，即在镇远、施秉、三穗、玉屏、岑巩五县范围内进行。

除封姓说春之外，县内各地“春官”则属于“说野春”，又称为“说耍耍春”或“说花花春”。比起“说正春”，他们的说春词比较灵活，不拘古节，无论从春词或唱腔上看，都是仁者见仁、智者见智。

作为侗族的民族传统，“说春”保存了独特民间音乐艺术、民间说唱艺术的原本文化圈子，既吸收了其他民族的文化成分，又在其他民族中传播，表现出石阡侗族独特的农耕意识。其残留有较多侗语因子，对侗族民族语言及其变衍研究具有重要的价值。同时，“说春”“春词”的演唱采用侗族以及土家、苗、仡佬等民族民间曲调来演唱，是研究各民族民间音乐及其交融的主要例证。

解放初期，全县封氏春官有二三十个，野春官有几百人，说春范围遍及湖南、三穗、镇远等地。至今，年轻人外出务工，不愿参与说春，使之处于传承断层、后继无人的濒危状况。2011 年 6 月，石阡说春被列入第三批国家级非物质文化遗产保护项目，为这种逐渐消失的古老文化形式传承迎来了福音。

七、碧江赛龙舟

三江汇流，山水辉映，一条清水江河环绕十二半岛，穿城而过，这就是有着“武陵之都·仁义之城”美誉的铜仁碧江。世代居于碧水之江沿岸的人们自古就有赛龙舟的习俗，这既是一种祈福的传统活动，又彰显着人们尚勇的精神，“宁输一亩田，不输一条船”便是这种团结进取精神的历史写照。

碧江赛龙舟具有悠久的历史，据有关献志记载，在元朝时期锦江就有“渔人轻舟蓑笠，于浩森江天之上，烟雨苍茫之时，扬竿击水，往复争先”。至明清时期，赛龙舟逐渐成为碧江区城乡大众喜闻乐见并踊跃参与的集体活动。碧江区赛龙舟有着迥异于其他地区赛龙舟的独特寓意，其中最重要的文化根源在于祈福平安。历史记载，锦江连年水患灾害，为驱灾避邪，民众便在洪水频发的端午节举行祭祀活动，划着精心制作的七彩龙船游弋江上，祈求风调雨顺，民生安康。同时向水里扔下上百只鸭子供奉水龙王，愿其不再贻害扰民，于是就有了“一棹沧江上，铜岩日夜浮。亭台凝蜃气，金鼓下龙舟。画船分双翼，朱旗居上游。”

在基于生存的祭祀活动中，勤劳的人们更寄于奋勇争先的好兆头，把赛龙舟当成一年生活中最重要的集体活动，村寨之间把争头船作为期待来年丰收吉祥的象征，所以每当举办龙舟赛，无论男女老少都参与其中，从制作龙舟到比赛，村寨之间都显得非常积极。比赛当日，锦江两岸鼓声雷动，呐喊震天，一旦哪个村寨赢得头船冠军，全村人激情飞扬，比赛结束大人小孩会放着鞭炮，抬着龙舟游行示勇。其他村寨的龙舟队便会相对低调但却服输不认输，男人们会暗暗发誓，来年加把劲争回荣誉。在长久的历史沉淀中，村寨之间逐渐形成一种团结争先的精神，这种精神会化解村民之间的隔阂，消融一些矛盾，促进人与人之间的和谐共处。

近年来，碧江区把龙舟精神作为发展经济社会的内生力量，在举办国际国内龙舟大赛的同时，着力打造传统龙舟文化品牌，让“厚德铸铜·仁义致远”的城市精神更加焕发生机和活力，赋予碧江赛龙舟这份非物质文化遗产更多时代内涵和传承方式。2009 年，碧江区被国家体育总局授予“中国传统龙舟之乡”称号。2011 年 6 月，碧江赛龙舟被列为第三批国家级非物质文化遗产项目。

后　记

《普通高中语文课程标准(实验)》指出:"各地区都蕴藏着自然、社会、人文等多方面的语文课程资源,应积极利用和开发。"铜仁市多姿多彩的文化,为学校教育教学提供了丰厚的文化资源。多年来,铜仁市以"弘扬本土文化,提升人格境界"为宗旨,大力开展民族文化进课堂活动,走出了一条将地方特色与时代要求融为一体的文化教育之路。尤其是铜仁市民族中学始终秉持本土文化里有"黄金"的理念,以推动本土文化进校园、进教材、进课堂这"三进"工作为抓手,切实开展本土文化教育,为学生搭建起了多元成长教育平台,取得了显著效果。一是本土文化进校园,使本土文化教育"润物细无声"。学校将本土文化元素注入校园文化建设中,使校园中随处可见具有本地民族特色的文化长廊、风雨桥、吊脚楼、本地标志性"浓缩"景观等,学生置身其中,时时感受到了浓郁的民族文化氛围。学校开展了丰富多彩的富有本土文化特色的文体活动,如在每年的校运会,均设了高脚竞速、陀螺、射弩、板鞋等民族传统体育项目;在迎新年"画展"中,举办剪纸、年画等具有浓郁民族特色的美术手工作品大赛;在"五四"和"元旦"文艺晚会中,学生跳起了土家摆手舞,打起了土家金钱杆,吹起了玉屏箫笛,唱起了《我的家乡梵净山》《铜仁,心驰神往的地方》等洋溢着民族风情的歌曲。在这些富有本土特色的文体活动中,本土文化犹如春风化雨,植入了学生心田。二是本土文化进教材,使本土文化教育"有根有据"。学校结合各科教学和学生实际,组织编写了《民族体育进课堂》《那片热土》《金色年华》等本土文化校本教材,对铜仁本土文化从各个角度、各个层面进行了介绍。这些校本教材在丰富学生课外阅读的同时,也提供了对学生进行本土文化教育的有效素材。三是本土文化进课堂,使本土文化教育"有声有色"。学校要求并鼓励教师将本土文化进入自己课堂,增加教学的"地气"和"人气"。如在体育课中,开设了高脚竞速、板鞋竞速、陀螺、蹴球、押加、独竹漂等民族传统体育项目;在音乐课上,教唱《请到梵净土家来》《蓝色乌江》《山妹子》《云上青山》《这山没得那山高》等铜仁本地民歌;语文课中,本地民族创作的对联、故事、诗歌、歇后语等,成了激发学生学习兴趣、开阔学生视野、帮助学生理解学习内容的重要材料。同时,学校成立了"高脚竞速""板鞋竞速""射弩""独竹漂"等少数民族传统体育训练队和海韵合唱艺术团等,对那些热爱本土文化的学生进行专门训练,在提升他们艺体素质的同时,有力地推动了学校本土文化教育。学校先后被评为"全国学校艺术教育先进单位""贵州省中小学体育艺术工作先进集体""贵州省少数民族传统体育先进集体""贵州省体育特色学校""贵州省第四批民族民间文化进校园项目学校"等,贵州电视台、铜仁电视台、铜仁日报等新闻媒体对学校开展本土文化教育多次进行了报道。

然而,我们深知:编写好本土文化教材是学校成功开展本土文化教育的基础。本土文化教育需要一定的载体,不能“空口说白话”。因此,在挖掘和整理本土文化基础上,必须编写出适合学校实际和学生发展需要的教材。虽然近年来铜仁市也编写了一些民族民间文化校本教材,但尚远远不够,尤其是缺乏系统介绍铜仁本土文化且又适合中学生阅读的教材。本书主编杨秀琴先后申报获批了2013年度铜仁市基础教育课题《铜仁本土文化在高中语文教学中的应用研究》(课题编号:2013SJ081)和2014年度贵州省教育科学规划课题《民族民间文化在高中语文教学中的有效应用研究——以铜仁市为例》(课题编号:FM102B),在开展这两项课题研究过程中,组织课题组成员,共同编写了这本《铜仁民族文化》。

本书在编写过程中,参阅了相关文献、资料,因限于篇幅,恕未一一列出,在此向这些资料的作者表示深深的歉意和感谢。本书的编写出版,得到了铜仁市民族中学领导和同仁的大力支持与鼓励,在此谨向他们表示真诚的感谢。

作为一本通俗性、大众化的民族文化读物,本书是作者的一种尝试,书中如有疏漏或错误,敬请专家、读者批评指正。